George R. Knight

Wenn Heilige sich streiten

Die ungelösten Probleme der Generalkonferenz 1888

ADVENT-VERLAG

Originaltitel: *Angry Saints – The frightening possibility of*
BEING ADVENTIST WITHOUT BEING CHRISTIAN!
© 1989 Review and Herald Publishing Association, Hagerstown, Maryland (USA)
Deutschsprachige Ausgabe gemäß einer Lizenzvereinbarung mit dem Copyrightinhaber.

Projektleitung und Lektorat: Werner E. Lange
Übersetzung: Wilfried Müller
Korrektorat: Erika Schultz
Einbandgestaltung: Sislak Design, Bad Soden-Salmünster
Abbildungen: Center for Adventist Research, Berrien Springs (Michigan, USA)
Satz: rimi-grafik, Celle
Gesamtherstellung: Thiele & Schwarz, Kassel

Die Bibelzitate sind – falls nichts Anderes vermerkt ist – der Bibel nach der Übersetzung Martin Luthers (revidierter Text 1984), durchgesehene Ausgabe in neuer Rechtschreibung, © 1999 Deutsche Bibelgesellschaft, Stuttgart, entnommen.
Ansonsten bedeuten:

EB = *Revidierte Elberfelder Bibel,* © 1985, 1991, 2006 SMC R. Brockhaus im SCM-Verlag GmbH & Co. KG, Witten

GNB = *Gute Nachricht Bibel,* revidierte Fassung, Durchgesehene Ausgabe in neuer Rechtschreibung © 2000 Deutsche Bibelgesellschaft, Stuttgart

© 2010 Saatkorn-Verlag GmbH, Abt. Advent-Verlag
Pulverweg 6, 21337 Lüneburg
Internet: www.advent-verlag.de, E-Mail: info@advent-verlag.de

Das Werk einschließlich aller seiner Teile ist urheberrechtlich geschützt. Jede Verwertung außerhalb der engen Grenzen des Urheberrechtsgesetzes ohne Zustimmung des Verlags ist unzulässig und strafbar. Das gilt insbesondere für Vervielfältigungen, Übersetzungen, Mikroverfilmungen und die Verarbeitung in elektronischen Systemen.

Alle Rechte vorbehalten – Printed in Germany
ISBN: ISBN: 978-3-8150-1916-0

Inhalt

Vorwort	7
Eine Anmerkung zu den zitierten Quellen	9
Einige Zitate	10
Kapitel 1 **Die Hintergründe der Krise von Minneapolis**	**13**
Die Bedrohung durch die Sonntagsgesetzgebung	15
Die Bedrohung durch eine Korrektur der prophetischen Auslegung der Gemeinschaft	19
Die Bedrohung durch eine Korrektur der adventistischen Theologie des Gesetzes	23
Die Generalkonferenzversammlung 1886 und ihre Nachwirkungen: Auftakt für Minneapolis	28
Die Bühne für die Auseinandersetzung wird bereitet	33
Die Generalkonferenz in Minneapolis und ihre Folgen	40
Kapitel 2 **Eine Krise im Verständnis des Adventismus**	**51**
Die Einzigartigkeit der Botschaft von 1888	52
Das Ausmaß der Befürwortung der Lehren von Jones und Waggoner durch Ellen White	56
Zwei Arten von Gerechtigkeit	60
Das Herzstück der Botschaft von 1888 aus der Sicht Ellen Whites	66
Der Schlussstein und die Vervollständigung der dritten Engelsbotschaft	71
Die Botschaft von 1888, die dritte Engelsbotschaft und der Beginn des „lauten Rufes"	79
Kapitel 3 **Persönlichkeitsstrukturen – Mitursache der Krise**	**85**
Persönlichkeitsprofile der Kontrahenten	86
Minneapolis und die Zeit danach	93
Die alternden Kontrahenten	106

Kapitel 4	**Der Geist von Minneapolis**	**113**
	Die problematische Haltung vieler	114
	Die angebliche „kalifornische Verschwörung"	117
	Die Krise über Ellen Whites Autorität in Minneapolis	121
	Das Fortdauern der Krise über Ellen White	128
	Die Wende in den Auseinandersetzungen	131
	Zusammenarbeit ist unbedingt notwendig	137
	Die Antwort auf den Geist von Minneapolis	140
Kapitel 5	**Unklarheit über die geistliche Autorität**	**141**
	Berufung auf menschliche Autorität	142
	Berufung auf die Autorität Ellen Whites	149
	Die Autorität der Bibel	156
	Die Anwendung der Lehren über die geistliche Autorität in der Zeit nach Minneapolis	160
Kapitel 6	**Die anhaltende Krise in der Adventgemeinde**	**165**
	Die Fortsetzung der Auseinandersetzungen um die Sonntagsgesetze, das „Bild des Tieres" und den „lauten Ruf"	165
	Eine Krise in der Eschatologie: die Generalkonferenzversammlungen 1893 und 1895	172
	Eine Identitätskrise: das Erbe von Minneapolis im 20. Jahrhundert	186
	Das Beharren auf theologischen Erkennungszeichen: ein Segen oder ein Fluch?	194
Kapitel 7	**Was in den Adventgemeinden geschehen muss**	**199**
	Der Schlüssel zur christlichen Vollkommenheit	200
	Den Charakter Christi vollkommen widerspiegeln ...	206
	Hoffnung für die Zukunft der Adventgemeinde	214
Nachwort		**217**

Vorwort

Bereits seit 120 Jahren betrachten Siebenten-Tags-Adventisten die Generalkonferenzversammlung 1888 als Meilenstein ihrer Geschichte und als den wichtigsten Wendepunkt in der Entwicklung ihrer Theologie. Obwohl die Generalkonferenz in Minneapolis und die vorangegangene Predigertagung zusammen nicht einmal einen Monat dauerten (vom 10. bis 16. Oktober bzw. 17. Oktober bis 4. November 1888), haben sie den Adventismus verändert.

Doch Adventisten beurteilen diese Generalkonferenzversammlung immer noch sehr unterschiedlich. Einige betrachten sie als einen wichtigen Sieg, während andere in ihr die größte Tragödie sehen, die die Gemeinschaft je getroffen hat. In diesem Buch vertrete ich die Ansicht, dass die Versammlung ein gemischter Segen war – überwiegend eine Tragödie, die allerdings den Samen unbegrenzter Möglichkeiten in sich trug.

Dieses Buch befasst sich mit den Hauptthemen der Generalkonferenz. Das erste Kapitel beleuchtet den Hintergrund der Ereignisse in Minneapolis. Kapitel 2 bis 5 entwickeln die Konferenzthemen anhand von vier Schwerpunkten der Krise – Bibelverständnis, Persönlichkeiten, Geisteshaltung und Autorität. Dieses Vorgehen soll es dem Leser leichter machen zu erfassen, worum es in Minneapolis wirklich ging. Kapitel 6 beschreibt dann, inwiefern die Krise im Adventismus bis heute fortbesteht. Das Buch endet mit dem Hinweis auf einen positiven Aspekt der Generalkonferenzversammlung – die unbegrenzten Möglichkeiten des Wirkens Gottes. Sie sind zwar noch nicht ausreichend verstanden worden, begründen aber meine Hoffnung für die Zukunft der Adventgemeinde.

Wenn Heilige sich streiten befasst sich zwar mit Menschen, die vor 120 Jahren gelebt haben und mit den heftigen Auseinandersetzungen, die damals stattfanden; der Leser wird aber feststellen, dass die Lehren aus jener Zeit heute noch sehr relevant sind. Obwohl Personen und Umstände nicht dieselben sind wie damals, sind die meisten der in diesem Buch angesprochenen Probleme, Gegebenheiten und persönlichen Eigenarten erstaunlich aktuell, ebenso wie der Kern der Meinungsverschiedenheiten und die Dynamik der Auseinandersetzungen. Die vier in diesem Buch dargestellten Krisen ermöglichen Einblicke, die der Freikirche der Siebenten-Tags-Adventisten mehr als ein Jahrhundert später genauso viel zu sagen haben, wie sie unseren geistigen Vätern hätten vermitteln sollen. Aus den Ereignissen in Minneapolis die richtigen Lehren zu ziehen ist heute vielleicht sogar noch wichtiger als 1888, denn die Lehren von Minneapolis zu verstehen und praktisch anzuwenden erscheint mir die Voraussetzung dafür zu sein, dass die Adventgemeinde eine positive Zukunft hat.

Obwohl es schon reichlich Literatur zum Thema Minneapolis gibt, enthält jedes Kapitel bis dahin unbekanntes Material und neue Einsichten. Als einer, der die Geschichte der Gemeinschaft der Siebenten-Tags-Adventisten erforscht und lehrt, habe ich mich besonders gefreut, dass ich durch die Arbeit an diesem Buch neue Erkenntnisse gewonnen habe über die Beziehung zwischen der Botschaft von 1888 und der dritten Engelsbotschaft von Offenbarung 14, über die Bedeutung des „lauten Rufes" (Offb 18,1) und den richtigen Gebrauch von Autorität bei der Lösung theologischer Probleme. Diese Erkenntnisse haben mir geholfen, so manches Puzzlestück in meinem Verständnis der Adventgemeinde zu finden.

Wie viele Adventisten wissen, ist die Bedeutung der Generalkonferenzversammlung in Minneapolis 1888 nach wie vor heftig umstritten. Nicht jeder wird meiner Beurteilung zustimmen. Das ist auch nicht anders zu erwarten, und einige meiner Kritiker werden meine Lehrer sein. Meine einzige Bitte an sie ist, dass sie *alle historischen Fakten in ihrem Zusammenhang berücksichtigen*. Frühere Debatten über Minneapolis haben das allzu oft nicht getan. Zusammengesuchte Zitate können gesicherte geschichtliche Tatsachen nicht widerlegen. Und mit scheinbaren (oder tatsächlichen) Widersprüchen muss verantwortlich umgegangen werden. Aber ein aufrichtiger und verantwortlicher Dialog beginnt nicht mit unverrückbaren Positionen (wie das beim Präsidenten der Generalkonferenz George I. Butler und ihrem Sekretär Uriah Smith 1888 der Fall war). Wir können voneinander lernen und dadurch die Herausforderung, die die Botschaft von Minneapolis darstellt, besser verstehen und entsprechend handeln.

Dieses Buch befasst sich im Wesentlichen mit der *Geschichte* der Gemeinschaft der Siebenten-Tags-Adventisten; es ist kein theologisches Werk im engeren Sinne. Zwar berührt es häufig theologische Fragen – schon wegen des Themas –, untersucht ihre Problematik und Bedeutung aber nicht vollständig. Da der Inhalt die Methode bestimmt, habe ich mich in diesem Buch im Allgemeinen eher historischer als theologischer Methoden bedient.

Mein Wunsch und Gebet ist es, dass dieses Buch allen Leserinnen und Lesern zum Segen wird, die sich mit den wichtigen Fragen des christlichen Lebens und Denkens auseinandersetzen.

George R. Knight

Eine Anmerkung zu den zitierten Quellen

Die meisten zitierten Quellen befinden sich im Archiv der Generalkonferenz, dem Adventist Heritage Center der Andrews-Universität oder in den Dienststellen des Ellen White-Estates. Aus Platzgründen war es nicht möglich aufzulisten, wo sich jedes einzelne Dokument befindet und wo es veröffentlicht wurde.

Ich habe fast immer die Originaldokumente zitiert und nicht auf Zitate in späteren Publikationen zurückgegriffen, denn es sollte leicht erkennbar sein, wann das jeweilige Dokument entstanden ist. Nach Abschluss meiner Forschungen hat das Ellen G. White-Estate viele Dokumente und Briefe Ellen Whites veröffentlicht, die sich mit der Generalkonferenzversammlung 1888 befassen. Die meisten der in diesem Buch angeführten Aussagen von ihr können in den vier Bänden *The Ellen G. White 1888 Materials* (Washington D.C. 1987) nachgelesen werden. Außerdem sind zahlreiche weitere Dokumente und Briefe, die mit den Vorgängen vor, während und nach der Generalkonferenzversammlung in Minneapolis zu tun haben, aber nicht von Ellen White stammen, in *Manuscripts und Memories of Minneapolis 1888* (Pacific Press, Boise 1988) zusammengestellt und veröffentlicht worden. Die jeweiligen Inhaltsverzeichnisse lassen schnell erkennen, ob das von mir zitierte Dokument dort vollständig abgedruckt ist, da sie chronologisch geordnet sind.

Auch wenn diese fünf Bände nicht alle Quellen enthalten, die ich in diesem Buch zitiere, bieten sie dennoch eine Fülle von Material, das einen tiefen Einblick in die Vorgänge auf der Generalkonferenzversammlung 1888 und ihre Folgen gibt.

Einige Zitate

„Hier ist Geduld der Heiligen! Hier sind, die da halten die Gebote Gottes und den Glauben an Jesus." (Offenbarung 14,12)

„Mehrere haben mir geschrieben und gefragt, ob die Lehre von der Rechtfertigung durch den Glauben die dritte Engelsbotschaft sei. Ich habe geantwortet: Es ist wahrhaftig die dritte Engelsbotschaft."
(Ellen G. White, *Advent Review and Sabbath Herald*, 1. April 1890.)

„Gott zeigt von ihm auserwählten Männern [Alonzo T. Jones und Ellet J. Waggoner] kostbare Wahrheiten für unsere Zeit. Er hat diese Wahrheiten aus der Verbindung mit Irrtümern gerettet und sie in ihren passenden Rahmen gestellt."
(Ellen G. White, Manuskript 8a, Ansprache am 21. Oktober 1888)

„Bruder Ellet Waggoner hatte das Vorrecht, seine Erkenntnisse über die Beziehung zwischen der Rechtfertigung durch den Glauben und der Gerechtigkeit Christi in Beziehung zum Gesetz darzulegen. Das war aber kein neues Licht, sondern schon lange bekanntes Licht, das dorthin gestellt wurde, wo es in der dritten Engelsbotschaft hingehört … [Sie] umfasst die Verkündigung der Gebote Gottes und des Glaubens an Jesus. Die Gebote Gottes sind verkündigt worden, aber dem Glauben an Jesus Christus wurde in der Verkündigung der Siebenten-Tags-Adventisten nicht die gleiche Wichtigkeit beigemessen, damit das Gesetz und das Evangelium Hand in Hand gehen."
(Ellen G. White, Manuskript 24, November oder Dezember 1888)

WENN HEILIGE SICH STREITEN

Kapitel 1

Die Hintergründe der Krise von Minneapolis

„Wir richten unseren Blick in die Zukunft", schrieb Uriah Smith in seinem Leitartikel der Gemeindezeitschrift *Advent Review and Sabbath Herald* zu Beginn des Jahres 1888. „Es wird immer klarer, und mit jedem Jahr mehren sich die Beweise, dass wir nicht klugen Fabeln gefolgt sind, als wir die baldige Wiederkunft des Herrn verkündigt haben. Die Prophezeiungen kommen ihrer Erfüllung näher. Ein Ereignis jagt das andere. Das Wort Gottes erweist seine Zuverlässigkeit und gibt allen demütigen Gläubigen die Gewissheit, dass ihre auf Gottes Wort gegründete Hoffnung sie nie enttäuschen wird."[1]

Der Präsident der Generalkonferenz George I. Butler äußerte sich ähnlich: „Beim Eintritt in das Jahr 1888 haben wir allen Grund, Gott zu danken und guten Mutes zu sein", schrieb er im Januar in einem Rundbrief an die adventistische Predigerschaft. Siebenten-Tags-Adventisten „sind noch nie gezwungen gewesen, eine ihrer Auslegungen der Bibel zu korrigieren ... Jedes Jahr gibt es neue Beweise für die Richtigkeit unserer Interpretation der prophetischen Aussagen, die uns als Glaubensgemeinschaft auszeichnen."[2]

Alonzo T. Jones, Redakteur der Zeitschrift *Signs of the Times*, vertrat im Januar 1888 die Ansicht, dass Ereignisse im Zusammengehen von Kirche und Staat, die damals in den Vereinigten Staaten zu beobachten waren, eine „direkte Erfüllung von Offenbarung 13,11–17" seien, jener Weissagung über das „Bild des Tieres".[3]

---

[1] *Advent Review and Sabbath Herald* (auf Deutsch sinngemäß: Überprüfung der Wiederkunftserwartung und Herold des Sabbats), 3. Januar 1888, S. 8.
[2] „A Circular Letter to All State Conference Committees and Our Brethren in the Ministry", Januar 1888.
[3] *Signs of the Times*, 20. Januar 1888, S. 39.

Als sich die Hinweise häuften, dass die seit langem vorhergesagte nationale Sonntagsgesetzgebung Realität werden würde, fieberten die Siebenten-Tags-Adventisten Anfang 1888 der Wiederkunft Christi entgegen. Die Adventisten des 19. Jahrhunderts sahen ihre Bewegung als eine Erfüllung biblischer Prophetie – besonders der Vorhersagen in Offenbarung 12 bis 14. Es war ihnen völlig klar, dass Offenbarung 12,17 die treuen „Übrigen" der Endzeit als eine Gruppe von Gläubigen beschreibt, die „Gottes Gebote halten", und Offenbarung 14,9–12 sie denen gegenüberstellt, die das „Zeichen des Tieres" tragen. Auch war es den Adventisten nicht entgangen, dass die Verkündigung der dritten Engelsbotschaft, in der diese beiden Gruppen genannt werden, die letzte Warnung für die Menschheit vor der in Offenbarung 14,14–20 beschriebenen doppelten Ernte bei der Wiederkunft Christi sein würde.

In den 1840er-Jahren hatten Adventisten Offenbarung 14,6.7 als Aufforderung verstanden, mit der Verkündigung der Gerichtsbotschaft zu beginnen. Joseph Bates stellte ab 1846 in seinen Broschüren die Verbindung der dreifachen Engelsbotschaft mit dem Sabbat her.[4] Er sah in Vers 7 eine Anspielung auf das vierte Gebot des Dekalogs – das einzige unter den Zehn Geboten, das in der christlichen Welt umstritten war. Daher verstanden sich die Siebenten-Tags-Adventisten als die „Gemeinde der Übrigen", als ein in der Prophetie angekündigtes Volk Gottes, das *alle* Gebote befolgt.

Diese Überzeugung hatten die Adventisten dann mit Texten wie Johannes 14,15 („Liebt ihr mich, so werdet ihr meine Gebote halten") in Verbindung gebracht und daraus abgeleitet, dass die Heiligung des biblischen Sabbats das äußere Kennzeichen der Treue zum Schöpfer und Erlöser ist. Aus dem gleichen Grund hatten sie seit Ende der 1840er-Jahre gelehrt: Wer weiterhin den Sonntag heiligt, obwohl ihm die Bedeutung des Sabbats klar geworden ist, stellt sich auf die Seite des „Tieres" von Offenbarung 13.

Die adventistische Interpretation von Offenbarung 13 sagte einen endzeitlichen Konflikt zwischen denen voraus, die den biblischen Sabbat heiligen, und denen, die das „Malzeichen des Tieres" anneh-

---

[4] Joseph Bates, *The Seventh-day Sabbath – a Perpetual Sign*, 1846, S. 24; zitiert in George R. Knight, *Joseph Bates*, Advent-Verlag, 2007, S. 129.

men. Alle, die sich nicht dem „Tier" anschließen, würden schließlich zum Tode verurteilt werden (siehe Offb 13,16.17). Deshalb hatten Siebenten-Tags-Adventisten schon seit Ende der 1840er-Jahre öffentlich vorhergesagt, dass sie wegen ihrer Treue zum biblischen Sabbat letztendlich verfolgt werden würden.

Angesichts dieser historischen und theologischen Gegebenheiten ist es nicht schwer zu verstehen, dass Offenbarung 14,12 für Adventisten ein Schlüsseltext war: „Hier ist Geduld der Heiligen! Hier sind, die da halten die Gebote Gottes und den Glauben an Jesus." Er war für sie von so zentraler Bedeutung, dass er in der Gemeindezeitschrift *Advent Review and Sabbath Herald* in jeder Ausgabe des 19. Jahrhunderts zitiert wurde, und zwar direkt unter dem Titel der Zeitschrift oben auf der ersten Seite.

Die Sensibilisierung der Adventisten gegenüber Sonntagsgesetzen und der Strafandrohung im Falle ihrer Missachtung in den 1880er-Jahren ist daher leicht nachvollziehbar. Auch ist ohne weiteres verständlich, warum sie der Wiederkunft Christi entgegenfieberten, als Regierungen der US-Bundesstaaten ein Sonntagsgesetz nach dem anderen erließen und ihre Einhaltung auch durchsetzten, denn solche Gesetze stellten die Erfüllung dessen dar, was die Adventisten 40 Jahre lang gepredigt hatten.

Die fundamentale Bedrohung durch die Sonntagsgesetzgebung

Im Laufe der 1880er-Jahre wurden die Sonntagsgesetze und die Bestrafungen verschärft. 1882 wurden sie im Bundesstaat Kalifornien zu einem heftig umstrittenen Wahlkampfthema. Manche wollten sogar eine dritte politische Partei gründen, deren Anliegen die Heiligkeit des Sonntags sein sollte. Das Sonntagsgesetz wurde in Kalifornien zum parteiübergreifenden Zankapfel. Die Folgen dieser Entwicklung bekamen Adventisten zu spüren, als die Behörden Verlagsleiter William C. White (Ellen Whites Sohn) verhafteten, weil er Angestellte des Pacific Press-Verlags sonntags arbeiten ließ.[5]

---
[5] Uriah Smith, *Advent Review and Sabbath Herald*, 26. September 1882, S. 616; *Signs of the Times Supplement*, 14. September 1882, S. 1–4; Warren L. Johns,

Obwohl Kalifornien sein Sonntagsgesetz bald wieder aufhob, trieb die Bedrohung durch den Ruf nach ähnlichen Gesetzen in anderen Bundesstaaten die Adventisten an, etwas dagegen zu unternehmen. Die wichtigste Maßnahme war wohl die Herausgabe des *Sabbath Sentinel* im Jahr 1884. Diese Zeitschrift sollte der Öffentlichkeit erklären, warum die Adventisten gegen die Sonntagsgesetzgebung waren und die Heiligung des Sabbats propagierten. In dem einzigen Jahr ihres Erscheinens wurden mehr als 500 000 Exemplare in Umlauf gebracht. 1886 erschien die Zeitschrift *American Sentinel of Religious Liberty*,[6] um den Kampf der Adventisten gegen die bevorstehende Sonntagsgesetzgebung fortzusetzen.

1885 wurde vor allem Arkansas zum Schauplatz der Ereignisse, wo es schon seit 1883 ein Sonntagsgesetz gab. Ursprünglich enthielt es eine Ausnahmeregelung für Sabbathalter, die der Staat jedoch 1885 widerrief – angeblich, um die in Little Rock von Juden betriebenen Saloons schließen zu können. In der Zeit von 1885 bis 1887 gab es in Arkansas 21 Fälle von Sonntagsschändung. In 19 Fällen waren Sabbathalter angeklagt. Die beiden anderen Beschuldigten wurden ohne Kaution wieder auf freien Fuß gesetzt und das Verfahren gegen sie eingestellt. Die Siebenten-Tags-Adventisten mussten jedoch eine Kaution von 110 bis 500 Dollar pro Person hinterlegen – eine sehr hohe Summe in einer Zeit, in der ein Arbeiter etwa 1 Dollar pro Tag verdiente. In der Zeit wurde kein einziger jüdischer Gastwirt verhaftet. Zudem arbeiteten viele Zeugen der Anklage und viele Informanten selbst an Sonntagen, manchmal sogar zusammen mit Sabbathaltern. Niemand machte ihnen Schwierigkeiten, nur Sabbathalter wurden von den Gerichten verurteilt.

Alonzo T. Jones kam zu dem Ergebnis: „Es kann keinen klareren Beweis dafür geben, dass die Sonntagsgesetze nur dazu dienten, jene Bürger zu verunglimpfen, die kein Vergehen begangen hatten, sondern lediglich eine Glaubensüberzeugung vertraten, die sich von der Mehrheit unterschied ... Der Widerruf jener Ausnahmeklausel

---

Dateline Sunday, U.S.A., Mountain View (Kalifornien) 1967, S. 79–94; Eric Syme, *A History of SDA Church-State Relations in the United States*, Mountain View (Kalifornien), 1973, S. 26–28.

[6] Wörtlich übersetzt: „Amerikanischer Wachposten für religiöse Freiheit", siehe dazu *Seventh-day Adventist Encyclopedia*, Ausg. 1976, S. 1264f.

[für Sabbathalter] sollte also nur den Fanatikern die Möglichkeit geben, die zu unterdrücken, deren Religion sie hassten."[7]

Ende 1888 hatte sich das Zentrum der Strafverfolgung wegen Übertretung der Sonntagsgesetze nach Tennessee verlagert. Hier verhafteten die örtlichen Behörden bis Anfang der 1890er-Jahre eine große Anzahl Adventisten. Einige von ihnen – darunter auch Prediger – verbüßten ihre Strafe in Ketten wie Verbrecher.

Noch bedrohlicher wurde die Lage für Adventisten, als Organisationen, die wie sie ein Alkoholverbot befürworteten (die „Prohibition Party" und die „Women's Christian Temperance Union"), sich 1887 öffentlich an die Seite der „National Reform Association" stellten, die Sonntagsgesetze als Mittel zur Verbesserung der amerikanischen Moral propagierten. Mit derselben Absicht gründete Wilbur Crafts im gleichen Jahr die „American Sabbath Union".[8]

Die Endzeitstimmung der Adventisten wurde weiter angeheizt, als 1888 der römisch-katholische Kardinal James Gibbons gemeinsam mit Protestanten eine Eingabe beim Kongress zugunsten einer nationalen Sonntagsgesetzgebung machte. Die Protestanten nahmen die Unterstützung dankbar an. „Wenn [die Katholiken] mit uns zusammenarbeiten wollen, um dem Vordringen des politischen Atheismus entgegenzutreten, reichen wir ihnen gern die Hand", schrieb 1884 der *Christian Statesman*.[9]

Ihren Höhepunkt erreichte die Aufregung über die Sonntagsgesetze am 21. Mai 1888, als New Hampshires Senator H. W. Blair eine Gesetzesvorlage zur Förderung der Achtung vor „dem Tag des Herrn ... als dem Tag religiöser Anbetung" in den Senat der Vereinigten Staaten einbrachte. Blairs Entwurf eines nationalen Sonntagsgesetzes war die erste Gesetzesvorlage dieser Art, die seit dem Beginn der Adventbewegung in den 1840er-Jahren dem Kongress

---

[7] *Civil Government and Religion*, Battle Creek 1894, S. 117, 156.
[8] Everett Dick, „The Cost of Discipleship: Seventh-day Adventists and Tennessee Sunday Laws in the 1890's", *Adventist Heritage*, Frühjahr 1986, S. 26–32; Richard W. Schwarz, *Light Bearers to the Remnant*, Mountain View (Kalifornien) 1979, S. 252; Francis P. Weisenburger, *Ordeal of Faith: The Crisis of Church-Going America, 1865–1900*, New York 1959, S. 13.
[9] *Christian Statesman*, 11. Dezember 1884, zitiert in Alonzo T. Jones, *Civil Government*, S. 58; vgl. G. Wilbur Crafts, *The Sabbath for Man*, New York 1885, Titelseite.

vorlag. Vier Tage später schlug Blair eine Ergänzung der Verfassung der Vereinigten Staaten vor, durch die das öffentliche Schulsystem, das säkular war, verchristlicht werden sollte.[10] Die Siebenten-Tags-Adventisten waren sich über die prophetische Bedeutung der Gesetzesvorlagen von Senator Blair im Klaren. Es lag für sie auf der Hand, dass nun die Aufrichtung des „Bildes des Tieres", die Annahme seines „Zeichens" und das Ende der Welt sich unmittelbar abzeichneten. Das Ende der amerikanischen Freiheit schien gekommen zu sein.[11]

Die durch die Sonntagsgesetzgebung entfachte Endzeitstimmung war eine der Ursachen für die Anspannung, die während der Generalkonferenzversammlung im Oktober 1888 unter den Adventisten herrschte. Die endzeitliche Krise schuf eine emotionale Atmosphäre, die in direkter Beziehung zu zwei weiteren Problemen stand, die während der Konferenz an die Oberfläche kommen sollten: Die Auslegung der Prophetie (speziell die der „zehn Hörner" von Daniel 7) und die Frage, welche Art von Gerechtigkeit Voraussetzung für die Erlösung ist – ein Anliegen, das in Anbetracht der Schnelligkeit, mit der das Ende der Welt über die Gemeinde hereinzubrechen schien, von großer Dringlichkeit war. Dieses zweite Problem warf zugleich die Frage auf, welche Rolle das Gesetz Gottes im Erlösungsplan spielt – und das zu einer Zeit, in der die Adventisten über die Bedeutung des Gesetzes im Galaterbrief stritten.

Man kann die hohe emotionale Anspannung der Teilnehmer der Generalkonferenzversammlung 1888 nur verstehen, wenn man sich vor Augen hält: Die Adventisten waren aufgrund der Sonntagskrise fest davon überzeugt, dass die Wiederkunft Christi unmittelbar

---

[10] Der Text der beiden Gesetzesvorlagen von H. W. Blair findet sich in Alonzo T. Jones, *Civil Government and Religion*, S. 43f. und 68f. Der Versuch in den 1880er-Jahren, das öffentliche Schulsystem zu verchristlichen, wird in Robert T. Handy, *A Christian America: Protestant Hopes und Historical Realities*, 2. Aufl., New York 1984, S. 87–90 besprochen.

[11] Ende der 1880er- und Anfang der 1890er-Jahre war die Sonntagsgesetzgebung nicht nur in den Vereinigten Staaten ein Problem. Auch in Australien, der Schweiz, Norwegen und England wurden Sonntagsgesetze erlassen und Adventisten verhaftet, die sie übertraten. Sogar China sah sich mit der Sonntagsgesetzgebung konfrontiert. Siehe *General Conference Bulletin* 1895, S. 146, 334; *Advent Review and Sabbath Herald*, 9. April 1889, S. 240.

bevorstand. Kurz vor Beginn der Sitzungen schrieb Stephen Haskell, dass sich alles, was Adventisten seit den 40 Jahren ihres Bestehens gelehrt und vorhergesagt hatten, jetzt erfüllen werde; die Sabbatfreiheit würden sie in Kürze verlieren und wahrscheinlich müssten sie ihren Glauben schon bald vor Gericht und in Gefängnissen bezeugen. Die Prophetie strebe ihrer Erfüllung entgegen.[12]

Wenn man sich das alles vor Augen hält, kann man unschwer erkennen, warum einige Leiter der Siebenten-Tags-Adventisten so heftig und so emotional reagierten, als Alonzo Jones und Ellet Waggoner anfingen, sowohl das Prophetieverständnis der Gemeinschaft als auch ihre Theologie des Gesetzes infrage zu stellen. Die Leiter argumentierten, dass solche Zweifel die adventistische Identität bedrohten – und das in einer Zeit, in der sich die Gemeinschaft ohnehin in einer äußerst kritischen Lage befand.

Die Bedrohung durch eine Korrektur der prophetischen Auslegung der Gemeinschaft

Einer der dynamischen Faktoren, die die Generalkonferenzversammlung 1888 in Minneapolis prägten, war der Streit zwischen Alonzo Jones und Uriah Smith um die Identität der zehn Hörner in Daniel 7. Jahrzehntelang war Smith der anerkannte adventistische Verteidiger ihrer prophetischen Auslegung gewesen. Sein Buch *Gedanken über Daniel und die Offenbarung* galt als das adventistische Standardwerk prophetischer Interpretation. Jones dagegen war erst vor kurzem Adventist geworden und als Autor auf dem Gebiet prophetischer Auslegung in Erscheinung getreten. Aber er forschte in der Bibel und der Geschichte leidenschaftlich – ein aufgehender Stern unter den Adventisten.

Die Generalkonferenzversammlung von 1884 hatte Jones damit beauftragt, „eine Serie von Artikeln zu schreiben, die anhand der Geschichte die Erfüllung der Prophetie zeigte".[13] Diese Aufgabe führte Jones zum Studium des Buches Daniel. Anfangs freute sich Smith darüber, dass Jones die Zeit bekam, die zehn Reiche in Daniel

---

[12] *Advent Review and Sabbath Herald*, 16. Oktober 1888, S. 648f.
[13] Brief Alonzo T. Jones an Uriah Smith, 3. Dezember 1886.

7 noch gründlicher zu untersuchen, und wies zugleich darauf hin, wie schwierig die Aufgabe sein würde – nämlich so, als müsste man „die Teile eines Gebäudes suchen", nachdem es „mit hundert Pfund Dynamit gesprengt" worden war.[14]

Als Jones 1885 dann aber zu dem Ergebnis kam, dass die von Smith veröffentlichte Liste der Völker, die durch die zehn Hörner in Daniel 7 symbolisiert wurden, inkorrekt war, wurde aus der herzlichen Beziehung der beiden Männer ein angespanntes Verhältnis. Der Jüngere der beiden behauptete nämlich, dass mit dem zehnten Reich die Alemannen gemeint sind und nicht die Hunnen, wie Smith meinte. Jones bat seinen älteren Kollegen in leitender Position, klare historische Beweise für seine Auslegung vorzulegen, und die von ihm angeführten Gründe zugunsten der Alemannen zu prüfen und zu kommentieren. Leider bekam er auf seine erste Anfrage keine Antwort. Auf die zweite reagierte Uriah Smith mit der Bemerkung, er habe keine Zeit für diese Arbeit. Daraufhin veröffentlichte Jones seine Artikel in der Zeitschrift *Signs of the Times*, ohne dass Smith als der Chefredakteur des *Review* sie vorher durchgesehen hatte. Im Oktober 1886 schickte Jones dann die Artikel an Smith.[15]

Am 8. November antwortete der lang gediente Chefredakteur wutentbrannt, er werde im *Review* zum Gegenschlag ausholen, da auch Jones seine Ansichten in einer Zeitschrift verbreitet habe. In seiner Antwort erwähnte Smith den eigentlichen Kern des Problems: „Wenn die Hunnen nicht zu den zehn Hörnern gezählt werden, dann fehlen uns noch zehn Prozent an der Erfüllung von Daniel 2 und 7. Du kannst Dir mühelos vorstellen, was geschehen würde, wenn unsere Prediger die Auslegung der zehn Königreiche, die sie 40 Jahre lang gepredigt haben, jetzt in einem Punkt korrigieren würden, der bisher als so gut begründet galt, dass noch nie jemand dagegen Einspruch erhoben noch irgendjemand diese Interpretation je in Zweifel gezogen hat. *Tausende würden die Änderung sofort bemerken und sagen: ‚Sieh einer an! Auf einmal merkt Ihr, dass Ihr Euch geirrt habt*, und zwar in einem Punkt, der als absolut gesichert galt; und *wenn wir Euch noch etwas Zeit geben, werdet ihr schließlich wahrschein-*

---

[14] Brief Uriah Smith an Alonzo T. Jones, 3. Juni 1885.
[15] Briefe Jones an Smith, 18. Mai 1885, 3. Juni 1885, 29. Oktober 1886.

lich zugeben müssen, dass ihr Euch auch in allem anderen geirrt habt.' Das würde Zweifel in allen Punkten wecken und bei den Leuten große Verwirrung hervorrufen."[16]

Jones' geharnischte Antwort ließ nicht lange auf sich warten. War Smith so kühn gewesen, darauf zu bestehen, dass die traditionelle Auslegung angesichts der aktuellen Krise beibehalten werden müsse, so fand Jones ebenso schneidende Worte. Er schrieb ihm: „Das wirkliche Ringen um die Wahrheit und für die Wahrheit hat noch gar nicht begonnen", weil Adventisten bisher „kaum der Beachtung wert erachtet" worden seien. Aber die Sonntagskrise würde das alles ändern. Die Überzeugungen der Adventisten bezüglich der Endzeitereignisse „werden überall in den Vereinigten Staaten zum wichtigsten Gesprächsthema werden ... Dann werden unsere Ansichten auch bei den Großen im Land Beachtung finden. Jeder Punkt wird analysiert und infrage gestellt werden sowohl von Theologen und würdigen Richtern, Staatsmännern und den Größten des Landes, als auch durch die Heuchelei religiöser Eiferer und den Betrug von Politikern. *Dann werden unsere Auslegungen von Männern überprüft, die sich in der Geschichte gut auskennen,* und den Herausforderungen standhalten müssen, die diese Männer gegen die Wahrheit vorbringen können ... Wenn wir anhand der Geschichte beweisen müssen, dass unser Verständnis der dreifachen Engelsbotschaft richtig ist, *werden wir diesen Männern bessere Gründe für unsere Überzeugungen präsentieren müssen als den Hinweis, dass wir sie ‚40 Jahre lang gepredigt haben' oder dass Bischof Chandler dasselbe gesagt hat.*" Die Gegner würden verlässliche historische Belege verlangen. Jones schloss seinen Brief mit der Aufforderung an Smith, die Irrtümer in seinem Buch *Gedanken über Daniel* zu korrigieren, von denen „jeder gut informierte Mensch weiß, dass es nicht wahr" sei, was er geschrieben habe.[17]

Mitte Dezember reagierte Uriah Smith auf diesen Affront, indem er Jones beschuldigte, „er durchwühle die Geschichte", um ihn des Irrtums überführen zu können. Smith berief sich erneut auf die bisher angeführten Autoritäten. Ende Dezember antwortete Jones, die traditionellen Autoritäten, die er anführe – „drittklassige Personen"

---

[16] Brief Smith an Jones, 8. November 1886 (Hervorhebungen von mir).
[17] Brief Jones an Smith, 3. Dezember 1886 (Hervorhebungen von mir).

und Kommentatoren – könnten anerkannte Historiker nicht ersetzen. „Wenn Du Dich auf irgendeine zuverlässige Autorität berufen kannst, um zu zeigen, dass das Königreich der Hunnen" die Vorhersage Daniels erfüllt, schrieb Jones, dann wäre er gern bereit, es in der Zeitschrift *Signs of the Times* zu veröffentlichen.[18]

Man muss beachten, dass wohl Alonzo T. Jones als auch Uriah Smith die Dringlichkeit der richtigen Deutung der zehn Hörner mit der damals aktuellen, durch die Sonntagsgesetze hervorgerufenen Krise begründeten; denn das hilft uns zu verstehen, warum eine solche scheinbar nebensächliche Frage zu einem derart hitzigen Streit führen konnte. Schließlich gründete sich die adventistische Interpretation der Krise bezüglich der Sonntagsheiligung auf die biblischen Prophezeiungen. Es schien also nicht der geeignete Zeitpunkt zu sein, die Position der Gemeinschaft in Bezug auf ihre Auslegung zu ändern. Also rüsteten sich Smith und seine Anhänger zum Kampf. Über die zehn Hörner war zwar auch schon während der Generalkonferenzversammlung von 1886 eingehend diskutiert worden, zu einem echten Problem wurden sie aber erst während der Versammlung in Minneapolis 1888. Schon vor der Konferenz empörte sich George Butler, Jones habe sich als Unruhestifter erwiesen, weil er eine Auslegung der Prophetie zur Sprache gebracht hatte, „die im Gegensatz zu der festen Überzeugung steht, zu der die Adventgemeinde schon vor 40 Jahren gekommen" war.[19]

Die Rolle, die William C. White in dieser Auseinandersetzung über die Identität der zehn Hörner spielte, trug nicht gerade dazu bei, dass sich die Smith-Butler Fraktion sicher fühlen konnte. Für sie war er wegen seiner engen Beziehung zu seiner Mutter eine Schlüsselfigur. Alonzo Jones hatte Willie White (wie er genannt wurde), der sich damals mit ihr in Europa aufhielt, die Artikelserie über die zehn Hörner zugeschickt. Er hatte geantwortet, seiner Meinung nach habe Jones „jeden Punkt gut begründet ... Ich konnte in Deiner Argumentation keinen Fehler finden und hatte an den von dir zitierten Quellen nichts auszusetzen." Er ärgerte sich darüber, dass Smith

---

[18] Brief Alonzo T. Jones an Uriah Smith, 27. Dezember 1886.
[19] Brief George I. Butler an Ellen G. White, 1. Oktober 1888.

und Butler aus dieser Sache solch ein Problem machten, war sich aber sicher, dass er „Bruder Butler davon überzeugen kann, dass kein großer Schaden entstanden war". Sein Optimismus sollte bald an der Realität zerbrechen. Viele deuteten seinen Vermittlungsversuch später sogar dahingehend, dass er (und vielleicht sogar seine Mutter) sich mit Jones und Waggoner verschworen hatte mit dem Ziel, die Theologie der Gemeinschaft substanziell zu verändern.[20]

Die Tatsache, dass Smiths *Thoughts on Daniel and Revelation* gerade ins Deutsche übersetzt wurde, verschärfte den Streit um die Interpretation der zehn Hörner. Im Mai 1888 schrieb Willie White, dass „diejenigen, die sich hier mit der Angelegenheit beschäftigen ... im Begriff stehen, die Position von Jones zu übernehmen", und „die Überzeugung an Boden gewinnt, dass es zwar wichtig ist, sich einig zu sein", aber noch wichtiger sei es, „korrekt" zu sein.[21] Eine solche Wende im Ablauf der Ereignisse konnte dem kampfbereiten Uriah Smith und seinen Kollegen kaum gefallen. Die zehn Hörner würden also in Minneapolis ein Agendapunkt mit Sprengkraft sein.

Die Bedrohung durch eine Korrektur der adventistischen Theologie des Gesetzes

Konnte man den Streit über das zehnte Horn als heftig bezeichnen, so war die Auseinandersetzung über die Frage, welches Gesetz im Galaterbrief gemeint ist, geradezu explosiv. Mitten in der Sonntagskrise an der Gültigkeit des Prophetieverständnisses der Gemeinschaft zu rütteln, war schlimm genug; aber substanzielle Änderungen an ihrer Theologie des Gesetzes vorzunehmen, konnte ein Desaster bedeuten. Die Adventisten hatten es schon schwer genug, die ewige Gültigkeit der Zehn Gebote in der feindseligen Umgebung evangelikaler Glaubensrichtungen des späten 19. Jahrhunderts zu verteidigen. Ihre protestantischen Zeitgenossen drängten sie in die Defensive, denn viele wollten sich völlig von der Ansicht trennen, dass die Zehn Gebote für Christen noch verbindlich waren.

---

[20] Brief William C. White an Alonzo T. Jones, 6. Januar 1887. In Kapitel 4 wird der Verschwörungsvorwurf ausführlich besprochen.
[21] Brief William C. White an Joseph H. Waggoner, 18. Mai 1888.

Ein wichtiges Argument, das die Adventisten zugunsten der Zehn Gebote ins Feld führten, war das Konzept der zwei Gesetzeskategorien: Das Zeremonialgesetz, das durch das Opfer Christi seine Bedeutung verloren hatte, und das ewig gültige Moralgesetz. Dieser Ansatz war für die adventistische Theologie von so zentraler Bedeutung, dass Smith 1884 schrieb: „Wenn es bewiesen werden kann, dass es" zwischen den beiden Gesetzen „keinen Unterschied gibt, verschwindet das Sabbathalten sofort von der Liste christlicher Pflichten ... Für Sabbathalter kann es daher gar keine wichtigere Frage geben."[22] Der prominenteste Verfechter dieser Position war wohl Dudley M. Canright, der erfolgreichste Evangelist der Gemeinschaft zu der Zeit – ein Redner, der die Adventisten fast 20 Mal in Streitgesprächen mit anderen Christen erfolgreich vertreten hatte, und außerdem der Autor von mehr als 20 Büchern und Schriften, die die Glaubenslehren der Adventisten verteidigten. Sein 1876 erschienenes Buch *Two Laws* (Zwei Gesetze) war ein wichtiger Beitrag zu der adventistischen Ansicht über das Gesetz Gottes.

Ein wichtiger Bibeltext, mit dem sich die Adventisten auseinandersetzen mussten, war der in Galater 3,19–26, in dem von dem „hinzugefügten" Gesetz die Rede ist (V. 19 EB). Drei Jahrzehnte lang hatten sie darunter das Zeremonialgesetz – wie sie es nannten – verstanden. Ihre Leiter waren der Ansicht, dass diese Interpretation zwingend sei, wenn die ewige Gültigkeit der Zehn Gebote unangetastet bleiben soll. Hieß es nicht in Vers 25 eindeutig: Wer glaubt, ist „nicht mehr unter dem Zuchtmeister" des Gesetzes?

Das Gesetz im Galaterbrief war bereits ein umstrittenes Thema, als Alonzo Jones und Ellet Waggoner anfingen zu lehren, im Brief an die Galater sei nicht von dem Zeremonialgesetz, sondern von den Zehn Geboten die Rede. Waggoner hatte ihre Ansichten in der Zeitschrift *Signs of the Times* veröffentlicht. Beide Männer lehrten am 1882 gegründeten adventistischen Healdsburg-College in Kalifornien. Viele sahen in der neuen Interpretation einen Angriff auf das Zentrum adventistischer Theologie, weil sie ihrer Meinung nach die Einbettung des wöchentlichen Sabbats in das Moralgesetz infrage

---

[22] *Synopsis of the Present Truth*, Battle Creek (Michigan)1884, S. 258.

stellte. Denn um ihre Ansicht über den Sabbat in einer feindseligen religiösen Welt verteidigen zu können, hatten die Adventisten den Galaterbrief ja in dem Sinne interpretiert, dass unter dem Gesetz, von dem dort die Rede ist, die zeremoniellen Verordnungen zu verstehen sind. Deshalb sah die Leitung der Gemeinschaft – angeführt von Butler und Smith, Präsident und Sekretär der Generalkonferenz – nun in Jones und Waggoner zwei Männer, die eine der tragenden Säulen des Adventismus in Gefahr brachten.

Die traditionellen Kräfte waren sich ihrer Sache aber sicher, denn für sie stand fest, dass die Gemeinschaft die Frage, von welchem Gesetz im Galaterbrief die Rede ist, schon 1856 ein für alle Mal entschieden hatte. *Vor* 1856 hatten allerdings viele Adventisten – darunter James White, John N. Andrews, Uriah Smith und Joseph Bates – die Ansicht vertreten, dass unter dem Gesetz im Galaterbrief die Zehn Gebote zu verstehen sind. Der Konflikt hatte sich zugespitzt, als Joseph H. Waggoner (der Vater von Ellet Waggoner) 1854 sein Buch *The Law of God: An Examination of the Testimony of Both Testaments* veröffentlichte.[23] Darin hatte er die Ansicht vertreten, dass mit dem Gesetz im Galaterbrief die Zehn Gebote gemeint sind. Stephen Pierce sprach sich 1856 gegen diese Auffassung aus und behauptete, das Gesetz im Galaterbrief beziehe sich auf das Zeremonialgesetz.[24] Die an der Diskussion Beteiligten – unter ihnen auch James und Ellen White – machten sich die Ansicht von Pierce zu eigen. Smith und Butler behaupteten darüber hinaus, Ellen White habe eine Vision gehabt und Joseph Waggoner mitgeteilt, mit dem Gesetz im Galaterbrief könnten nicht die Zehn Gebote gemeint sein.[25] Smith und Butler haben ihre Behauptung zwar nie belegt; historisch gesichert ist jedoch, dass James White Joseph Waggoners Buch nach der Konferenz im Jahr 1856 vom Markt nahm und die Adventisten in den

---

[23] Der Titel bedeutet: „Das Gesetz Gottes – Eine Untersuchung des Zeugnisses beider Testamente", Auszüge sind abgedruckt in *Manuscripts and Memories of Minneapolis 1888*, Pacific Press, Boise (Idaho), 1988, S. 11ff.

[24] Seine Argumentation ist nachzulesen im *Advent Review and Sabbath Herald*, 8. Oktober 1857, S. 180f.; zitiert in *Manuscripts and Memories*, S.16f.

[25] Brief George I. Butler an Ellen G. White, 1. Oktober 1888; Brief Uriah Smith an W. A. McCutchen, 8. August 1901; Brief Uriah Smith an H. J. Adams, 30. Oktober 1900.

nächsten 30 Jahren uni sono lehrten: Mit dem Gesetz im Galaterbrief sind die zeremoniellen Verordnungen der Bücher Mose gemeint. In diese friedliche theologische Atmosphäre hinein platzte Ellet Waggoners Artikelserie über den Galaterbrief. Butler – als Präsident der Generalkonferenz und Hüter des Glaubens – war sofort alarmiert. Während eines Besuches im Healdsburg-College Anfang 1886 äußerte er sich ziemlich erbost über Waggoners Vorgehen. „Wenn ich höre, dass die ... Ansicht einer Minderheit in einem unserer Colleges gegenüber den Bibelschülern energisch vertreten und darüber hinaus in den *Signs* auch einer größeren Öffentlichkeit zugänglich gemacht wird, bin ich darüber ganz und gar nicht erfreut," schrieb er an Ellen White.[26] Hinter dieser zurückhaltenden Formulierung verbarg sich wahrscheinlich eine tiefe Verärgerung über die ganze Angelegenheit. Und in der Tat sollte das Problem in seinem Denken bald solche Ausmaße annehmen, dass er nach der Generalkonferenzversammlung in Minneapolis nahe daran war, die Glaubensgemeinschaft der Siebenten-Tags-Adventisten zu verlassen.[27]

Aber was genau beunruhigte Butler und seine Mitstreiter an Waggoners Ansichten über den Galaterbrief? Eine Teilantwort gab Butler selbst in seiner Kritik an Waggoners Artikeln in seinem Buch über das Gesetz im Galaterbrief. Er schrieb, die *Signs* hätten eine hohe Auflage und würden auch „von vielen unserer fähigsten Gegner genau gelesen". Was darin über das Gesetz geschrieben werde, sei besonders wichtig, „weil die Äußerungen von Paulus im Galaterbrief über das Gesetz von unseren Gegnern als *ein gewichtiges Argument zugunsten ihrer eigenen gesetzesfeindlichen Lehren verwendet werden*". Die Artikel von Waggoner und Jones würden also den antinomistischen Feinden der Adventisten in die Hände spielen und ihnen eine „große Hilfe und Ermutigung" sein.[28]

Im Oktober 1888 nannte Butler weitere Gründe für die große Bedeutung der Kontroverse über den Galaterbrief. Sie sei „das Tor", durch das „eine Flut" von neuen Lehren und prophetischen Ausle-

---

[26] Brief George I. Butler an Ellen G. White, 20. Juni 1886.
[27] Mehr zu Butlers Problemen in Kapitel 3.
[28] *The Law in the Book of Galatians*, Battle Creek 1886, S. 6f., 66 (Hervorhebungen von mir). Das Buch ist auszugsweise Faksimile abgedruckt in *Manuscripts and Memories of Minneapolis 1888*, S. 31–41.

gungen in die Adventgemeinde eindringen werde. Darüber hinaus würde die Kontroverse bei vielen ihrer leitenden Mitarbeiter „den Glauben an die Zeugnisse Ellen Whites zerstören", weil sie angeblich vor Jahrzehnten eine Vision gehabt hatte, in der ihr gezeigt worden war, dass mit dem Gesetz im Galaterbrief nicht die Zehn Gebote gemeint sein könnten.[29]

Uriah Smith fühlte und dachte wie Butler. Für ihn war die Tatsache, „dass Dr. Waggoner seine Artikel über den Galaterbrief in den *Signs* veröffentlicht hat, das größte Unglück, das unsere Sache – abgesehen vom Tode Bruder Whites – je getroffen hat". „Sollte die Gemeinschaft der Siebenten-Tags-Adventisten ihre Position zum Gesetz im Galaterbrief jemals ändern, müssen sie auf mich verzichten", stellte er kategorisch fest, „denn noch bin ich nicht bereit, den Siebenten-Tags-Adventismus aufzugeben." Für Smith stand fest: Wenn die traditionelle Position der Adventisten falsch wäre, „dann waren wir während der vergangenen 30 Jahre im Unrecht, und der Siebenten-Tags-Adventismus ist auf einem Irrtum aufgebaut". Bei dieser Meinung blieb er bis zu seinem Tod. Der Redakteur des *Review* sah keine Möglichkeit, die adventistischen Glaubenslehren mit der Auffassung in Einklang zu bringen, es handele sich bei dem Gesetz im Galaterbrief um die Zehn Gebote. Er war sich mit Butler darin einig, dass eine solche Position „die Glaubwürdigkeit der *Zeugnisse* zerstört und das Sabbatgebot aufhebt".[30]

Ellet Waggoner dagegen glaubte (so wie es Alonzo Jones im Fall der zehn Hörner tat), es sei wichtiger, korrekt zu sein, als an einer traditionellen, aber falschen Interpretation festzuhalten. „Während wir uns dem Ende der Welt nähern, wird der Feind all seine Kräfte" auf das adventistische Verständnis des Gesetzes richten, schrieb er 1887. „*Jedes einzelne unserer Argumente wird einer sehr strengen Überprüfung standhalten müssen* ... Man wird einwenden, es sei demütigend, vor den Augen des Feindes die eigene Position zu ändern. Aber wenn ein General seine Truppen falsch aufgestellt hat, sollte er meiner Meinung nach lieber eine Korrektur vornehmen ... als das

---

[29] Brief George I. Butler an Ellen G. White, 1. Oktober 1888.
[30] Briefe Uriah Smith an Ellen G. White, 17. Februar 1890; Smith an Asa T. Robinson, 21. September 1892; Smith an C. F. Trubey, 11. Februar 1902.

Risiko einer Niederlage infolge seines Irrtums einzugehen." Waggoner sah in der Korrektur einer adventistischen Position nichts Demütigendes. Damit „würden wir doch nur zum Ausdruck bringen, dass wir heute mehr wissen als gestern".[31]

Wir sollten nicht übersehen, dass beide Seiten ihre Position im Streit um den Galaterbrief mit der Sonntagsgesetzgebung rechtfertigten. In der Auseinandersetzung über die Bedeutung der zehn Hörner machten sie es genauso. Wir müssen also die emotionsgeladenen Auseinandersetzungen, die dann folgten, vor dem Hintergrund der geschilderten Krise sehen. 1888 waren die Adventisten davon überzeugt, dass es nun ums Ganze ging; bald würden sie von den obersten Gerichten und den besten Gelehrten der Welt auf Herz und Nieren geprüft werden, weil sie sich weigern würden, das „Zeichen des Tieres" anzunehmen (Offb 13,16; 14,9), wie es sich in den Sonntagsgesetzen ankündigte.

Die Generalkonferenzversammlung 1886 und ihre Nachwirkungen: Auftakt für Minneapolis

George Butler wollte den Streit über das Gesetz und die prophetische Auslegung des Buches Daniel bis Ende 1886 beilegen. Im Sommer jenes Jahres startete er deshalb eine Kampagne, die die Meinungsverschiedenheiten überwinden sollte – natürlich im Sinne der Vertreter der traditionellen Positionen.

Als Erstes schrieb er eine Reihe von Briefen an Ellen White, die sich damals in Europa aufhielt; er wollte sich ihrer Unterstützung in der Auseinandersetzung mit Alonzo Jones und Ellet Waggoner versichern, den beiden jungen Männern von der Westküste, die sich erdreistet hatten, ihre theologischen und prophetischen Ansichten, die im Widerspruch zu seit langem festgeschriebenen adventistischen Positionen standen, in gedruckter Form zu verbreiten.[32]

---

[31] Brief E. J. Waggoner an George I. Butler, 10. Februar 1887 (Hervorhebungen von mir); vgl. *The Gospel in the Book of Galatians*, Oakland 1888, S. 70.
[32] Diese Briefe und Ellen Whites Antwort werden in Kapitel 5 eingehend besprochen.

Dass Ellen White seine wiederholten Anfragen nicht beantwortete, frustrierte Butler sehr – um es behutsam auszudrücken.[33] Ende August 1886 versuchte er es daher mit einer anderen Taktik. Er verfasste einen „kurzen Kommentar zum Brief an die Galater", vor allem zur Frage der Deutung des Gesetzes; denn die Zeitschrift *Signs of the Times* hatte dieses Thema ja auch „einer breiten Öffentlichkeit" zugänglich gemacht. Der „kurze Kommentar" erwies sich als ein 85-seitiges Buch mit dem Titel *The Law in the Book of Galatians* (Das Gesetz im Galaterbrief). Inhaltlich war es eine heftige Attacke gegen Waggoners Position. Außerdem sorgten die Leiter der Gemeinschaft für eine Neuauflage von Canrights *Two Laws*, das 1876 zum ersten Mal erschienen war. In der neuen Auflage war der Abschnitt über das Gesetz von 6 auf 24 Seiten erweitert worden. Es war allerdings die einzige nennenswerte Änderung im Buch.[34]

Drittens plante Butler, Jones und Waggoner und ihre „falschen Lehren" während der Generalkonferenzversammlung 1886 in Battle Creek in die Schranken zu verweisen und dadurch die Gemeinschaft wieder auf Kurs zu bringen. Der Präsident der Generalkonferenz stellte jedem Teilnehmer eine Kopie seines Buches zur Verfügung. Noch wichtiger aber war, dass er einen theologischen Ausschuss einsetzte, der den Streit über die zehn Hörner und das Gesetz im Galaterbrief entscheiden sollte. Diesem Ausschuss gehörten auch Ellet Waggoner, Dudley Canright, Uriah Smith und er selbst an. Butlers Hoffnung, der Ausschuss werde eine dogmatische Aussage herausgeben, die die Wahrheit über die umstrittenen Themen für alle Zeiten festschrieb, erfüllte sich jedoch nicht, denn die neun Ausschussmitglieder konnten sich nicht einigen – fünf zu vier. „Wir diskutierten mehrere Stunden lang, aber keine der beiden Seiten

---

[33] Brief George I. Butler an Ellen G. White, 23. August 1886.
[34] In dieser Ausgabe von Canrights *Two Laws* findet man eine Einführung und ein Impressum aus dem Jahr 1882. Da die erste Auflage von 1876 1882 erneut herausgegeben wurde, weiß man nicht genau, ob die neue Auflage zum ersten Mal 1882 oder 1886 erschien. Jedenfalls scheint die Gemeinschaft die zweite Auflage erst 1886 beworben zu haben. Die Tatsache, dass Dudley Canright 1882 vorübergehend aus dem Predigtamt ausschied, erschwert die Beurteilung. Die Änderungen im Abschnitt über das Gesetz waren aber genau das, was Butler und seine Mitstreiter 1886 brauchten.

konnte die andere überzeugen", berichtete Butler. Sie mussten dann entscheiden, „ob wir die Angelegenheit vor das Plenum bringen und eine heftige Auseinandersetzung darüber riskieren sollten."[35] Butler – ein kluger Politiker – wusste genau, dass ein solches Vorgehen nur noch mehr Unruhe stiften würde.

Er musste sich also mit einem Kompromiss zufriedengeben. Die Delegierten billigten eine Resolution, in der es hieß: „Theologische Ansichten, die von der Mehrheit der Adventisten nicht geteilt werden", dürfen in adventistischen Schulen erst dann in den Lehrplan aufgenommen und in Zeitschriften der Gemeinschaft veröffentlicht werden, wenn sie „von den leitenden Brüdern mit Erfahrung geprüft und gebilligt worden sind".[36] Diese Regelung galt natürlich Jones und Waggoner, ihren Zeitschriftenartikeln in den *Signs* und ihrem Unterricht am Healdsburg-College. Sie zeigte jedoch keine Wirkung, sondern verschob das Kräftemessen lediglich auf einen späteren Zeitpunkt.

Sowohl Butler als auch Ellen White sprachen im Rückblick auf die Generalkonferenzversammlung 1886 von jener „schrecklichen Konferenz". Während Butler sie als die traurigste bezeichnete, an der er je teilgenommen habe,[37] wies Ellen White darauf hin, dass „Jesus in der Person seiner Heiligen betrübt und verletzt worden war". Sie war besonders über die „Härte, die Respektlosigkeit und den Mangel an mitfühlender Liebe beunruhigt, die die Brüder im Umgang miteinander an den Tag gelegt hatten".[38] Die Versammlung in Minneapolis warf bereits ihre Schatten voraus.

Das sichtbarste Opfer jener Generalkonferenzversammlung von 1886 war Dudley Canright – einer der erfolgreichsten Evangelisten der Gemeinschaft und der prominenteste Verfechter des traditionellen Gesetzesverständnisses, das auch von Butler und Smith vertreten wurde. Canright hatte im Streit mit Waggoner um das Gesetz und den alten und neuen Bund in dem erwähnten theologi-

---

[35] Brief George I. Butler an Ellen G. White, 16. Dezember 1886.
[36] *Advent Review and Sabbath Herald*, 14. Dezember 1886, S. 779.
[37] Briefe George I. Butler an Ellen G. White, 1. Oktober 1888 und 16. Dezember 1886.
[38] Brief Ellen G. White an George I. Butler, 14. Oktober 1888; Ellen G. White, Manuskript 21, 1888 (circa November).

schen Ausschuss im Mittelpunkt gestanden. Es muss ihm während dieser hitzigen Debatte klar geworden sein, dass Waggoner einen berechtigten Punkt hatte. Leider zog er daraus den Schluss: Wenn die Gemeinschaft in ihrer traditionellen Interpretation des Gesetzes falsch liegt, „ist ihre Sache verloren". Aber statt Waggoners Ansicht zu übernehmen, dass die Zehn Gebote Menschen zu Christus hinführen, gab er sowohl den Glauben an die ewige Gültigkeit des Gesetzes als auch den ganzen Adventismus auf. Später bezeichnete er die Debatte über das Gesetz im Galaterbrief als einen Wendepunkt, der ihn veranlasste, das adventistische Gesetzesverständnis einer erneuten Prüfung zu unterziehen.[39] Seine Ergebnisse legte er den leitenden Brüdern in Battle Creek vor, trat von allen seinen Ämtern zurück und bat die Brüder, ihn aus der Gemeinschaft der Siebenten-Tags-Adventisten zu entlassen. Am 17. Februar 1887 entsprach die Leitung der Gemeinschaft diesem Antrag. Noch am selben Tag teilte George Butler Ellen White mit, Canright habe die Gemeinschaft aufgrund der Ergebnisse seiner Studien über die „Gesetzesfrage" verlassen.[40]

George Butler schrieb darüber im *Review*: „Canright dachte, dass wir das Gesetz über Christus stellen." Damit sprach er den Punkt an, der auf der Generalkonferenzversammlung 1888 zum zentralen theologischen Problem werden sollte. Ende 1886 hatte Dudley Canright zwar verstanden, worum es wirklich ging, schaffte es aber nicht, seine am Gesetz orientierte Theologie mit der Wahrheit des Evangeliums, nämlich der Erlösung aus Gnaden durch den Glauben an Christus, in Einklang zu bringen. Er sah keine andere Möglichkeit, als das Gesetz ganz fallenzulassen und sich den am Evangelium orientierten Baptisten anzuschließen.

In der Folge wurde Canright zum gefährlichsten Gegner der Adventisten, vor allem durch sein 1889 veröffentlichtes, sehr einflussreiches Buch *Seventh-day Adventism Renounced*. Butler fand es „erstaunlich, wie er [Canright] seine Überzeugung so schnell und

---

[39] Dudley M. Canright, *Seventh-day Adventism Renounced*, 5. Ausgabe, Cincinnati 1894, S. 309, 50f.
[40] Brief Butler an E. G. White, 17. Februar 1887.

radikal ändern konnte". Er machte dafür dessen labilen Charakter verantwortlich.[41]

Es stimmte zwar, dass Dudley Canright in seiner Beziehung zur Gemeinde sprunghaft gewesen war, aber nach allem, was wir wissen, hatte er auch erkannt, dass die Leitung der Gemeinschaft der Siebenten-Tags-Adventisten verworrene Ansichten über den alten und neuen Bund vertrat und das Gesetz über das Evangelium stellte. Während Canright also einen Teil der Wahrheit, auf die Waggoner aufmerksam machen wollte, begriffen hatte, hielten Butler und Smith und ihre zahlreichen Mitstreiter blindlings an ihrem traditionellen Adventismus mit seinen ernsthaften theologischen Problemen fest. In den folgenden Jahren wurde das noch viel deutlicher. Canrights Weggang wegen der Auseinandersetzung über das Gesetz hätte Butler und Smith wachrütteln müssen; stattdessen schalteten sie auf stur und bereiteten sich auf weitere Auseinandersetzungen vor. Jedenfalls trug Canrights Abtrünnigkeit nicht dazu bei, ihre harte Haltung gegenüber Jones und Waggoner und deren neue Theologie, die „das Evangelium im Galaterbrief" betonte, zu mildern.[42] Im Gegenteil, sie verstärkte noch den emotionsgeladenen Umgang der alten Garde mit der Angelegenheit. Hatten sie nicht von vornherein vor den Folgen der neuen Lehre gewarnt?

Canright war nicht der einzige Theologe der Gemeinschaft, der nach der Generalkonferenzversammlung 1886 schreibend tätig wurde. Ellet Waggoner, von dem Butler behauptete, er sei „klar zum Gefecht" zur Versammlung gekommen,[43] schrieb am 10. Februar 1887 einen langen Brief an Butler, der 1888 als 71-seitige Broschüre mit dem Titel *The Gospel in the Book of Galatians* (Das Evangelium im Galaterbrief) erschien. Das Buch setzte sich ausführlich und kritisch mit Butlers *Law in the Book of Galatians* auseinander, das der Präsident der Gemeinschaft und seine Anhänger während der Generalkonferenzversammlung 1886 verteilt hatten.[44]

---

[41] *Advent Review and Sabbath Herald*, 1. März 1887, S. 138.
[42] Brief Alonzo T. Jones an Ellen G. White, 13. März 1887.
[43] Brief George I. Butler an Ellen G. White, 31. März 1887.
[44] *The Gospel in the Book of Galatians*, S. 3; auszugsweise Faksimile abgedruckt in *Manuscripts and Memories of Minneapolis 1888*, S. 51–65.

Die Bühne für die Auseinandersetzung wird bereitet

Auch Ellen White hat in den ersten Monaten des Jahres 1887 viele Briefe geschrieben. Einer ihrer wichtigsten war der an Alonzo Jones und Ellet Waggoner vom 18. Februar. Darin erwähnte sie, dass sie vergeblich nach dem Zeugnis über das „hinzugefügte Gesetz" gesucht hatte, das sie in den 1850er-Jahren an Joseph Waggoner geschrieben hatte. Sie wusste zwar noch, dass ihr „gezeigt worden war, dass seine Position bezüglich des Gesetzes unkorrekt" war, konnte sich aber nicht mehr daran erinnern, *was* daran falsch war, denn „die Angelegenheit steht mir nicht mehr klar und deutlich vor Augen". Über eins war sie sich jedoch im Klaren: Adventisten sollten in der Öffentlichkeit mit einer Stimme über Glaubenslehren sprechen. „Besonders in dieser Zeit", schrieb sie in offensichtlicher Anspielung auf die Sonntagsgesetze, die die Gemeinschaft verletzlich gemacht und ins Rampenlicht der Öffentlichkeit gerückt hatten, „sollte jeder Anschein von Meinungsverschiedenheiten vermieden werden". Sie bemängelte eindeutig, dass die beiden jungen Redakteure ihre Ansichten in der Zeitschrift *Signs* veröffentlicht hatten.

Ellen White führte weiter aus, dass die unterschiedlichen Auffassungen über das Gesetz im Galaterbrief „nicht von entscheidender Bedeutung sind". Es würde Jahre dauern bis „die Eindrücke, die unsere letzte Konferenz [1886] hinterlassen hat, wieder beseitigt" seien. Sollten die leitenden Brüder noch einmal strittige Punkte wie das Gesetz im Galaterbrief oder die zehn Hörner in Daniel 7 auf die Agenda setzen, würde sie an der Konferenz nicht teilnehmen.

Ellen White wandte sich dann in ihrem Brief von diesen „nicht entscheidend wichtigen" Dingen ab und kam auf das zu sprechen, was sie für wesentlich hielt: „Es besteht die Gefahr, dass unsere Prediger sich zu viel mit den Lehren beschäftigen und zu viele Predigten über strittige Themen halten, obwohl auch ihre eigene Seele praktische Frömmigkeit braucht", betonte sie. „Über die Wunder der Erlösung wird nicht viel gesprochen. Diese Themen müssen ausführlicher und immer wieder dargestellt werden ... Es besteht die Gefahr, dass Christus in Vorträgen und in den Artikeln unserer Zeitschriften überhaupt nicht vorkommt."[45] Das waren die Themen, die im Mittelpunkt ihrer Predigten in Minneapolis 1888 und ihrer schriftlichen Äußerungen in den 1890er-Jahren standen.

Ellen Whites Brief enthielt einen eindeutigen Tadel an Jones und Waggoner, weil sie ein strittiges Thema in einer Krisenzeit an die Öffentlichkeit gebracht hatten. Sie kritisierte auch einige ihrer unerfreulichen Charakterzüge. Beide Männer reagierten positiv; sie bereuten ihr Verhalten und entschuldigten sich für ihr öffentliches und persönliches Versagen.[46] Ein Ergebnis dieses Briefwechsels war, dass Waggoner die Veröffentlichung seines Buches *The Gospel in the Book of Galatians* zurückstellte. Das Manuskript ging erst kurz vor der Generalkonferenzversammlung 1888 in Druck.

George Butler erhielt von Ellen White eine Kopie des Briefes. Er war von seinem Inhalt so begeistert, dass er ihn fälschlicherweise als Bestätigung der eigenen Position in Bezug auf das Gesetz im Galaterbrief interpretierte. In seiner Euphorie schrieb er Ellen White, mittlerweile liebe er die beiden jungen Männer sogar und habe Mit-

---

[45] Brief E. G. White an E. J. Waggoner und A. T. Jones, 18. Februar 1887.
[46] Brief Alonzo T. Jones an Ellen G. White, 13. März 1887; Brief Ellet J. Waggoner an Ellen G. White, 1. April 1887.

leid mit ihnen. „Alle, die schwere Enttäuschungen erleiden, tun mir immer so leid."[47] Sein Mitleid hinderte ihn jedoch nicht daran, mit Vergnügen einen aggressiven Artikel im *Advent Review and Sabbath Herald* zu veröffentlichen, der seine eigene Position zu den beiden Gesetzen im Galaterbrief erläuterte.[48]

Ellen White war – gelinde gesagt – verärgert, als sie erfuhr, was Butler aus ihrem Brief an Jones und Waggoner gemacht hatte. Am 5. April 1887 schrieb sie ihm und Smith einen geharnischten Brief. Sie habe sie nicht deshalb über ihren Tadel an Jones und Waggoner informiert, damit sie diese Information als Waffe gegen ihre jüngeren Kollegen benutzen, sondern weil auch sie sich davor hüten müssten, Meinungsverschiedenheiten in die Öffentlichkeit zu tragen. Nun, da Butler die Auseinandersetzung erneut öffentlich gemacht habe, müsse auch Waggoner die Gelegenheit gegeben werden, seine Ansichten öffentlich zu präsentieren, stellte sie kategorisch fest. „Die ganze Sache entspricht nicht Gottes Willen", schrieb sie, und rief zur Fairness auf. Diese Aufforderung zur Fairness führte schließlich zur Veröffentlichung von Waggoners Buch über den Galaterbrief und sorgte dafür, dass die strittigen Themen wichtige Agendapunkte der Generalkonferenzversammlung 1888 wurden.

Da Ellen White begann, die ganze Angelegenheit klarer zu sehen, bezog sie energischer Stellung gegen das selbstherrliche Vorgehen der Generalkonferenzleiter in Battle Creek. „Wir müssen uns in unserer Arbeit als Christen erweisen", mahnte sie. „Wenn eine Auslegung nicht klar dargelegt ist und einer kritischen Überprüfung nicht standhält, dann seid nicht zu ängstlich oder zu stolz, sie aufzugeben … *Wir streben nach der Wahrheit, wie sie in Jesus ist*; wir möchten mit der Fülle Gottes erfüllt werden und *die Sanftmut und Demut Christi besitzen*." Sie beschuldigte Smith und Butler, mit dem abgefallenen Canright in einem Boot zu sitzen und erklärte, sie würde „jedes Exemplar" seines Buches über die zwei Gesetze lieber „verbrennen, als dass auch nur ein einziges in die Hände unserer Gemeindeglieder gelangt". Als Antwort auf Butlers wiederholte Bitte, sie möge den Streit um das Gesetz im Galaterbrief durch eine autoritative

---

[47] Brief George I. Butler an Ellen G. White, 13. März 1887.
[48] *Advent Review and Sabbath Herald*, 22. März 1887, S. 182–184.

Stellungnahme beenden, erklärte sie: *„Wir wollen biblische Beweise für jeden Standpunkt, den wir einnehmen."*[49] Diese Themen, die sie in ihrem Brief vom 5. April 1887 ansprach, betonte sie während der Versammlung in Minneapolis 1888 immer wieder. Eineinhalb Jahre zuvor hatte sie bereits eine klare Vorstellung von dem eigentlichen Problem, vor dem die Gemeinschaft stand.

In ihrem Brief an Butler und Smith kam sie auch noch einmal auf das Zeugnis an Joseph Waggoner zu sprechen, das verlorengegangen war. Es sei möglich, dass der Rat, den sie ihm damals gegeben habe, gar nichts mit Glaubenslehren zu tun gehabt habe. „Es kann sein, dass ich ihn nur davor gewarnt habe, mit seinen Ideen zum damaligen Zeitpunkt an die Öffentlichkeit zu treten, weil das die Einheit der Gemeinschaft gefährdet hätte."

Butler und Smith stimmten dieser Darstellung nicht zu und bestanden darauf, sie habe in einer Vision gesehen, dass Joseph Waggoner eine falsche theologische Ansicht vertrat. Beide Männer erklärten, wenn ihre Auffassung über das Gesetz im Galaterbrief falsch sei, dann würden sowohl der Sabbat als auch Ellen Whites Zeugnisse umgestürzt werden – eine Position, die mit Canrights Ansichten vollkommen übereinstimmte.[50] Ähnliche Gedanken tauchten immer wieder auf, während die Gemeinschaft der Generalkonferenzversammlung in Minneapolis im Herbst 1888 entgegenging.

Anfang 1888 korrespondierte Willie White mit George Butler über die Frage, ob der Versammlung eine Predigertagung vorausgehen sollte. Er schlug mehrere Themen für eine solche Tagung vor, darunter auch eine Überprüfung der biblischen Lehren. Der Generalkonferenzpräsident empfahl seinerseits, auch die zehn Hörner und das Gesetz im Galaterbrief zu erörtern.[51] Im Sommer 1888 hatte der viel beschäftigte Butler jedoch vergessen, dass er diese Empfehlung gemacht hatte. Daraufhin versuchte Willie White, ihm klarzumachen, es könne der Gemeinschaft gar nichts Besseres passieren, als

---

[49] Brief Ellen G. White an George I. Butler und Uriah Smith, 5. April 1887 (Hervorhebungen von mir).
[50] Brief Uriah Smith an Asa T. Robinson, 21. September 1892; Brief George I. Butler an Ellen G. White, 1. Oktober 1888.
[51] Brief William C. White an Dan T. Jones, 8. April 1890.

dass sich ihre uneinigen Brüder „in einem freundlichen und christlichen Geist zusammensetzten und einander geduldig bei ihren Vorträgen zuhören". Schließlich könne auch niemand die Gegner des Adventismus daran hindern, die adventistischen Glaubenslehren zu untersuchen. Sich nur auf die Tradition zu verlassen, brächte die Adventisten in die gleiche Lage, in der sich die etablierten Kirchen mit ihren Glaubensbekenntnissen befänden.[52]

Im August 1888 griff Ellen White in die Debatte über die Predigertagung ein. Ihr Rundbrief an „die Brüder, die sich zur Generalkonferenz versammeln werden", war ein dringender Aufruf, „in der Heiligen Schrift zu forschen", weil „die Wahrheit durch eine sorgfältige Untersuchung nichts verlieren kann". Die Adventisten „würden vor Ratsversammlungen zitiert" und „von klugen und kritischen Leuten befragt" werden. Vielen Gemeindegliedern mangele es aber an Bibelwissen, auch manchen Predigern. Alle hätten sich zu sehr auf die Autorität der leitenden Brüder und der adventistischen Tradition verlassen. In offensichtlicher Anspielung auf das Verhalten von Butler und Smith mahnte sie: „Wir dürfen nicht zuerst unsere Position festlegen und dann alles andere so interpretieren, dass es mit dieser Position übereinstimmt." So hatten es nämlich die Reformer gemacht und waren dabei vom biblischen

---

[52] Brief William C. White an George I. Butler, 16. August 1888.

Glauben abgewichen. *„Die Bibel muss der Maßstab sein für alle unsere Lehren und für alles, was wir tun"*, erklärte sie. „Wir dürfen nie die Meinung anderer übernehmen, ohne sie vorher mit der Heiligen Schrift verglichen zu haben. In allen Fragen des Glaubens ist die göttliche Autorität maßgebend. Das Wort Gottes muss alle Streitfragen entscheiden." Weiter wies sie die Delegierten darauf hin, sie müssten die Bibel „im Geiste Christi" studieren, ohne „dabei sich gegenseitig anzugreifen". Jede Art von „Pharisäismus" müsse abgelegt, und „alle Mutmaßungen und vorgefassten Meinungen müssten sorgfältig" anhand der Bibel überprüft werden.[53]

Dieser Brief Ellen Whites bekräftigte ihr Plädoyer vom April 1887 für Fairness und gleicher Redezeit für alle. Sie gab deutlich zu verstehen, dass auch Jones und Waggoner gehört werden müssten. Außerdem hob sie noch einmal die beiden Themen hervor, die in Minneapolis zu ihrem zentralen Anliegen wurden: Die überragende Wichtigkeit der Bibel und die Notwendigkeit, den Geist Christi und nicht den Geist der Pharisäer zu offenbaren.

Angesichts dieser öffentlichen Aufforderung zum Studium der Bibel und zu christlicher Fairness musste Butler kapitulieren. Im *Review* vom 28. August kündigte er an, die Predigertagung werde stattfinden und die strittigen Punkte würden diskutiert werden.[54]

Obwohl George Butler der Predigertagung und der Aussprache über die strittigen Punkte schließlich zustimmte, war er innerlich nie wirklich damit einverstanden. Im Gegenteil; Anfang Oktober, kurz vor Beginn der Versammlungen, hatte sich seine Erregung so gesteigert, dass er einem Nervenzusammenbruch nahe war. Am 1. Oktober schrieb er einen 40-seitigen Brief an Ellen White. Der Präsident der Generalkonferenz beschuldigte sie, ihn verraten zu haben, und bezichtigte ihren Sohn, eine besonders widerwärtige Rolle in dem Konflikt gespielt zu haben, in dem sich die Gemeinschaft seit 1884 befände. Butler hatte Ellen Whites Brief vom 5. April 1887 immer als ungerecht empfunden, und daran, so ließ er sie wissen, würde sich auch nie etwas ändern. Und was Jones und Waggoner angehe,

---

[53] Brief Ellen G. White an „die Brüder, die sich zur Generalkonferenz versammeln werden", 5. August 1888 (Hervorhebungen von mir).
[54] *Advent Review and Sabbath Herald*, 28. August 1888, S. 560.

so habe er noch nie erlebt, dass jemand „so schamlos und trotzig mit einer strittigen Frage umgegangen" sei. Er bedauerte, dass er selbst und Smith nicht sofort gegen sie vorgegangen waren und sie auf alle mögliche Weise bloßgestellt hatten, als sie ihre Anschauungen zum ersten Mal drucken ließen. Wäre James White noch Generalkonferenzpräsident gewesen (er war 1881 verstorben), „hätten sie ein solches Donnerwetter zu hören bekommen ... dass es ihnen in den Ohren geklingelt hätte". Er hätte sie sofort „öffentlich und persönlich zur Rede gestellt und dafür gesorgt, dass sie ihre Dreistigkeit bereuten", und nicht gezögert, diese „Grünschnäbel" in der Gemeindezeitschrift bloßzustellen.[55]

Die Ursache für Butlers Aufregung lag nicht allein in ihm selbst. Ein Brief von William H. Healey, einem Pastor in Kalifornien, hatte seine Wut noch gesteigert. Healey berichtete nämlich von einem Treffen zwischen William White, Ellet Waggoner, Alonzo Jones und anderen führenden Predigern in Kalifornien im Juni 1888. Die Brüder waren zusammengekommen, um in der Bibel nach Antworten zu suchen auf die Frage nach den zehn Reichen von Daniel 7, der Bedeutung des Gesetzes im Galaterbrief und den von der Prophetie vorhergesagten Ereignissen. Obwohl es bei dem Treffen offenbar um ein ernsthaftes Studium der Bibel und der Geschichte gegangen war, bauschte Healey es in der emotional aufgeheizten Atmosphäre zu einer Verschwörung der leitenden Brüder im Westen auf, die Änderungen in der Theologie der Gemeinschaft erzwingen wollten.[56]

Healeys Brief fiel bei Butler, der emotional ausgelaugt war, auf fruchtbaren Boden. 18 Monate lang litt er schon unter dem Brief Ellen Whites vom April 1887, in dem sie ihm eine falsche Einstellung gegenüber Jones und Waggoner und deren Ansichten vorgeworfen hatte. Jetzt passte plötzlich alles zusammen. Auf einmal wur-

---

[55] Brief George I. Butler an Ellen G. White, 1. Oktober 1888.
[56] Brief Ellen G. White an William M. Healey, 9. Dezember 1889; Brief Uriah Smith an Ellen G. White, 17. Februar 1890; Brief William C. White an Dan T. Jones, 8. April 1890. Weitere Informationen über das Studium bei diesem Treffen finden sich in „Notes Made by W. C. White at ‚Camp Necessity'", 25. und 26. Juni 1888, als Faksimile abgedruckt in *Manuscripts and Memories of Minneapolis 1888*, S. 429–440, transkribiert S. 415–419. Vgl. Brief William M. Healey an Ellen G. White, September 1901, und Brief Ellen G. White an William M. Healey, 21. August 1901.

de ihm klar, warum Willie und Ellen White darauf gedrängt hatten, die zehn Hörner und das Gesetz im Galaterbrief auf die Agenda der Versammlung in Minneapolis zu setzen. Ohne Zweifel war hier eine Verschwörung großen Ausmaßes im Gange, die die traditionellen Glaubensüberzeugungen der Gemeinschaft bedrohte, meinte er. Sofort schickte er eine Reihe von Telgrammen an die Delegierten in Minneapolis und drängte sie, „an den alten Erkennungszeichen festzuhalten" und den kalifornischen Verschwörern nicht einen Zentimeter nachzugeben.[57] Seine Anhänger rüsteten sich zum Kampf; sie wollten sowohl ihren Präsidenten als auch die alten lehrmäßigen Erkennungszeichen der Siebenten-Tags-Adventisten verteidigen.

So war die Bühne bereitet für das Desaster auf der Generalkonferenzversammlung in Minneapolis im Herbst 1888. „Wir können uns auf etwas gefasst machen", witzelte Ellen White einen Tag vor Beginn der Predigertagung in einem Brief an ihre Schwiegertochter.[58]

Die Generalkonferenz in Minneapolis und ihre Folgen

In Minneapolis im mittleren Westen der Vereinigten Staaten am Mississippi versammelten sich in der neuerbauten Adventkapelle 96 Deligierte (bis auf zwei alle aus den USA; siehe das Bild gegenüber). Sie repräsentierten 26 000 Gemeindeglieder.

Das Minneapolis *Journal* schilderte die Adventisten als eine „seltsame Gemeinde, die den Samstag als Sonntag feiert, eine Prophetin verehrt und glaubt, dass das Ende der Welt nahe ist". Die Zeitung berichtete, dass die Adventisten „schwierige theologische Probleme mit demselben verbissenen Ernst in Angriff nehmen, mit dem ein fleißiger Mann sich ans Holzhacken macht".[59] Das Blatt hätte noch hinzufügen können, dass Adventisten in theologischen Gesprächen auch kaum behutsamer miteinander umgehen als der Mann mit dem Holz. Die Aggressivität, die sich während der Konferenz offenbarte, war genau das, was Ellen White befürchtet hatte.

---

[57] Brief Alonzo T. Jones an Claude E. Holmes, 12. Mai 1921; Ellen G. White, Manuskript 15, November 1888; Manuskript 2, 7. September 1888.
[58] Brief Ellen G. White an Mary White, 9. Oktober 1888.
[59] Minneapolis *Journal*, 13. Oktober 1888, S. 8; 19. Oktober 1888, S. 2.

Schon während der Diskussion über die zehn Hörner in Daniel 7 konnte man diesen aggressiven Geist spüren. Uriah Smith, der Wortführer der Traditionalisten, hielt es für „bosartig" und „absolut überflüssig", sich überhaupt mit dieser Frage zu beschäftigen, denn das würde „alte Wahrheiten, die sich 40 Jahre lang bewährt haben, in Stücke reißen". Warum sollte nicht jede neue Interpretation sich auch erst einmal so lange bewähren, bevor sie angenommen wird? „Und wenn wir unterschiedliche Zeugnisse dazu haben, warum sollten wir dann irgendetwas verändern?"[60]

Alonzo Jones, der wichtigste Gegenspieler von Uriah Smith, wenn es um prophetische Auslegung ging, war nicht minder liebenswürdig. Gleich zu Beginn rief er den Versammelten zu: „Bruder Smith hat euch gesagt, er wisse nichts über diese Angelegenheit. Ich aber weiß etwas darüber, und ich möchte von euch nicht für etwas verantwortlich gemacht werden, das Bruder Smith nicht weiß." Das

---

[60] William C. White, handschriftliche Notizen zur Generalkonferenzversammlung 1888, Buch 1 (E), 15. Oktober 1888, S. 27; als Faksimile abgedruckt in *Manuscripts and Memories of Minneapolis 1888*, S. 443–470, transkribiert auf S. 420–428.

war für Ellen White zu viel und sie tadelte Jones mit den Worten: „Nicht so scharf, Bruder Jones, nicht so scharf."[61]

Der Minneapolis *Tribune* zufolge versuchten einige von Smiths Freunden, eine Abstimmung über die zehn Hörner zu erzwingen, aber Jones verhinderte das mit dem Argument, die Delegierten sollten erst dann abstimmen, wenn sie die Angelegenheit gründlich untersucht hätten. „Die Diskussion wurde fortgesetzt, bis es Mittag war und es Zeit wurde, sie zu vertagen", berichtete die *Tribune*.[62]

Trotz der Pattsituation behauptete Smith in der folgenden Woche in seinem Leitartikel im *Review*, seine Ansicht habe sich durchgesetzt. „Die überwältigende Mehrheit der Delegierten", verkündete er, „stand offensichtlich auf der Seite der bewährten Grundsätze der Interpretation und der bisherigen Auslegung."[63] Willie White ärgerte sich über diesen Artikel; er erklärte auf der Versammlung öffentlich, Smith habe es versäumt zu berichten, dass die Delegierten gegen Ende der Aussprache beschlossen hatten, dass „alle die Angelegenheit im Laufe des Jahres gewissenhaft studieren sollten". Willie White sah in Smiths Leitartikel eine bewusste Täuschung. Er berichtete: „In Gegenwart von Smith erklärte ich vor den Versammelten, es sei zwar völlig richtig, von den Redakteuren der *Signs* Besonnenheit zu verlangen ... aber ebenso müsse von den Redakteuren des *Review* erwartet werden, dass sie ehrlich sind; und ich erklärte ihnen, inwiefern dieser Bericht die Gemeindeglieder bewusst in die Irre geführt hat."[64]

Die Diskussionen über das Gesetz im Galaterbrief verliefen mindestens ebenso kontrovers wie die über die zehn Hörner. George Butler, der prominenteste Vertreter der traditionellen Lehre in Sachen Gesetz, konnte an diesen Versammlungen nicht teilnehmen, weil er krank war. Das veranlasste Robert M. Kilgore, den Vorsteher der Illinois-Vereinigung, als Delegierter das Wort zu ergreifen.

---

[61] Asa T. Robinson, „Did the Seventh-day Adventist Denomination Reject the Doctrine on Righteousness by Faith?", Unveröffentlichtes Manuskript, 30. Januar 1931; Interview von Robert J. Wieland und Donald K. Short mit J. S. Washburn, 4. Juni 1950.
[62] Minneapolis *Tribune*, 18. Oktober 1888, S. 5.
[63] *Advent Review and Sabbath Herald*, 23. Oktober 1888, S. 664.
[64] Brief William C. White an Joseph H. Waggoner, 27. Februar 1889.

Er sagte, das Thema des Gesetzes im Galaterbrief hätte überhaupt nicht behandelt werden dürfen. Sein Vorwurf lautete: „Es ist feige, dieses Thema anzuschneiden, wenn Bruder Butler nicht dabei sein kann." Auch in diesem Fall bezog Ellen White Stellung gegen die Traditionalisten und sagte, Kilgores Position stimme „nicht mit dem Willen Gottes überein". Ihre Stellungnahme sorgte dafür, dass das Gesetz im Galaterbrief auf der Tagesordnung blieb, bis die Delegierten beide Seiten gehört hatten.[65]

Ellet Waggoner sprach in Minneapolis mindestens neunmal über das Thema Gesetz und Evangelium. Bei den ersten sechs Vorträgen ging es um das Verhältnis der Gerechtigkeit aus dem Glauben zum Gesetz im Allgemeinen. Die weiteren befassten sich speziell mit dem Galaterbrief. Smith erklärte, er hätte den Ausführungen über die Gerechtigkeit vor Gott zustimmen können, wenn er „nicht gewusst hätte, dass Waggoner sie nur als Wegbereiter benutzte, um seine Ansichten über den Galaterbrief durchzusetzen".[66] Die Folge war, dass der Chefredakteur des *Review* und seine Kollegen Waggoners Botschaft von vornherein ablehnten.

Nach Waggoners Ansicht spielen die Zehn Gebote die Rolle eines „Zuchtmeisters" (eigentlich: „Erziehers"), der uns zu Christus führt, „damit wir durch den Glauben gerecht würden" (Galater 3,24).[67] Ellen White stimmte zwar nicht mit allem überein, was Waggoner sagte (wie sie den Delegierten bekannte), aber in diesem zentralen Punkt unterstützte sie ihn: „Ich sehe in dem, was der Doktor[68] uns über die *Gerechtigkeit Christi und ihre Beziehung zum Gesetz* erklärt hat, die Schönheit der Wahrheit aufleuchten. Es stimmt mit dem Licht, das Gott mir nach seinem Wohlgefallen in all den Jahren meines Lebens mit ihm gezeigt hat, vollkommen überein."[69] Sie würdigte in ihrer Aussage das, was sie für Waggoners entscheidenden Beitrag zur adventistischen Theologie hielt. Er hatte *eine Brücke zwischen dem*

---

[65] Ellen G. White, Manuskript 24, circa November oder Dezember 1888; Manuskript 9, 24. Oktober 1888; William C. White, handschriftliche Notizen zur Generalkonferenz 1888, Buch 1 (E), S. 55.
[66] Brief Uriah Smith an Ellen G. White, 17. Februar 1890.
[67] Ellet J. Waggoner, *The Gospel in the Book of Galatians*, S. 45.
[68] Ellet J. Waggoner war ein in New York ausgebildeter Arzt.
[69] Manuskript 15, November 1888 (Hervorhebungen von mir).

Gesetz und dem Evangelium geschlagen, indem er die evangeliumsgemäße Aufgabe der Zehn Gebote deutlich gemacht hatte, die darin besteht, Menschen ihre Schuld und Verlorenheit bewusstzumachen und sie zu Christus zu führen, damit er ihnen vergeben und sie rechtfertigen kann. Diese Verbindung von Gesetz und Evangelium wurde sehr wichtig für Ellen Whites Verständnis von Offenbarung 14,12 und der Bedeutung dieses Bibeltextes für das, was man als die Botschaft von 1888 bezeichnen könnte. (Näheres dazu im nächsten Kapitel.)

Joseph Morrison, Vorsteher der Iowa-Vereinigung und erfahrener Diskussionsredner, widersprach Waggoner. Adventisten hätten schon immer geglaubt, dass sie durch den Glauben gerecht werden. Er befürchte jedoch, dieses Thema sei „überbetont" worden und das Gesetz könne seinen wichtigen Platz in der adventistischen Theologie verlieren.[70] Morrison sprach nach Waggoner und hielt auf der Generalkonferenzversammlung mindestens sieben Vorträge über Themen, die etwas mit dem Galaterbrief zu tun hatten.

Wie schon 1886 bei den Diskussionen über das Gesetz im Galaterbrief und wie bei den Auseinandersetzungen über die zehn Hörner zu Beginn der Versammlung versuchte die Fraktion um Butler, Smith und Morrison auch jetzt wieder, eine Abstimmung zu erzwingen, um die richtige Lehre der Adventisten über die Beziehung zwischen Gesetz und Evangelium festzulegen. Alonzo Jones schrieb später: „In Minneapolis 1888 versuchte die Administration der Generalkonferenz alles, um die Gemeinschaft durch ein Votum der Versammlung auf die Formel ‚Gehorche und lebe' zu verpflichten – also zur Werkgerechtigkeit."[71] Der Versuch scheiterte, aber es war kein Scherz, als Ellen White am Schluss der Konferenz feststellte: „Willie und ich mussten ständig auf der Hut sein, dass nichts zur Abstimmung vorgeschlagen und keine Beschlüsse gefasst wurden, die für die weitere Arbeit schädlich sein würden."[72]

---

[70] R. T. Nash, *An Eyewitness Report of the 1888 General Conference,* (privat veröffentlicht, ohne Jahr), S. 4; C. McReynolds, „Experiences While at the General Conference in Minneapolis, Minnesota, in 1888", unveröffentlichtes Manuskript, circa 1931.
[71] *God's Everlasting Covenant,* 1907, S. 31
[72] Brief Ellen G. White an Mary White, 4. November 1888.

Die Haltung vieler Prediger – insbesondere derjenigen, die auf Butlers und Smiths Seite standen – beunruhigte Ellen White zutiefst. „Gleich zu Beginn der Versammlung spürte ich einen Geist, der mich sehr belastete", schrieb sie in einem Manuskript. Es war eine aggressive Haltung, der es an christlicher Liebe fehlte – das Gegenteil des Geistes Jesu.[73] Später nannte sie das den „Geist von Minneapolis" (in Kapitel 4 werde ich ihn ausführlicher erörtern). Für sie war klar, dass Satan versuchte, die Adventisten, die sich in einer eschatologischen Krise befanden, zu spalten und zu überwinden. Sie beschloss, die Konferenz etwa zur Halbzeit in aller Stille zu verlassen und hätte das auch getan, wie sie berichtete, wenn ihr begleitender Engel sie nicht aufgefordert hätte zu bleiben.[74]

Ellen White war nicht der Meinung, dass es sich bei den zehn Hörnern und dem Gesetz im Galaterbrief um entscheidende Fragen handelte, sondern betonte: „Entscheidend ist, ob wir Christen sind, einen christlichen Geist an den Tag legen und wahrhaftig, aufgeschlossen und aufrichtig miteinander umgehen."[75] Als sie sah, mit welcher Einstellung die Traditionalisten ihre Position bezüglich des Galaterbriefes vertraten, kamen ihr die ersten Zweifel an der Richtigkeit deren Gesetzesverständnisses. Sie beklagte, dass Butlers Anhänger eine „gesetzliche Religion" vertraten, obwohl sie so dringend „Christus und seine Gerechtigkeit" brauchten.[76]

Im Verlauf der Generalkonferenzversammlung hob Ellen White immer wieder hervor, dass die Bibel die einzige Autorität ist, die theologische Streitfragen klären kann. Dieses Thema und die zentrale Bedeutung der Gerechtigkeit Christi standen in den 1890er-Jahren in all ihren Schriften im Mittelpunkt. (Ausführlicher dazu siehe Kapitel 5.)

Im Gegensatz zu den Auseinandersetzungen über die zehn Hörner und den Galaterbrief spaltete das Thema Religionsfreiheit die adventistischen Leiter nicht in zwei Lager. Alle Teilnehmer waren

---
[73] Manuskript 24, circa November oder Dezember 1888; zitiert in *Selected Messages*, Bd. 3, S. 163ff.
[74] Brief Ellen G. White „an die Brüder", B-85-89, circa April 1889.
[75] Brief Ellen G. White an William M. Healey, 9. Dezember 1888.
[76] Manuskript 24, circa November oder Dezember 1888; zitiert in *Selected Messages*, Bd. 3, S. 177.

sich darin einig, dass die geplante Verfassungsänderung, der zufolge die öffentlichen Schulen die christliche Religion in ihren Lehrplan aufnehmen sollten, und Senator Blairs nationales Sonntagsgesetz bedrohliche Vorzeichen der in den biblischen Prophezeiungen angekündigten Ereignisse darstellten und die adventistische Auslegung von Offenbarung 13 und 14 bestätigten. Daher hatten die Delegierten nichts gegen Alonzo Jones' Predigten über die Religionsfreiheit einzuwenden. Ellen White war allerdings enttäuscht, dass seine Botschaften zur aktuellen Krise wegen der durch die strittigen Fragen ausgelösten Feindseligkeiten bei weitem nicht so ernst genommen wurden, wie es nötig gewesen wäre.[77]

Kurz vor dem Ende der Versammlung erklärte der verärgerte George Butler schriftlich seinen Rücktritt vom Amt des Präsidenten der Freikirche. Auch Uriah Smith wollte nicht länger Sekretär der Generalkonferenz sein. Die Gemeinschaft wählte auf Empfehlung Ellen Whites Ole A. Olsen, der damals in Europa tätig war, zum Präsidenten.[78] Stephen N. Haskell sollte als Interimspräsident dienen, bis Olson in Europa alles geregelt hatte und nach Amerika kommen konnte. Haskell jedoch gelang es, sich der ihm zugedachten Aufgabe zu entziehen; sie wurde William C. White übertragen, als der gerade den Raum verlassen hatte, um sich mit seiner Mutter zu beraten. „Das war für mich ein ziemlicher Schock", erzählte Willie später, „und es machte mich fast krank". An seine Frau schrieb er, die Ernennung sei „ganz gegen" seinen Willen gewesen und „die bitterste Pille, die ich je schlucken musste; allerdings scheinen einige von uns seit unserer Ankunft in Minneapolis schon viele bittere Pillen geschluckt zu haben."[79]

Während die nichtadventistische Zeitung *Pioneer Press* schrieb, die Generalkonferenzversammlung sei „ungewöhnlich lebhaft" und „äußerst harmonisch" verlaufen,[80] empfand Ellen White sie als „das

---

[77] Ebenda; Die Predigten von Alonzo T. Jones über die Religionsfreiheit wurden später unter dem Titel *Civil Government* als Buch veröffentlicht.

[78] Brief R. T. Nash an Arthur L. White, 9. Juli 1955.

[79] Briefe William C. White an John N. Loughborough, 20. November 1888; an Ole A. Olsen, 27. November 1888; an Mary White, 19. und 24. November 1888; Brief Ellen G. White an Mary White, 4. November 1888.

[80] St. Paul *Pioneer Press*, 2. November 1888, S. 6.

schlimmste Tauziehen, das es in unserer Gemeinde gegeben hat", und als „eines der traurigsten Kapitel in der Geschichte derer, die an die gegenwärtige Wahrheit glauben". Trotzdem war sie überzeugt, dass „diese Versammlung viel Gutes zur Folge haben wird ... Die Wahrheit wird siegen, und wir sind entschlossen, zusammen mit ihr zu triumphieren."[81]

Kurz nach der Versammlung schrieb Willie White an John Loughborough, dass die Delegierten „mit sehr unterschiedlichen Empfindungen nach Hause fuhren. Einige waren der Meinung, sie hätten noch nie etwas so Segensreiches erlebt wie diese Konferenz; andere bewerteten die Versammlung als den Beginn einer Zeit der Finsternis und äußerten die Befürchtung, was in Minneapolis geschehen sei, könne nie wieder gut gemacht werden." Willie White selbst war überzeugt, dass Gott alles zum Besten der Gemeinschaft wenden würde.[82] Seiner Frau schrieb er, es sei eine „bemerkenswerte Konferenz" gewesen; „immer wieder mussten wir gewissen Kräften entgegentreten". Er beklagte, dass viele in ihrem Bestreben nach Eintracht Zwangsmethoden anzuwenden versuchten. „Es herrscht fast so etwas wie eine Besessenheit von Rechtgläubigkeit: Es wurde eine Resolution eingebracht, der zufolge an den Colleges erst dann eine neue Lehre gelehrt werden darf, wenn sie von der Generalkonferenzversammlung angenommen worden ist. Nach hartem Ringen konnten Mutter und ich den Beschluss verhindern."[83]

Als sie Minneapolis verließ, war Ellen White von den Predigern der Gemeinschaft enttäuscht, setzte aber ihre Hoffnung auf die Gemeindeglieder. Bevor die Generalkonferenzversammlung zu Ende ging, hatte sie den versammelten Predigern etwas mit auf den Weg gegeben: Wenn die Prediger das Licht nicht annähmen, würde sie „den Gemeindegliedern eine Chance geben wollen; vielleicht sind sie ja aufgeschlossen für die Botschaft".[84] Und die hatten das Licht wirklich nötig. Im September 1889 äußerte Ellen White öffentlich

---

[81] Brief Ellen G. White an Mary White, 4. November 1888; Brief Ellen G. White an C. P. Bollman, 19. November 1902.
[82] Brief William C. White an John N. Loughborough, 20. November 1888.
[83] Brief William C. White an Mary White 3. November 1888; vgl. Brief William C. White an Ole A. Olsen, 27. November 1888.
[84] Manuskript 9, 24. Oktober 1888.

die Überzeugung, dass es „unter Hundert nicht einen" Adventisten gibt, der wirklich begriffen hat, was es bedeutet, durch den Glauben gerechtfertigt zu sein, und der weiß, was es bedeutet, dass „Christus ... die einzige Hoffnung und die Erlösung" ist.[85] Bis zum Herbst 1891 reisten sie selbst, Alonzo Jones und Ellet Waggoner durch die USA und predigten den Gemeinden und den Predigern die Gerechtigkeit durch den Glauben. Als sie 1891 nach Australien aufbrach und Waggoner sich in England aufhielt, übernahmen Jones und William W. Prescott die Aufgabe, diese Botschaft in den Vereinigten Staaten zu verkünden. In dieser Zeit und auch später noch betonte Ellen White immer wieder, Gott habe Jones und Waggoner dazu ausersehen, den Adventisten eine besondere Botschaft zu bringen.[86]

Die neue Administration der Generalkonferenz unter ihren Präsidenten Ole A. Olsen (1888–1897) und George A. Irvin (1897–1901) reagierte positiv auf Ellen Whites Befürwortung der Botschaft von Jones und Waggoner, indem sie den beiden viel Raum zur Verkündigung ihrer Lehren in den zehn Jahren nach 1888 gab. Sie durften ihre Botschaft in den Gemeinden, durch Sabbatschullektionen, auf den gemeindeeigenen Colleges, auf Predigerschulungen und durch die Bücher der Verlage der Gemeinschaft verbreiten. Noch wichtiger war es, dass Jones und Waggoner von 1889 bis 1897 bei jeder Generalkonferenzversammlung die Verantwortung für die Bibelarbeit und theologische Studien übertragen wurde. Auch dass die Gemeinschaft Alonzo Jones 1897 zum Chefredakteur des *Review* machte (und Uriah Smith nun sein Assistent war), war mehr als eine symbolische Maßnahme. (Der Wechsel hatte eigentlich schon 1894 stattfinden sollen, war aber verschoben worden, weil Jones die falsche Prophetin Anna Rice protegiert hatte.) Als führender Redakteur der Gemeinschaft nutzte er den *Review* zur Verbreitung seiner Lehren.

---

[85] *Advent Review and Sabbath Herald*, 3. September 1889, S. 545f.
[86] *Advent Review and Sabbath Herald*, 13. August 1889; „Special Testimony to Battle Creek Church" (1896), zitiert in: *Pamplet* Nr. 154, S. 35f, *Testimonies to Ministers and Gospel Workers*, S. 91f., Arthur G. Daniells, *Christus unsere Gerechtigkeit*, Advent-Verlag, S. 16. Eine ausführlichere Besprechung der Zeit nach 1888 findet sich bei G. R. Knight, *From 1888 to Apostasy: The Case of A. T. Jones*, Washington D.C. 1987, S. 46–60.

Schon im Februar 1890 beschwerte sich R. A. Underwood (ein Gegner von Jones und Waggoner) bei Ole Olsen, Waggoner habe „den größtmöglichen Freiraum, den ihm die Gemeinschaft überhaupt geben könne, um seine Ansichten ungehindert zu verbreiten".[87] Noch zutreffender wäre diese Feststellung Mitte und Ende der 1890er-Jahre gewesen, vor allem in Bezug auf Jones. Tatsächlich hätten die beiden Reformer in den 1890er-Jahren kaum noch stärker ins Rampenlicht gestellt werden können.

Die Reaktion der Gemeindeglieder auf die Verkündigung durch Jones, Waggoner und Ellen White war unterschiedlich. Einerseits konnte sie im Juli 1889 sagen: „In jeder Versammlung, die seit der Generalkonferenz 1888 stattgefunden hat, haben Seelen die kostbare Botschaft von der Gerechtigkeit durch den Glauben begierig aufgenommen."[88] Auch über die Generalkonferenzversammlung 1889 konnte sie berichten, dass viele Prediger im Laufe des letzten Jahres begriffen hätten, worum es bei der Rechtfertigung durch den Glauben und der Gerechtigkeit Christi geht. Aus der Zeit nach 1888 ließen sich noch viele solche Aussagen anführen; Prediger und Gemeindeglieder nahmen „die Botschaft von 1888" von Christus und seiner Gerechtigkeit an.[89] Und 1895 konnte Willie White schreiben, seine Mutter habe erklärt, die Botschaft sei „verkündet und angenommen" worden.[90]

Andererseits stellte Ellen White im August 1890 fest, dass in der Gemeinschaft der Geist von Laodizea (siehe Offb 3,15–18) herrsche wie nie zuvor. Viele Gemeinden seien „schwach, kränklich und nahe daran unterzugehen", weil sie Jesus noch nicht kennengelernt hätten.[91] Und in dem gleichen Jahr, in dem ihr Sohn schrieb, seine Mutter freue sich darüber, dass die Botschaft „verkündet und angenommen" worden sei, sagte sie auch: „Viele haben die Wahrheit [der Botschaft von 1888] gehört, die unter dem Einfluss des Geis-

---

[87] Brief R. A. Underwood an Ole A. Olsen, 7. Februar 1890.
[88] *Advent Review and Sabbath Herald*, 23. Juli 1889, S. 320.
[89] Manuskript 10, Oktober 1889; Manuskript 22, Oktober 1889; vgl. *Testimonies for the Church*, Bd. 6, S. 89.
[90] Brief William C. White an Dores A. Robinson, 10. September 1895.
[91] *Advent Review and Sabbath Herald*, 26. August 1890, S. 514.

tes Gottes verkündet wurde; aber sie haben sich nicht nur geweigert, die Botschaft anzunehmen, sondern das Licht sogar gehasst."[92] Auch derartige negative Äußerungen ließen sich vielfach belegen.

Wie passt das zusammen: Die Botschaft wurde „angenommen" und zugleich „abgelehnt"? Darauf werde ich in den letzten beiden Kapiteln ausführlich eingehen. Zunächst müssen wir uns mit dem Wesen der Botschaft von 1888 beschäftigen.

---

[92] Brief Ellen G. White an Ole A. Olsen, 1. Mai 1895.

Kapitel 2

Eine Krise im Verständnis des Adventismus

Die Bedeutung der Generalkonferenzversammlung in Minneapolis 1888 ist von jeher umstritten gewesen. William White schrieb zwei Wochen danach an den neu gewählten Generalkonferenzpräsidenten Ole A. Olsen: „Die Delegierten ... verließen Minneapolis mit ganz unterschiedlichen Eindrücken. Viele meinten, es sei eine der gewinnbringendsten Konferenzen gewesen, an der sie jemals teilgenommen haben; andere halten sie für die schlimmste Konferenz, die je stattgefunden hat."[1] Die Bewertung hing vor allem davon ab, welche inhaltliche Bedeutung der einzelne Delegierte dem gab, was dort verkündet worden war.

Wir müssen uns immer vor Augen halten, dass diese Konferenz vor dem emotionsgeladenen Hintergrund der Krise wegen der Sonntagsgesetze stattfand und zahlreiche Leiter und Prediger überzeugt waren, dass die „neue" Theologie von Alonzo Jones und Ellet Waggoner eine Bedrohung für das darstellte, was den Adventismus ausmacht. Andere – insbesondere Ellen White, wie wir in diesem Kapitel sehen werden – waren vom Gegenteil überzeugt: Sie meinten, das Wesen des Adventismus werde dann verlorengehen, wenn die Gemeinschaft die „traditionellen" Ansichten, die von Männern wie George Butler und Uriah Smith vertreten wurden, beibehalten würde.

Wir können und sollten daher die Generalkonferenzversammlung von 1888 als eine schwerwiegende Krise im Verständnis des Adventismus ansehen. Welche Bedeutung der Botschaft von 1888 auch gegeben worden wäre – es hätte unsere Freikirche in jedem

---
[1] Brief William C. White an Ole A. Olson, 27. November 1888.

Fall verändert – entweder in die eine oder in die andere Richtung. Die Generalkonferenz in Minneapolis ist daher zu Recht als Meilenstein in der Entwicklung der adventistischen Theologie bewertet worden.

Bevor wir aber die Bedeutung ihrer Botschaft untersuchen, müssen wir zwei damit zusammenhängende Aspekte klären: die fragliche Einzigartigkeit der Botschaft von 1888 und das Ausmaß, in dem Ellen White die Lehren von Jones und Waggoner befürwortet hat.

Die Einzigartigkeit der Botschaft von 1888

Anders als viele Siebenten-Tags-Adventisten denken, waren sowohl Ellet Waggoner als auch Ellen White der Ansicht, die Botschaft von 1888 sei in der christlichen Theologie keineswegs einzigartig oder neu. Am Ende seines Buches über den Galaterbrief hob Waggoner beispielsweise nachdrücklich die Kontinuität zwischen seiner Botschaft und der der großen Reformatoren hervor. Er hatte das Buch unter den Delegierten in Minneapolis verteilen lassen, und man kann davon ausgehen, dass es inhaltlich weitgehend mit seinen Vorträgen über die Beziehung zwischen Gesetz und Evangelium übereinstimmte, die Ellen White so beeindruckten: „Ich betrachte diese Ansichten, die ich vertrete, keineswegs als etwas Neues", schrieb Waggoner. „Es handelt sich nicht um eine neue Lehre. Alles, was ich gelehrt habe, steht in völligem Einklang mit den Grundwahrheiten, die nicht nur unsere Gemeinde, sondern auch alle bedeutenden Reformatoren vertreten haben." Wer seine Ansicht über die Beziehung zwischen Gesetz und Evangelium übernähme, „würde lediglich dem Glauben der großen Reformatoren von Paulus bis Luther und Wesley einen Schritt näher stehen. *Es brächte ihn auch dem Kern der dritten Engelsbotschaft einen Schritt näher."*[2]

---

[2] *The Gospel in the Book of Galatians*, S. 70 (Hervorhebungen von mir); es ist keine Niederschrift der Vorträge von Ellet Waggoner auf der Konferenz 1888 erhalten. Eine Besprechung der angeblichen Einzigartigkeit der Botschaft, die Jones und Waggoner in Minneapolis verkündet haben, findet sich bei Robert J. Wieland und Donald K Short in *1888 Re-examined*, revidierte Ausgabe, Meadow Vista (Kalifornien) und Hendersonville (North Carolina) 1987, S. 54–58; und in Robert J. Wieland, *The 1888 Message: An Introduction*, Washington D.C. 1980, S. 38.

Man könnte einwenden, dass Waggoner in seinem Buch über den Galaterbrief nicht auf alles eingehen konnte und deshalb wesentliche Aspekte seiner Lehre von der Gerechtigkeit durch den Glauben nicht darstellt. Es ist darum wichtig festzuhalten, dass Waggoner in seiner abschließenden Studie über den Römerbrief auf der Generalkonferenzversammlung von 1891 dies noch nachdrücklicher betonte. Der Römerbrief ist das biblische Buch über die Gerechtigkeit durch den Glauben an Christus par excellence. Die Präsentation seiner 16 Studien über den Römerbrief auf dieser Generalkonferenz wäre also für Waggoner die ideale Gelegenheit gewesen, die Einzigartigkeit seiner Botschaft darzulegen.

Es ist besonders wichtig zu begreifen, dass er in dieser abschließenden Studie seine Ansicht über die Gerechtigkeit durch den Glauben mit der dreifachen Engelsbotschaft von Offenbarung 14,6–12 in Verbindung brachte. Gleich zu Beginn sagte er: „Vielleicht haben einige nicht verstanden, dass unsere Betrachtungen ... über den Römerbrief *nichts weiter als die dritte Engelsbotschaft* waren." Er versuchte zu zeigen, dass Paulus den Schluss der dritten Engelsbotschaft (V. 12) in 1. Korinther 2,2 mit den Worten beschrieb: „Denn ich hielt es für richtig, unter euch nichts zu wissen als allein Jesus Christus, den Gekreuzigten." Waggoner fragte dann seine Zuhörer, ob denn die adventistische Verkündigung über die dritte Engelsbotschaft „über das hinausgehen sollte, was Paulus gepredigt hat?". Die Antwort gab er selbst: „Wenn das der Fall ist, müssen wir es – was immer es auch sei – sobald wie möglich entfernen."

Als Nächstes zeigte Waggoner, dass die dritte Engelsbotschaft nichts enthält, was nicht schon in der ersten zu finden ist. „Die ganze dritte Engelsbotschaft ist in der ersten enthalten – das ‚ewige Evangelium' ... Und dieses ‚ewige Evangelium' ist in den Worten zusammengefasst: Jesus Christus – gekreuzigt und natürlich auch auferstanden. Wir haben in dieser Welt nur diese eine Botschaft für die Menschen."[3] Der Hauptteil dieser Studie befasste sich dann mit der Beziehung zwischen dem „ewigen Evangelium" und den adventistischen Unterscheidungslehren über die Gültigkeit des

---

[3] *General Conference Bulletin* 1891, S. 238–246 (Hervorhebungen von mir).

Moralgesetzes, den Sabbat, Christi Dienst im Heiligtum, den Zustand der Toten und die Vernichtung der Verlorenen (statt ewiger Qual).

Nach Waggoners Verständnis fügte seine eigene Botschaft dem, was Paulus, Luther und Wesley verkündigt hatten, nichts hinzu. Er betrachtete sie nicht als neu oder einzigartig; vielmehr war sie seiner Ansicht nach eingebettet in den breiten Strom der Verkündigung des ewigen Evangeliums – dem gemeinsamen Eigentum der großen christlichen Reformatoren der Geschichte. Es war Waggoners dringendes Anliegen, die besonderen adventistischen Lehren zum Evangelium in Beziehung zu setzen. Dieser Ansatz verlieh der adventistischen Theologie einen neuen Rahmen, in dem sowohl das ewige Evangelium als auch die adventistischen Unterscheidungslehren ihren Platz in der rechten Beziehung zueinander fanden.

Ellen White dachte über die „Einzigartigkeit" der Botschaft von 1888 genauso wie Waggoner. Am 21. Oktober 1888 erklärte sie den versammelten Delegierten: „Der Herr möchte, dass wir alle in der Schule Christi lernen ... Gott zeigt von ihm auserwählten Männern [Jones und Waggoner] kostbare Wahrheiten für unsere Zeit. Er hat diese Wahrheiten aus der Verbindung mit Irrtümern gerettet und *sie in ihren passenden Rahmen gestellt* ... Brüder, Gott hat herrliches Licht für sein Volk. *Ich nenne es nicht ein neues Licht; aber es ist seltsamerweise für viele neu.* Jesus sagte zu seinen Jüngern: ‚Ein neues Gebot gebe ich euch, dass ihr euch untereinander liebt, wie ich euch geliebt habe.' [Johannes 13,34] In Wirklichkeit handelte es sich um ein altes Gebot, das schon im Alten Testament gegeben worden war; es war nur verlorengegangen."[4]

Die Schlussfolgerung war klar: Siebenten-Tags-Adventisten hatten durch Jones und Waggoner eine alte Wahrheit wiederentdeckt, aber mehr als das: sie hatten sie auch „aus der Verbindung mit Irrtümern gerettet und sie in ihren passenden Rahmen gestellt".

Anfang November sprach Ellen White zu den Delegierten erneut über dieses Thema: „Ihr wisst, dass wir *wertvolles Licht in Verbindung mit dem Gesetz Gottes* bekommen haben, als *die Gerechtigkeit Christi zusammen mit dem Gesetz* verkündigt wurde. Dr. Waggoner hat eure

---

[4] Manuskript 8a, 21. Oktober 1888 (Hervorhebungen von mir). Vgl. Manuskript 37, nicht datiert, 1890.

Augen für dieses kostbare Licht geöffnet – *kein neues, sondern altes Licht, das viele aus den Augen verloren haben* und das jetzt wieder hell erstrahlt."[5]

Etwa einen Monat nach der Generalkonferenz in Minneapolis schrieb sie über dieses Thema: „Bruder Ellet Waggoner hatte das Vorrecht, seine Erkenntnisse über die Beziehung zwischen der Rechtfertigung durch den Glauben und der Gerechtigkeit Christi in Beziehung zum Gesetz darzulegen. *Das war aber kein neues Licht*, sondern schon lange bekanntes Licht, *das dorthin gestellt wurde, wo es in der dritten Engelsbotschaft hingehört.*"[6]

Dass die Botschaft von der Gerechtigkeit durch Glauben, die Jones und Waggoner verkündigten, keine neue Botschaft war, hat Ellen White immer wieder bekräftigt. Sie wollte damit den Befürchtungen Smiths, Butlers und ihrer Kollegen entgegentreten, die beiden jungen Männer von der Westküste hätten ketzerische Ideen entwickelt in der Absicht, den Adventismus zu verfälschen. Sie zeigte sich wiederholt erschüttert, dass so viele adventistische Leiter Waggoners Botschaft als eine „seltsame Lehre" empfanden. Für Ellen White war die Botschaft von 1888 *„keine neue Wahrheit, sondern dieselbe, die Paulus und Christus selbst gelehrt hatten".*[7]

Damit wollte sie nicht sagen, dass Jones und Waggoner keinerlei neue theologische Gedanken geäußert hätten, sondern machte deutlich, dass der Teil der Präsentationen von Jones und Waggoner, der sie begeistert und den sie nachdrücklich gebilligt hat, das Thema von der Erlösung aus Gnade durch den Glauben an Jesus war – dieselbe Botschaft, die auch Jesus, Paulus und die großen Reformatoren verkündet hatten.

Man muss allerdings auch sehen, dass Ellen White nicht alles befürwortet hat, was Ellet Waggoner und Alonzo Jones lehrten.

---

[5] Manuskript 15, November 1888 (Hervorhebungen von mir).
[6] Manuskript 24, circa November oder Dezember 1888 (Hervorhebungen von mir); zitiert in *Selected Messages*, Bd. 3, S. 168.
[7] Manuskript 27, 13. September 1889 (Hervorhebungen von mir). Siehe auch Manuskript 5, 17. Juni 1889; Manuskript 30, Ende Juni 1889; Manuskript 36, nicht datiert, 1890; Artikel von Ellen G. White im *Advent Review and Sabbath Herald*, 23. Juli 1889, S. 465; 13. August 1889, S. 514; 1. April 1890, S. 193; 20. März 1894, S. 177.

Das Ausmaß der Befürwortung der Lehren von Jones und Waggoner durch Ellen White

Das Ausmaß der Zustimmung Ellen Whites zu den Lehren von Alonzo Jones und Ellet Waggoner ist deshalb wichtig zu klären, weil sie fast ein Jahrzehnt lang immer wieder betonte, Gott habe sie als seine Botschafter erwählt, weil viele Adventisten Christus und seine Gerechtigkeit „aus den Augen verloren hatten". Gott habe die beiden Männer berufen, weil viele Adventisten „wieder ihren Blick auf Jesu göttliche Person, seine Verdienste und seine unwandelbare Liebe für die Menschen richten mussten". 1895 schrieb sie sogar, sie habe an jene, die den falschen Weg weisen, die Botschaft zu verkünden: „Wenn jemand Christi erwählte Boten zurückweist, der weist Christus ab." Sie bezog das auf die Kernbotschaft von Waggoner und Jones, denn sie fuhr fort: „Vernachlässigt diese großartige Erlösung, die euch nun jahrelang vor Augen gehalten wurde, verachtet das herrliche Angebot der Gerechtigkeit durch das Opfer Christi und der Heiligung durch die reinigende Macht des Heiligen Geistes, dann bleibt ‚kein andres Opfer mehr für die Sünden, sondern nichts als ein schreckliches Warten auf das Gericht und das gierige Feuer, das die Widersacher verzehren wird'."[8]

Einige haben Ellen Whites Befürwortung so interpretiert, als habe sie Jones und Waggoner eine Art Blankoscheck in theologischen Angelegenheiten ausgestellt – insbesondere in Bezug auf die Gerechtigkeit durch den Glauben. Das ist jedoch nie ihre Absicht gewesen, und diese Ansicht widerspricht auch den historisch belegten Tatsachen.

Während der ersten Tage der Generalkonferenzversammlung schrieb Ellen White an George Butler über den sie begleitenden Engel: „Er streckte seine Arme aus, zeigte auf Dr. Waggoner und auf Dich, Bruder Butler, und sagte dem Sinne nach: ‚Keiner hat alles Licht über das Gesetz; keine der beiden Positionen ist vollkommen.'"[9] Ob-

---

[8] Brief Ellen G. White an Ole A. Olson, 1. Mai 1895; 1896 verlesen als „Special Testimony to Battle Creek Church"; veröffentlicht in: *Pamplet* Nr. 154, S. 35f., 42; zitiert in: *Testimonies to Ministers and Gospel Workers*, S. 91f., 97.

[9] Brief Ellen G. White an George I. Butler, 14. Oktober 1888.

wohl diese Aussage im Zusammenhang mit der Generalkonferenzversammlung von 1886 steht, hielt Ellen White auch 1888 an ihr fest. Anfang November teilte sie den Delegierten in Minneapolis mit: „Einiges von dem, was [Waggoner] über das Gesetz im Galaterbrief gesagt hat ... stimmt nicht mit meinem Verständnis von dem Thema überein." Und etwas später – noch während derselben Ansprache – sagte sie: „Einige Schriftauslegungen, die Dr. Waggoner vorgetragen hat, halte ich nicht für korrekt."[10]

Willie White untermauerte die Position seiner Mutter. Er schrieb von Minneapolis aus an seine Frau: „Vieles, was Dr. Waggoner lehrt, stimmt mit dem überein, was Mutter in Visionen gesehen hat." Einige zögen aus ihren Äußerungen den Schluss, „dass sie alle seine Ansichten billigt und nichts von dem, was er lehrt, im Widerspruch zu Mutter und ihren Zeugnissen steht ... Ich könnte beweisen, dass all das nicht stimmt."[11]

Ellen White hat nie gesagt, in welchen Punkten sie mit Waggoner nicht übereinstimmte, aber wir wissen, dass er in jener Zeit mehrere Lehren vertrat, die nicht mit ihren Ansichten übereinstimmten. Zum Beispiel behauptete Waggoner im Januar 1889 in *Signs of the Times*, dass Christus nicht sündigen konnte, weil er der Mensch gewordene Gott war.[12] Und in seinem Buch *Christ and His Righteousness* (1890) äußerte er semi-arianische Ansichten über die göttliche Natur Christi. Er schrieb: „Es gab einen Zeitpunkt, in dem Christus aus Gott hervorging ... aber das liegt so weit zurück in den Tagen der Ewigkeit, dass er für unser menschliches Fassungsvermögen praktisch ohne Anfang ist."[13] Später sprach sich Ellen White deutlich gegen beide Positionen aus.[14]

---

[10] Manuskript 15, November 1888.
[11] Brief William C. White an Mary White, 27. Oktober 1888. Die beschädigten Abschnitte dieses Briefes sind aus dem handschriftlichen Original rekonstruiert worden. Obwohl einige Worte fehlen, ist der Sinn klar.
[12] *Signs of the Times*, 21. Januar 1889, S. 39.
[13] *Christ and His Rigtheousness*, Oakland 1890, S. 21f., 9.
[14] Siehe z. B. Manuskript 57, 1890; zitiert in *Manuscript Releases*, Bd. 16, S. 183; Brief 8, 1895, zitiert in *Seventh-day Adventist Bible Commentary*, Bd. 5, S. 1128; *Patriarchs and Prophets* (1890), S. 36, 305; *Das Leben Jesu* (bzw. *Der Eine – Jesus Christus*), S. 34, 466, 478 (unten), 523.

1893 tadelte sie Alonzo Jones in einem Brief, weil er verkündet hatte, dass es „keine Bedingungen" für die Erlösung gäbe. Nach Ellen Whites Ansicht „ist die Bibel voll von Bedingungen".[15]

Zwar bestätigte sie immer wieder die zentrale Botschaft von Jones und Waggoner über die Gerechtigkeit Christi, aber sie schloss nie aus, dass sich die beiden in theologischen Fragen auch irren können. Im Februar 1890 behandelte sie vor den Teilnehmern einer Predigerschulung dieses Thema und erklärte: „Ich habe keinerlei Zweifel, dass Gott den Brüdern Jones und Waggoner kostbare Wahrheit zur rechten Zeit gegeben hat. Halte ich sie deshalb für unfehlbar? Oder sage ich, dass ihre Aussagen und Gedanken nicht hinterfragt werden dürfen? Behaupte ich das etwa? – Nein, ich sage nichts dergleichen ... Ich behaupte das von keinem Menschen, der in dieser Welt lebt. Aber ich sage: Gott hat Licht gesandt; gebt genau darauf acht, wie ihr damit umgeht. Wir wollen die Wahrheit, wie sie in Jesus ist."[16]

Trotz solcher Ermahnungen fingen Adventisten an, so zu tun, als besäßen die Aussagen von Jones und Waggoner göttliche Autorität. Ganz deutlich kann man das am Fall Anna Rice (bzw. Philipps) erkennen, die sich 1892 zur Prophetin berufen fühlte. Vermutlich hätte Anna Rice (wie andere es getan hatten) Ellen White um Rat gefragt, aber die war zu der Zeit in Australien. Dann wird es wohl das Beste sein, sagte sich Anna, wenn Alonzo Jones ihre Gabe billigen würde; schließlich hatte Ellen White doch gesagt, er und Waggoner hätten großes Licht bekommen. Also fuhr Anna von Salt Lake City nach Chicago und suchte ihn auf. Wenn er bestätigen würde, dass sie eine Prophetin ist, dann musste sie wirklich eine sein; denn er hatte ja Ellen Whites Anerkennung. Anna war überglücklich, als Jones ihre Botschaften als von Gott kommend billigte.[17] Doch das stellte sich gut ein Jahr später als Irrtum heraus. Ellen White hatte keinerlei Vertrauen in die prophetischen Ansprüche von Anna Rice.[18]

---

[15] Brief Ellen G. White an Alonzo T. Jones, 9. April 1893.
[16] Manuskript 56, 7. Februar 1890.
[17] Brief Stephen N. Haskell an Ellen G. White, 4. Januar 189[3]. Die Anna Rice-Episode wird in George R. Knight, *From 1888 to Apostasy – The Case of A. T. Jones*, S. 104–116, ausführlich behandelt.
[18] Brief Ellen G. White an Bruder und Schwester Rice, 1. November 1893.

(Näheres zu der Episode um Anna Rice als angebliche Prophetin und ihrer Unterstützung durch Jones siehe Kapitel 6.)

Was an dieser Episode bemerkenswert ist, ist die Tatsache, dass schon Ende 1892 einige Adventisten in Alonzo Jones eine Art Sprecher für Ellen White sahen. Gemeindeglieder fingen an, seine Worte als Maßstab für die Wahrheit zu benutzen. 1894 beschwerte sich Stephen Haskell bei Ellen White. Er sähe zwar ein, dass sie sich in den ersten Jahren nach 1888 auf die Seite von Jones und Waggoner habe stellen müssen, schrieb er, weil so viele Leiter der Gemeinschaft gegen die beiden Männer waren, aber nun „ist das ganze Land mundtot gemacht worden, und niemand darf sie in irgendeiner Weise kritisieren". Haskell behauptete, viele würden Jones jetzt für „quasi von Gott inspiriert" halten.[19]

Ellen White antwortete Haskell, sie sei zwar im Allgemeinen mit Jones' Arbeit einverstanden, billige aber nicht seine Fehler.[20] Und sie warnte die Gemeinde in Battle Creek davor, „den Diener an die Stelle Gottes zu setzen. Der Herr hat Bruder Jones eine Botschaft gegeben, die das Volk [Gottes] vorbereiten soll, am Gerichtstag zu bestehen; aber wenn das Volk statt auf Gott auf Bruder Jones schaut, wird es nicht erstarken, sondern geschwächt werden."[21]

Adventisten heute müssen sich bewusst machen, welche Aspekte der Botschaft von Waggoner und Jones Ellen White befürwortet hat und welche nicht; denn sie neigen dazu, denselben Fehler zu machen wie ihre Vorfahren.

An dieser Stelle müssen wir klären, was genau Jones und Waggoner gepredigt haben, und womit Ellen White einverstanden war. Was sie selbst dazu gesagt hat, ist von größter Bedeutung; denn obwohl Adventisten in dieser Frage unterschiedliche Standpunkte vertreten, messen alle Parteien der Botschaft von 1888 große Bedeutung zu – eben weil Ellen White sie befürwortet hat.

---

[19] Brief Stephen N. Haskell an Ellen G. White, 22. April 1894. Vgl. Brief Ellen G. White an Alonzo T. Jones, 14. April 1894.
[20] Brief Ellen G. White an Stephen N. Haskell, 1. Juni 1894.
[21] Brief Ellen G. White an „die Brüder und Schwestern", 16. März 1894.

Zwei Arten von Gerechtigkeit

Vielleicht ist es das Beste, sich dieser Angelegenheit anhand von Uriah Smiths Leitartikeln im *Advent Review and Sabbath Herald* vom Januar 1888 zu nähern. In seinem am 3. Januar unter der Überschrift „Die Hauptsache" erschienenen Beitrag erklärte Smith, Ziel der Gründungsväter der Adventgemeinde sei es gewesen, die Wiederkunft Christi anzukündigen und „Menschen *durch Gehorsam* gegenüber dieser abschließenden, prüfenden Wahrheit *zu Christus zu führen*. All ihre Bemühungen hatten nur dieses eine Ziel; und sie sahen dieses Ziel erst dann als erreicht an, wenn Menschen sich zu Gott bekehrten und danach strebten, sich *durch einen erleuchteten Gehorsam gegenüber allen seinen Geboten auf den wiederkommenden Herrn vorzubereiten*." Uriah Smith brachte diese „Hauptsache" sowohl mit der Sonntagsgesetzgebung als auch mit der dritten Engelsbotschaft in Verbindung. Wenn er Offenbarung 14,12 zitierte, hob er deshalb das Wort *halten* hervor: „,Hier sind, die da *halten* die Gebote Gottes und den Glauben an Jesus!'" [22] Gehorsames Halten aller Gebote stand für ihn im Mittelpunkt des Siebenten-Tags-Adventismus.

Auch in seinem Leitartikel Ende Januar 1888 betonte er diesen Gedanken. Sein Beitrag war überschrieben: „Bedingungen des ewigen Lebens". Smith ging darin von der Frage aus, die der reiche Jüngling an Christus richtete: „Meister, was soll ich Gutes tun, damit ich das ewige Leben habe?" (Mt 19,16) Die biblische Antwort könne man in einem Satz zusammenfassen: „Bereue, glaube, *gehorche und lebe.*" Das, behauptete Smith, sei Jesu Antwort gewesen, denn er hatte doch zu dem reichen Mann gesagt: „Willst du aber zum Leben eingehen, *so halte die Gebote.*" (V. 17)

Smith hatte vollkommen Recht, als er daran erinnerte, niemand könne in den Himmel kommen, „wenn seine Gerechtigkeit nicht die der Schriftgelehrten und Pharisäer weit übertrifft" (vgl. Mt 5,20 EB). Aber mit seiner Behauptung, wir könnten diese „übertreffende Gerechtigkeit", von der Jesus sprach, dadurch hervorbringen, dass wir uns noch eifriger als die Juden in alter Zeit darum bemühen, „die

---

[22] *Advent Review and Sabbath Herald*, 3. Januar 1888, S. 8 (Hervorhebungen von mir).

Gebote zu halten und andere zu lehren, sie zu halten", verfehlte er das Ziel bei weitem. „Das Problem mit der Gerechtigkeit der Pharisäer" habe darin bestanden – so Smith – dass ihr „moralischer Charakter" den Ansprüchen des „moralischen Gesetzes" nicht genügte. Zwar wies Smith auch kurz darauf hin, dass Werke nicht „der Grund unserer Rechtfertigung" sein können, beschäftigte sich aber in seinem Artikel überwiegend mit dem, was er „die Hauptsache" nannte – also mit dem „Test", dem Halten des Gesetzes, denn das Halten der Gebote „wird darüber entscheiden, ob wir für den Himmel geeignet sind".[23]

Smith und seine Kollegen glaubten zwar an eine Rechtfertigung durch den Glauben, hatten dabei aber die irreführende Übersetzung der *King James Bibel* von Römer 3,25 vor Augen, wo es heißt, dass Christi „Gerechtigkeit zum Erlass der Sünden, die vergangen sind", dient. Deshalb schrieb John F. Ballenger noch 1891: „Um für die vergangenen Sünden Genugtuung zu leisten, ist der Glaube *alles*. Kostbar ist das Blut, das all unsere Sünden auslöscht, sodass der Bericht über unsere Vergangenheit makellos ist. Allein durch den Glauben können wir uns die Verheißung Gottes zu eigen machen. Aber die gegenwärtigen Pflichten müssen wir erfüllen ... Gehorche der Stimme Gottes und lebe, oder gehorche nicht und stirb."[24]

Weil Smith, Butler und ihre Freunde glaubten, dass die Rechtfertigung durch den Glauben nur die Sünden der Vergangenheit betrifft, lehrten sie, dass die Aufrechterhaltung des Zustandes der Rechtfertigung nach der Bekehrung eine Sache der „Gerechtigkeit durch Werke" sei. Ballenger schrieb etwas später, indem er Jakobus zitierte („Ist nicht Abraham, unser Vater, durch Werke gerecht geworden?", Jak 2,21): „Gott spricht zu uns durch sein Gesetz und ‚das Zeugnis Jesu', und wenn wir gehorchen, dann garantiert dieses Tun in Verbindung mit dem Glauben unsere Rechtfertigung." Ballenger war sich sicher, dass dasselbe für die Heiligung gilt. Es sei *unsere* Aufgabe, sie zu erlangen – mit der Hilfe Christi natürlich. Ein

---

[23] Ebenda, 31. Januar 1888, S. 72 (Hervorhebungen von mir).
[24] *Advent Review and Sabbath Herald*, 20. Oktober 1891, S. 642. Wie man vor 1888 über diese Frage dachte, ist in seinem Buch *Justification by Faith*, Battle Creek 1883, S. 8f. gut dargestellt.

Glaube, der zum Gehorsam führt, würde „die Ausgießung des Spätregens" zur Folge haben, schloss Ballenger, „dessen erste Tropfen schon zu fallen scheinen".[25] Gehorsam war der Schlüsselbegriff für die adventistischen Traditionalisten.[26]

Ellet Waggoner, der zusammen mit Alonzo Jones die Zeitschrift *Signs of the Times* herausgab, distanzierte sich nachdrücklich von Smiths Leitartikeln vom Januar 1888 und der Theologie, die darin zum Ausdruck kam. Im Februar antwortete er mit einem Artikel unter der Überschrift „Verschiedene Arten von Gerechtigkeit". Er vertrat darin die Ansicht, ein Mensch könne keine bessere Gerechtigkeit hervorbringen als die der Schriftgelehrten und Pharisäer, „denn sie verließen sich auf ihre eigenen Werke und unterstellten sich nicht der Gerechtigkeit Gottes". Er behauptete, ihre Gerechtigkeit sei überhaupt keine „wirkliche Gerechtigkeit" gewesen; sie hätten nur versucht, „ihr eigenes beflecktes, zerschlissenes Kleid unter noch mehr schmutzigen Lumpen zu verbergen". Statt ihre Situation zu verbessern, hätten sie sich dadurch in eine „noch größere Misere" gebracht, denn „alles, was nicht aus dem Glauben kommt, ist Sünde" (vgl. Röm 14,23b). Waggoners Kritik richtete sich vor allem gegen die traditionelle adventistische Auffassung von Rechtfertigung und Heiligung; er wies darauf hin, dass die „Gerechtigkeit des Menschen *nach* seiner Rechtfertigung nicht größer ist als sie *vorher* war". Der gerechtfertigte Christ „‚wird aus Glauben leben' [Röm 1,17] … ‚Denn das Ende des Gesetzes ist Christus, jedem Glaubenden zur Gerechtigkeit' [Röm 10,4 EB]". Deshalb „wird derjenige, der den meisten Glauben hat, auch das rechtschaffenste Leben führen". Das sei wahr, weil Christus „DER HERR, UNSERE GERECHTIGKEIT" ist (Jeremia 23,6).[27] Während für die Traditionalisten „Gehorsam" der Schlüsselbegriff war, war es für Waggoner „Glaube".

Der Gegensatz zwischen diesen beiden theologischen Positionen wurde auch deutlich, als Waggoner in seinen Präsentationen auf

---

[25] *Advent Review and Sabbath Herald*, 24. November 1891, S. 723.
[26] Siehe R. A. Underwood, *Advent Review and Sabbath Herald*, 17. September 1889, S. 579f.; 1. Oktober 1889, S. 611f.; George I. Butler, *The Law in the Book of Galatians*, S. 75, 34.
[27] *Signs of the Times*, 24. Februar 1888, S. 119; vgl. Ellet J. Waggoner, *Christ and His Righteousness*, S. 64f.

der Generalkonferenzversammlung 1891 die Position der alten Garde der Gemeinschaft angriff. „Wirkt in uns der Geist Gottes, wenn wir sagen, wir werden überwinden, wenn Christus uns ein bisschen dabei hilft?", fragte er. „Wenn wir sagen, dass ... wir – wenigstens zum Teil – durch unsere eigenen Werke in den Himmel eingehen, verleugnen wir Christus." Eine solche Theologie offenbare „einen Geist, der Menschen dazu treibt, ins Kloster zu gehen, sich zu geißeln und Bußübungen zu machen". Sie sei „die logische Folge der Vorstellung, dass *wir* etwas tun müssen, um uns selbst von Sünden zu befreien. Sie ist das Werk des Geistes, der uns glauben macht, wir könnten nicht einfach alles Christus anvertrauen und ihn allein unsere Gerechtigkeit in uns bewirken lassen." Waggoner schloss mit den Worten: „Alles, was nicht voll und ganz Christus unterworfen ist, atmet den Geist des Antichristen."[28]

Alonzo Jones unterstützte Waggoners Theologie ohne Wenn und Aber. Während einer Zeltversammlung im Mai 1889 im US-Bundesstaat Kansas erklärte er zum Beispiel seinen Zuhörern, im Gesetz könne man keine Gerechtigkeit finden. „,Alle unsre Gerechtigkeit ist wie ein beflecktes Kleid' [Jes 64,5] ... Je mehr Werkgerechtigkeit jemand meint aufweisen zu können, desto schlechter steht es um ihn und umso armseliger ist er dran." Erlösung – sowohl Rechtfertigung als auch Heiligung – geschehe allein durch Glauben.[29]

Solche Äußerungen blieben nicht unerwidert. Am 11. Juni 1889 feuerte Smith im *Advent Review and Sabbath Herald* eine Breitseite auf Jones ab. Er überschrieb seinen Artikel „Unsere Gerechtigkeit". Einige Korrespondenten des *Review* spielten denen in die Hände, die das Gesetz abschaffen möchten, indem sie argumentieren, unsere Gerechtigkeit sei nur wie ein „beflecktes Kleid". Smith fuhr fort: „Vollkommener Gehorsam gegenüber dem Gesetz entwickelt vollkommene Gerechtigkeit; anders kann man Gerechtigkeit nicht erlangen ... Wir dürfen uns nicht zurücklehnen und nichts tun, als seien wir eine träge Masse in den Händen des Erlösers ... ,Unsere Gerechtigkeit' ... beruht darauf, dass wir uns im Einklang mit dem Gesetz Gottes befinden ... Sie kann also kein ,beflecktes Kleid' sein.

---

[28] *General Conference Bulletin*, 1891, S. 245.
[29] Topeka *Daily Capital*, 14. Mai 1889, S. 7.

Sie muss vielmehr dadurch erworben werden, dass wir die Gebote befolgen und sie andere lehren."[30]

Dieser Artikel von Uriah Smith bewog Ellen White, auf der Zeltversammlung in Rome im Bundesstaat New York deutlich gegen ihn Stellung zu beziehen. Der Glaube müsse *vor* den Werken kommen, betonte sie und bekräftigte damit Jones' Aussagen vom Mai in Kansas. Dann kam sie auf den Artikel von Smith zu sprechen: „‚Nun', mögt ihr sagen, ‚was hat dann das Stück von Bruder Smith im Review zu bedeuten?' Er weiß nicht, wovon er spricht; er sieht Bäume als Menschen umhergehen" (eine Anspielung auf Mk 8,24).[31] An Uriah Smith schrieb sie, dass er auf einem Weg sei, der ihn bald an den Rand des Abgrundes führen würde, weil er „wie ein blinder Mann umhergeht". Er hätte Jones in eine falsche Position gestellt.[32]

Auch Butler beteiligte sich an der Debatte um die Gerechtigkeit, indem er im *Review* einen Artikel veröffentlichte mit einer Überschrift, die seinen Standpunkt deutlich zum Ausdruck brachte: „Die vom Gesetz geforderte Gerechtigkeit von uns erfüllt". „Allenthalben herrscht eine Ansicht, die zwar angenehm, aber gefährlich ist", donnerte er. „‚Glaube nur an Christus, dann ist alles in Ordnung.' … Jesus macht es alles. Das ist eine der gefährlichsten Irrlehren, die es in der Welt gibt", erklärte Butler, denn im Zentrum der dritten Engelsbotschaft stehe „die Notwendigkeit, dem Gesetz Gottes zu gehorchen. ‚Hier sind, die da halten die Gebote Gottes und den Glauben an Jesus.' [Offb 14,12]" Die christliche Welt sei dabei, diese Wahrheit aus den Augen zu verlieren, und Aufgabe der Adventisten sei es, wieder auf sie aufmerksam zu machen.[33]

Alle Adventisten glaubten an eine Form der Rechtfertigung durch den Glauben; aber die Vorstellungen unterschieden sich erheblich voneinander, was sich ganz besonders an der Art zeigte, in der sie in den 1880er- und den frühen 1890er-Jahren immer wieder veröffentlicht wurden. Die Anhänger von Smith und Butler glaubten an Rechtfertigung für die Sünden der Vergangenheit und betonten die Wichtigkeit des Gesetzes und des Gehorsams für das

---

[30] *Advent Review and Sabbath Herald*, 11. Juni 1889, S. 376.
[31] Manuskript 5, 1889.
[32] Brief Ellen G. White an Uriah Smith, 14. Juni 1889.
[33] *Advent Review and Sabbath Herald*, 14. Mai 1889, S. 313f.

christliche Leben. Für Jones und Waggoner war dagegen der Glaube an Christus das alles Entscheidende. Die alte Garde sorgte sich um die Unterscheidungslehren der Adventisten; die jungen Redakteure von der Westküste dagegen interessierten sich vor allem für den Kern des Christentums.

Smiths Bemerkungen über die Zeltversammlung in Kalamazoo (Michigan) 1889 veranschaulichen diesen Unterschied. Auf diesem Treffen habe er „zum ersten Mal erlebt, dass sich Außenstehende, die gekommen waren, darüber beklagten, dass sie während der Versammlungen keine Gelegenheit gehabt hatten, einige Gründe für unsere besonderen Glaubenlehren zu erfahren." Aber genau zu diesem Zweck würden Adventisten doch Zeltversammlungen in der Nähe von Städten abhalten, beklagte sich Uriah Smith.[34]

Der *Review*, der eine Woche später erschien, hilft uns zu verstehen, warum sich Smith so ereiferte. Waggoner war in Kalamazoo einer der Hauptredner. Sein Thema war die Rechtfertigung durch den Glauben und deren Beziehung zur dritten Engelsbotschaft, berichtete der neue Generalkonferenzpräsident Ole Olsen.[35] Auch Ellen White sprach in Kalamazoo – zweifellos über Christi erlösende Gerechtigkeit, so wie sie es in den Jahren, in denen sie mit Jones und Waggoner durchs Land reiste, immer tat.

Der Unterschied zwischen den beiden adventistischen Lagern wurde auch in Waggoners und Butlers Büchern über den Galaterbrief deutlich. Butler äußerte sich abfällig über die „hoch gerühmte Lehre der Rechtfertigung durch den Glauben"[36], während Waggoner schrieb, „dass es *unmöglich ist, die Lehre von der Rechtfertigung durch den Glauben zu überschätzen."*[37] Es war kein Zufall, dass Butler seinem Buch den Titel *The Law in the Book of Galatians* (Das Gesetz im Galaterbrief) gab, während Waggoner sein Werk *The Gospel in the Book of Galatians* (Das Evangelium im Galaterbrief) nannte. Die beiden Titel spiegelten die beiden unterschiedlichen Ansätze adventistischer Theologie wider.

---

[34] *Advent Review and Sabbath Herald*, 27. August 1889, S. 536;
[35] *Advent Review and Sabbath Herald*, 3. September 1889, S. 553.
[36] *The Law in the Book of Galatians*, S. 78.
[37] *The Gospel in the Book of Galatians*, S. 71.

Ellen White unterstützte Jones und Waggoner nach Kräften, wenn es um die Vorrangstellung Christi in Bezug auf die Erlösung ging. Sie tat das nicht nur in Minneapolis, sondern auch in allen folgenden Jahren ihres Dienstes. Zwar stimmte sie der Theologie von Jones und Waggoner nicht in allen Punkten zu, schätzte es aber sehr, dass sie Christus in den Mittelpunkt stellten.

Wir sollten uns darüber im Klaren sein, dass beide Zweige des Adventismus sowohl von der Rechtfertigung durch den Glauben überzeugt waren als auch das Halten der Gebote Gottes für notwendig hielten. Aber beide verstanden etwas anderes unter der Rechtfertigung durch den Glauben, und auch der Mittelpunkt ihres Glaubens war nicht identisch. Die Schlüsselbegriffe der Reformer lauteten: Christus, Glaube, Rechtfertigung durch den Glauben; sie betonten alles, was mit der Gerechtigkeit Christi zu tun hat. Die alte Garde dagegen betonte das menschliche Bemühen: Werke, Gehorsam, das Gesetz Gottes, die Gebote, unsere Gerechtigkeit und Rechtfertigung durch Werke. Auch mehr als 120 Jahre nach Minneapolis gibt es in unserer Freikirche immer noch diese beiden unterschiedlichen Schwerpunkte.

Das Herzstück der Botschaft von 1888 aus der Sicht Ellen Whites

Die vielleicht eindeutigste und umfassendste Stellungnahme Ellen Whites zu der Frage, welche Aspekte der Botschaft von Jones und Waggoner sie befürwortete, ist im Buch *Testimonies to Ministers* zitiert. 1895 schrieb sie an Generalkonferenzpräsident Ole Olsen: „Der Herr hat in seiner großen Güte seinem Volk eine sehr kostbare Botschaft durch die Brüder Jones und Waggoner gesandt. Diese Botschaft sollte der Welt noch eindringlicher den erhöhten Heiland vor Augen stellen, das Opfer für die Sünden der ganzen Welt. Sie bot *Rechtfertigung durch den Glauben an Christus* als Bürgen; sie lud die Leute ein, *die Gerechtigkeit Christi* zu empfangen, *die sich im Gehorsam allen Geboten Gottes gegenüber zeigt*. Viele hatten Christus aus den Augen verloren. Aber sie mussten unbedingt ihren *Blick auf seine göttliche Person richten, auf seine Verdienste und seine unwandelbare*

Liebe zu den Menschen. In seine Hände ist alle Gewalt gegeben, sodass er den Menschen kostbare Gaben geben kann und *das unschätzbare Geschenk seiner eigenen Gerechtigkeit hilflosen Menschen verleiht.* Diese Botschaft der Welt mitzuteilen lautet der Auftrag Gottes. *Sie ist die dritte Engelsbotschaft,* die mit lauter Stimme verkündet werden soll und mit der reichen Ausgießung seines Geistes verbunden sein wird ... Diese Botschaft des Evangeliums von seiner Gnade sollte seiner Gemeinde klar und deutlich ausgerichtet werden, *damit die Welt nicht länger sagt: Die Siebenten-Tags-Adventisten reden nur vom Gesetz und vom Gesetz, aber predigen Christus nicht und glauben nicht an ihn.*"[38] Diese Botschaft ließ Ellen White 1896 auch den Gemeindegliedern in Battle Creek, der damals größten und bedeutendsten Adventgemeinde, verkünden.[39]

Auch ihr Tagebucheintrag vom 27. Februar 1891 nach einigen Diskussionen auf einer Predigerschulung gibt Aufschluss darüber, was für sie das Herzstück der Botschaft von 1888 war. Sie schrieb, einige sähen „die Gefahr, dass das Thema der Rechtfertigung durch den Glauben zu weit getrieben und dabei das Gesetz vernachlässigt wird". Sie beklagte, dass in der Vergangenheit viele Prediger „ihre Themen in argumentativer Weise dargestellt und die rettende Macht des Erlösers kaum erwähnt" haben. Ihrer Botschaft und auch ihnen selbst „fehlte es an dem rettenden Blut Jesu Christi" und an dem „Brot des Lebens" (Johannes 6,35). Ellen White mahnte: *„Von allen bekennenden Christen sollten vor allem die Siebenten-Tags-Adventisten Christus vor der Welt erheben ... Das Gesetz und das Evangelium ... sollen den Menschen verkündet werden, denn das Gesetz und das Evangelium verbunden werden sie von Sünde überführen. Gottes Gesetz verurteilt zwar die Sünde, weist aber auf das Evangelium hin,* das Christus offenbart ... *In keinem Vortrag dürfen sie voneinander getrennt werden.*" Viele Prediger hätten noch „nicht verstanden, dass Jesus Christus die Herrlichkeit des Gesetzes ist".

---

[38] Brief Ellen G. White an Ole A. Olsen, 1. Mai 1895; 1896 verlesen als „Special Testimony to Battle Creek Church"; veröffentlicht in: *Pamphlet* Nr. 154, S. 35f.; zitiert in: *Testimonies to Ministers and Gospel Workers,* S. 91f., teilweise zitiert in: Arthur G. Daniells, *Christus unsere Gerechtigkeit,* Advent-Verlag, S. 16 (rev., Hervorhebungen von mir).

[39] „Special Testimony to Battle Creek Church" (1896); schriftlich in: *Pamphlet* Nr. 154, S. 35f.

Sie beschrieb den Zustand in den Adventgemeinden und die Ursachen dafür mit den Worten: „Warum herrscht in den Gemeinden ein so großer Mangel an Liebe, ein Mangel an echtem, geheiligtem, erhebendem Mitgefühl, an zartem Mitleid und liebevoller Geduld? *Weil den Gemeindegliedern nicht immer wieder Christus vor Augen geführt wird.* Seine Charaktereigenschaften werden nicht in das praktische Leben übertragen ... *Die Theorie der Wahrheit mag richtig dargestellt werden, aber es mag die Wärme der Zuneigung fehlen, die der Gott der Wahrheit von jedem seiner Boten erwartet.* Viele haben eine Religion, die einem Eiszapfen gleicht – sie ist eiskalt. Die Herzen von nicht Wenigen sind immer noch ungeschmolzen und unbezähmt. Sie können die Herzen anderer Menschen nicht erreichen, weil sie selbst nicht von der Liebe überfließen, die aus dem Herzen Christi strömt. Andere sprechen von der Religion, als sei sie eine Sache des Willens. Sie reden von strenger Pflicht wie von einem Herrn, der mit eisernem Zepter herrscht – einen strengen, unbeugsamen, allmächtigen Herrn, dem die herzliche und herzerweichende Liebe und das zarte Mitgefühl Christi fehlt."

Kurz gesagt: Viele Adventisten jener Tage litten unter einer Religion ohne Christus; ihr Herz und Verstand bedurften seiner Liebe.

Am Ende ihres Tagebucheintrages sprach sich Ellen White gegen die Auffassung aus, dass ein detailliertes theologisches Verständnis der Gerechtigkeit durch den Glauben das Wichtigste sei: *„Viele machen den Fehler, die feinen Unterschiede zwischen Rechtfertigung und Heiligung bis ins Kleinste zu definieren. Dabei fließen in die Definitionen dieser Begriffe oft ihre eigenen Gedanken und Spekulationen ein. Warum sollten wir in der lebenswichtigen Frage der Gerechtigkeit durch den Glauben exakter sein wollen, als es die Inspiration* [der Bibel] *ist? Warum alles bis ins Letzte ausarbeiten, als hinge die Rettung der Seele davon ab, dass alle genau das gleiche Verständnis von der Gerechtigkeit durch den Glauben haben? Es können nicht alle die gleiche Sichtweise haben"*, schrieb sie. Jesus und seine Vergebung sind des Christen einzige Hoffnung. „Der Segen kommt aus der Vergebung; und Vergebung kommt durch den Glauben, dass die Sünde, die bekannt und bereut wurde, von dem großen Sündenträger getilgt wurde.

So kommen alle unsere Segnungen von Christus ... Er ist der große Mittler, durch den wir die Gnade und Gunst Gottes empfangen."[40]

In beiden Zitaten betonte Ellen White, es gehe bei der Botschaft von 1888 um die Grundlagen des Christseins, nicht um irgendeinen abseitigen oder speziell adventistischen Ansatz, die Theologie und das christliche Leben zu verstehen. Derselbe Gedanke wird auch in ihren Predigten deutlich, die sie in Minneapolis hielt. „Mir ging es während dieser Versammlung darum, meinen Brüdern Jesus und seine Liebe zu präsentieren", schrieb sie, „denn ich konnte deutlich erkennen, dass viele nicht den Geist Christi hatten".[41]

In ihrer am 11. Oktober gehaltenen Grundsatzrede sagte sie zu den Delegierten: „Unser Ich muss abnehmen, und Jesus muss zunehmen ... Wenn wir alle Selbsterhöhung und alle Selbstgerechtigkeit ablegen und in eine lebendige Beziehung zu Gott eintreten, wird uns Christi Gerechtigkeit zugerechnet werden."[42] Eine Woche später bat sie die adventistischen Prediger, sich zu Christus zu bekehren.[43] Und am 24. Oktober erklärte sie, während sie sich gegen den Vorwurf verteidigte, sie sei an einer Verschwörung der kalifornischen Brüder zur Beseitigung der traditionellen Theologie der Gemeinschaft beteiligt: „Wir wollen die Wahrheit, wie sie in Jesus ist ... Ich sah, dass wertvolle Seelen, die der Wahrheit gegenüber aufgeschlossen waren, sich von ihr wieder abwandten wegen der Art und Weise, wie mit der Wahrheit umgegangen wurde, denn Jesus war nicht in ihr. *Das ist es, worum ich euch immerfort gebeten habe – wir wollen Jesus* ... Ich wollte nur, dass das Licht angenommen wird und der Erlöser in unser Herz kommen kann."[44]

Es ging Ellen White in Minneapolis nicht nur um die Rechtfertigung durch den Glauben, sondern auch um die Heiligung durch den Glauben. Anders als einige ihrer Interpreten im 20. Jahrhundert wollte sie die Gerechtigkeit Christi nicht so definieren, dass

---

[40] Manuskript 21, 27. Februar 1891, zitiert in *Manuscript Releases*, Bd. 9, S. 890–899 (Hervorhebungen von mir).
[41] Manuskript 24, circa November oder Dezember 1888; zitiert in *Selected Messages*, Bd. 3, S. 171.
[42] Manuskript 6, 11. Oktober 1888.
[43] Siehe *Advent Review and Sabbath Herald*, 8. Oktober 1889, S. 625f.
[44] Manuskript 9, 24. Oktober 1888 (Hervorhebungen von mir).

Rechtfertigung und Heiligung voneinander getrennt sind. Sie war an solchen Dingen, die Berufs- und Laientheologen so faszinieren, nicht interessiert. Vielmehr lag es ihr auf der Seele, dass Menschen zu Jesus fanden und von ihren Sünden umfassend befreit wurden. Deshalb sprach sie in Minneapolis von Jesus sowohl als unserem Stellvertreter als auch unserem Vorbild. Sie sagte, dass in Christus, der in uns wirkt, uns „genügend Kraft zur Verfügung gestellt wird, damit wir den hohen Standard christlicher Vollkommenheit erreichen können". Während Christus im himmlischen Heiligtum für uns eintritt, sollen wir „‚uns von aller Befleckung des Fleisches und des Geistes reinigen und die Heiligung vollenden in der Furcht Gottes' [2 Kor 7,1]".[45]

Die Rolle des Heiligen Geistes als Kraftquelle für ein christliches Leben gehörte in den 1890er-Jahren zu den wichtigsten Themen Ellen Whites. In ihren Augen umfasste das Evangelium sowohl die rechtfertigende als auch die heiligende Gnade. Es ging ihr nicht um „die feinen Unterschiede zwischen Rechtfertigung und Heiligung",[46] sondern um die Rolle, die Jesus Christus bei der vollständigen Erlösung verlorener Sünder spielt. Es war eine Botschaft über die Liebe Gottes und die menschliche Hilflosigkeit.

In den Auseinandersetzungen ihrer Zeitgenossen über die Bedeutung von Gehorsam gegenüber dem Gesetz Gottes und der Rolle des Glaubens trat Ellen White für Ausgewogenheit ein. Das Gesetz war für sie zwar wichtig, aber nur im Zusammenhang mit Glauben und Gnade.[47] Das war auch der Kernpunkt der Position von Jones und Waggoner in der Zeit um 1888. Daher fand sich Ellen White in den späten 1880er- und frühen 1890er-Jahren auf der Seite der Gegner des traditionellen Adventismus wieder. Bei einer Predigertagung Anfang 1890, bei der sie deutlich die bewusste Abwesenheit von Uriah Smith beklagte, bat sie die versammelten Prediger mit allem Nachdruck, die Botschaft von der Gerechtigkeit Christi so in ihr Herz aufzunehmen, dass sie sie in Zukunft nicht mehr für sich

---

[45] Manuskript 8a, 21. Oktober 1888; Manuskript 8, 20. Oktober 1888.
[46] Ellen G. White, Manuskript 21, 27. Februar 1891. Vgl. Manuskript 36, nicht datiert, 1890; Brief Ellen G. White an Ole A. Olsen, 1. Mai 1895; Brief Ellen G. White an Alonzo T. Jones, 9. April 1893.
[47] Siehe zum Beispiel *Glaube und Werke*, Kap. 1.

behalten könnten. Sie müssten allerdings darauf gefasst sein, dass „Leute ihnen vorwerfen werden: ‚Ihr seid zu begeistert; ihr macht zu viel aus dieser Sache und denkt nicht genug an das Gesetz. Das müsst ihr aber. Beschäftigt euch nicht immerfort mit der Gerechtigkeit Christi, sondern schafft dem Gesetz Geltung.'" Solchen typisch adventistischen Äußerungen hielt Ellen White entgegen: „Lasst doch das Gesetz für sich selber sorgen. *Wir haben so sehr auf dem Gesetz herumgeritten, dass wir jetzt so ausgetrocknet sind wie die Hügel von Gilboa* [vgl. 2 Sam 1,21] ... *Lasst uns auf die Verdienste Jesu vertrauen* ... Möge Gott unsere Augen mit Augensalbe behandeln, damit wir sehen [vgl. Offb 3,18]."[48]

Vor dem Hintergrund dieser Aussage ist es interessant zu beobachten, wie viele Adventisten, die sich für die Botschaft von 1888 interessieren, heute noch auf das Gesetz Gottes fixiert sind. Zwar weisen sie – ebenso wie die Adventisten vor 120 Jahren – darauf hin, dass Christus uns hilft, das Gesetz zu halten. Dennoch scheint er weniger betont zu werden als der Gehorsam, das Gesetz und die „Vorbereitung" für das Gericht Gottes. Man fragt sich, wie gründlich wir uns mit den Vorgängen und der Botschaft auf der Generalkonferenzversammlung in Minneapolis wirklich befasst haben.

Der Schlussstein und die Vervollständigung der dritten Engelsbotschaft

Die Hauptursache des Debakels von 1888 war vielleicht die Tatsache, dass die Adventisten jener Zeit sich damit begnügten, eine Botschaft zu predigen, in der Christus und seine erlösende Gerechtigkeit allzu oft nicht im Mittelpunkt standen. Mit etwas Nachforschen kann man die Ursache leicht begreifen.

In der adventistischen Theologie gibt es zwei Kategorien von Wahrheiten. Die erste umfasst Glaubenslehren, die wir mit anderen Christen teilen wie zum Beispiel die Erlösung aus Gnaden allein durch den Glauben, die Bedeutung der Bibel als Grundlage des Glaubens, die Rolle Christi als Erlöser der Welt, die Wirksamkeit des Gebets usw. Die zweite Kategorie enthält die Glaubenslehren,

---

[48] Manuskript 10, 6. Februar 1890 (Hervorhebungen von mir).

durch die sich Siebenten-Tags-Adventisten von anderen Christen unterscheiden: Der biblische Sabbat, die ewige Gültigkeit der Zehn Gebote, der Dienst Christi im himmlischen Heiligtum, die bedingte Unsterblichkeit (keine „unsterbliche Seele") und die Gerichtsbotschaften aus Daniel 8,14 und Offenbarung 14.

Die Adventisten lebten im 19. Jahrhundert in den USA in einer überwiegend christlich geprägten Kultur und neigten daher dazu, Glaubensüberzeugungen, die sie mit anderen Christen teilten, nicht besonders zu betonen. Warum auch sollte man Baptisten und Methodisten die Botschaft von der rettenden Gnade Gottes verkünden, wenn sie ohnehin daran glaubten? Wichtig war doch, sie mit den adventistischen Unterscheidungslehren bekannt zu machen, sie also beispielsweise vom Sabbat zu überzeugen. Weil dieses Vorgehen 40 Jahre lang Schwerpunkt adventistischer Verkündigung gewesen war, hatte sich der Adventismus von dem entfernt, was das Christsein eigentlich ausmacht. Bis 1888 war daraus ein echtes Problem geworden.

In der „überaus kostbaren Botschaft" von Jones und Waggoner sah Ellen White die Lösung dieses Problems. Viele Leiter in der Gemeinschaft waren jedoch ganz zufrieden mit einem am Gesetz statt an Christus orientierten Adventismus; für sie glich eine solche Kursänderung einem schweren theologischen Erdbeben.

Darauf kam Ellet Waggoner zu sprechen, als er 1887 erklärte, sein Verständnis vom Gesetz und Evangelium im Galaterbrief brächte die Adventisten lediglich „dem Glauben der großen Reformatoren von Paulus bis Luther und Wesley wieder einen Schritt näher".[49] Im Gegensatz zu W. H. Littlejohn, der sehr werkeorientiert war und daher die Betonung von Jones und Waggoner ablehnte,[50] und zu einigen späteren adventistischen Autoren[51] erkannte Waggoner, dass die Glaubensgemeinschaft, der er angehörte, von der historischen Erlösungslehre abgewichen war.

Ellen White bestätigte das, als sie ihrer Überraschung darüber Ausdruck verlieh, dass einige Adventisten die Bibelauslegung von

---

[49] *The Gospel in the Book of Galatians*, S. 70.
[50] *Advent Review and Sabbath Herald*, 16. Januar 1894, S. 35f.
[51] Robert J. Wieland und Donald K. Short, *1888 Re-examined*, revidierte Ausgabe, S. 52–63.

Jones und Waggoner als eine „seltsame Lehre" empfanden, obwohl ihre Botschaft doch „keine neue Wahrheit" beinhaltete, „sondern dieselbe Botschaft war, die schon Paulus und auch Christus selbst lehrten."[52]

Das Kernstück der Botschaft von 1888 war kein spezieller adventistischer Beitrag zur christlichen Theologie, sondern *der Aufruf, zu der grundlegenden Wahrheit des Christentums zurückzukehren.*

Waggoners Hinweis, seine Interpretation von Gesetz und Evangelium stimme mit Paulus, Luther und Wesley überein, gewann noch an Tiefe und Bedeutung, als er hinzufügte, dass sie auch „einen Schritt näher zum Kern der dritten Engelsbotschaft" führe.[53] Ellen White vertrat dieselbe Ansicht. Einige hätten ihr gegenüber „die Befürchtung geäußert, dass wir das Thema der Gerechtigkeit aus dem Glauben zu sehr betonen würden" und sie gefragt, „ob die Lehre von der Rechtfertigung durch den Glauben die dritte Engelsbotschaft sei". Darauf habe sie „geantwortet: Es ist wahrhaftig die dritte Engelsbotschaft".[54]

In Kapitel 1 haben wir gesehen, dass Offenbarung 14,12 von Anfang an der Schlüsseltext für das Selbstverständnis der Siebenten-Tags-Adventisten war: „Hier ist Geduld der Heiligen! Hier sind, die da halten die Gebote Gottes und den Glauben an Jesus." Dieser Text stand im 19. Jahrhundert immer im Titel der wöchentlich erscheinenden Gemeindezeitschrift *Advent Review and Sabbath Herald.* Einem Reporter des Minneapolis *Journal* wurde bewusst, was die Adventisten damit über ihre Glaubensgemeinschaft implizierten, und schrieb: „Diesen Text auf sich selbst zu beziehen ist entweder monströses Geltungsbedürfnis oder außergewöhnlicher Glaube."[55] Die Adventisten selbst betrachteten es zweifellos als Ausdruck ihres außergewöhnlichen Glaubens. Wie auch immer sie über diesen Punkt dachten, beide Fraktionen von 1888 erkannten, dass es bei dieser Auseinandersetzung um die Bedeutung und das Wesen des Adventismus ging. Außerdem wurde ihnen mit der Zeit immer kla-

---

[52] Manuskript 27, 13. September 1889.
[53] *The Gospel in the Book of Galatians*, S. 70.
[54] *Advent Review and Sabbath Herald*, 1. April 1890, S. 193; zitiert in *Für die Gemeinde geschrieben,* Bd. 1, S. 392f. (rev.).
[55] Minneapolis *Journal*, 22. Oktober 1888, S. 2.

rer, dass im Mittelpunkt ihrer Meinungsverschiedenheiten das Verständnis von Offenbarung 14,12 stand.

Vor 1888 war die adventistische Auslegung dieses Textes recht einheitlich. Im April 1850 präsentierte James White ein Modell für sein Verständnis. Er machte darauf aufmerksam, dass in dem Vers drei wichtige Erkennungsmerkmale genannt werden:

1. Ein Volk Gottes, das trotz der Enttäuschung von 1844 weiterhin mit Geduld auf die Wiederkunft Jesu wartet.

2. Ein Volk, das „‚den Sieg behalten hatte über das Tier und sein Bild' und sein ZEICHEN [Offb 15,2; 14,9] und mit dem ‚Siegel des lebendigen Gottes' versiegelt ist [Offb 7,2.3], indem es ‚*die Gebote Gottes*' hält".

3. Ein Volk, das „den Glauben gehalten hat" an biblische Lehren bezüglich „Reue, Glaube, Taufe, Abendmahl und Fußwaschung" usw. Zum Festhalten des Glaubens gehöre auch das „HALTEN DER GEBOTE GOTTES", betonte James White.[56]

Es fällt auf, dass er es geschafft hatte, das Halten der Gebote in zwei der drei Teile des Bibeltextes hineinzubringen. In seinem Buch *Life Incidents* wurde er 1868 genauso deutlich: Der Ausdruck „der Glaube an Jesus" „kann sich nur auf eins beziehen, nämlich auf die Gebote und Lehren unseres Herrn, wie sie im Neuen Testament niedergeschrieben sind". Es sei der Glaube, „von dem Paulus sagte, dass er ihn ‚gehalten' habe (2 Tim 4,7)".[57] Auch John N. Andrews dachte so. Er betonte, dass laut der Formulierung von Offenbarung 14,12 „der Glaube" bzw. „der Glaube an Jesus ... genauso gehalten wird, wie die Gebote Gottes gehalten werden". Für ihn war es wichtig, sowohl die Gebote Gottes als auch die Gebote Jesu zu halten.[58] Rosswell F. Cottrell, ein anderer Vorreiter der adventistischen Theologie, hatte das bereits 1855 vertreten: Der Glaube an Jesus sei „etwas, dem man gehorchen und an dem man festhalten kann. Daher schlussfolgern wir: Alles, was wir tun müssen, um von Sünde gerettet zu werden, gehört zum Glauben an Jesus ... Die

---

[56] *Present Truth*, April 1850, S. 66f.
[57] *Life Incidents*, Battle Creek 1868, S. 259.
[58] *The Three Messages of Revelation XIV*, 5. Aufl., Battle Creek 1886, S. 135, 129, 134.

dritte Engelsbotschaft verlangt Glauben an alle offenbarten Wahrheiten und Gehorsam gegenüber allen Moralgesetzen und allen Formen des Glaubensgehorsams, den Jesus und seine Apostel gelehrt haben."[59]

Vor 1888 verstanden fast alle adventistischen Auslegungen von Offenbarung 14,12 unter dem „Glauben an Jesus" die Gesamtheit der Wahrheiten, die man glauben und halten sollte. Meistens hielten sich die Adventisten jedoch nicht lange mit diesem Teil des Verses auf. Ihre besondere Aufmerksamkeit galt vielmehr dem Teil, der vom Halten der Gebote sprach. So betonte Uriah Smith das Wort „halten" (wie ich weiter oben schon erwähnt habe), als er im Januar 1888 Offenbarung 14,12 kommentierte;[60] und George Butler verfuhr im Mai 1889 genauso mit den Worten „halten die Gebote Gottes".[61] Solch eine Betonung ergab sich aus ihrer Überzeugung, dass die Sabbatwahrheit im Zusammenhang mit dem „Zeichen des Tieres" Gottes letzte Botschaft an eine Welt ist, die reif ist für die Wiederkunft Christi. Kein Wunder, dass diese Interpretation und Gewichtung den traditionellen Adventismus oft in die Gesetzlichkeit abdriften ließ. Das war auch schon im Vokabular ihres Glaubens angelegt. Ausdrücke wie halten, tun, gehorchen, Gesetz und Gebote drückten in ihrem Verständnis die Bedeutung des besonderen Beitrags der Adventisten zum Christentum aus.

Es war diese Auslegung von Offenbarung 14,12, die 1888 unter Beschuss kam. *Minneapolis würde dem wichtigsten Vers in der adventistischen Bibel eine neue Bedeutung geben.* Für die Gemeinschaft der Siebenten-Tags-Adventisten war das wie ein Erdbeben und führte zu einer Auslegung von Offenbarung 14,12, die manche Adventisten bis heute noch nicht verstanden haben.

Im Dezember 1887 deutete Alonzo Jones die neue Interpretation bereits an: „Die einzige Möglichkeit, durch die [Menschen] sich

---

[59] *The Bible Class: Lessons Upon the Law of God, and the Faith of Jesus*, Rochester (New York) 1855, S. 62, 124. Vgl. George I. Butler, „The Third Angel's Message – When Is It Due, and What Is Its Meaning?", in *Tabernacle Lecture Course*, Battle Creek 1885, S. 130–136.
[60] *Advent Review and Sabbath Herald*, 3. Januar 1888, S. 8.
[61] *Advent Review and Sabbath Herald*, 14. Mai 1889, S. 314.

selbst mit dem gerechten Gesetz Gottes in Einklang bringen können, besteht durch die Gerechtigkeit Gottes, die [uns zuteil wird] durch *den Glauben an Jesus Christus* ... Die dritte Engelsbotschaft enthält die höchste Wahrheit und die höchste Gerechtigkeit." Die „höchste Wahrheit" stellte er mit den „Geboten Gottes" gleich und die „höchste Gerechtigkeit" mit dem „Glauben an Jesus".[62]

1888 und danach vertiefte Ellen White diese Erkenntnisse, die Alonzo Jones gewonnen hatte. Die in Minneapolis verkündete Botschaft umfasse „nicht nur Gottes Gebote, die Teil der dritten Engelsbotschaft sind", schrieb sie, „sondern auch *den ‚Glauben an Jesus', der mehr einschließt als allgemein angenommen wird*". Diese Engelsbotschaft sollte „in all ihren Teilen verkündet werden ... *Wenn wir nur die Gebote Gottes verkündigen und den ‚Glauben an Jesus' kaum erwähnen, dann entstellen wir unsere Botschaft.*" Die Botschaft von der Gerechtigkeit Christi sei weder „neu noch originell, sondern „eine alte Wahrheit, die aus den Augen verloren worden war". Die Adventisten müssten „den Glauben an Jesus wieder dort einordnen, wo er hingehört – nämlich in die dritte Engelsbotschaft. Das Gesetz hat eine wichtige Position; aber es ist machtlos, wenn die Gerechtigkeit Christi nicht an seine Seite gestellt wird, damit sie die Herrlichkeit des Maßstabs der Gerechtigkeit erstrahlen lässt ... Erst ein umfassendes und uneingeschränktes Vertrauen in Jesus wird dem religiösen Leben die richtige Qualität verleihen. Ohne das ist es bedeutungslos. Der Gottesdienst gleicht dann dem Opfer Kains, das ohne Christus war." Dann sprach sie über Christi stellvertretendes Opfer und sein Blut als einzige Hoffnung des Sünders.[63]

Kurz nach der Versammlung in Minneapolis machte Ellen White eine ihrer eindrucksvollsten Aussagen über Offenbarung 14,12 und die eigentliche Bedeutung der Konferenz. „Die dritte Engelsbotschaft ist die Verkündigung der Gebote Gottes und des Glaubens an Jesus Christus. Die Gebote Gottes sind verkündet worden, aber *dem Glauben an Jesus haben die Siebenten-Tags-Adventisten nicht die gleiche Bedeutung beigemessen;* das Gesetz und das Evangelium gehen aber

---

[62] *Signs of the Times*, 8. Dezember 1887, S. 743.
[63] Manuskript 30, Ende Juni 1889 (Hervorhebungen von mir).

Hand in Hand." Dann sprach sie über die Bedeutung des Glaubens an Jesus, „über den man spricht, ohne ihn zu verstehen". Er bedeute, „dass Jesus unsere Sünden auf sich nimmt, damit er unser Erlöser wird, der unsere Sünden vergibt ... Er kam in unsere Welt und nahm unsere Sünden auf sich, damit wir uns seine Gerechtigkeit zu eigen machen können. *Der Glaube an die Fähigkeit Christi ist, uns voll und ganz und reichlich zu erlösen, ist der Glaube an Jesus.*" Adventisten müssten daher sein Blut auf ihr Leben anwenden und sich durch den Glauben „die Gerechtigkeit Christi zu eigen machen".

„Der Glaube an Christus als des Sünders einzige Hoffnung hat weitgehend gefehlt", schrieb Ellen White, „nicht nur in den Predigten, sondern auch in der religiösen Erfahrung vieler [Adventisten], die vorgeben, an die dritte Engelsbotschaft zu glauben." In Minneapolis habe sie bezeugt, dass „die großartige Wahrheit von der Gerechtigkeit durch den Glauben in Verbindung mit dem Gesetz" die „einzige Hoffnung auf Erlösung ist, die der Sünder hat. Das war für mich aber kein neues Licht." Diese Botschaft habe sie schon „seit 44 Jahren von einer höheren Autorität empfangen und es den Gemeindegliedern schriftlich und mündlich präsentiert", allerdings ohne damit bei ihnen auf großen Widerhall zu stoßen. „Darüber wurde im Allgemeinen zu wenig gesprochen und geschrieben" und die Predigten mancher seien „ohne Christus" gewesen.[64]

Für alle, die verstehen möchten, wie Ellen White Offenbarung 14,12 verstanden hat, dürfte ein Artikel von großem Interesse sein, den sie im August 1889 im *Review* veröffentlichte. Darin schrieb sie, es gäbe „großartige Wahrheiten", unter anderem die „Lehre von der Rechtfertigung durch den Glauben", die viele Siebenten-Tags-Adventisten aus den Augen verloren hätten. Dann erklärte sie, welche Art von Rechtfertigung das war: „Die Anhänger der Heiligungsbewegung haben in diesem Punkt eine extreme Haltung eingenommen. Mit großem Eifer haben sie gelehrt: ‚Du brauchst nur an Christus zu glauben, dann bist du gerettet. Hinweg mit dem Gesetz

---

[64] Manuskript 24, circa November oder Dezember 1888 (Hervorhebungen von mir); zitiert in *Selected Messages*, Bd. 3, S. 163–177. Vgl. Manuskript 27, 13. September 1889; *Advent Review and Sabbath Herald*, 20. März 1894, S. 177f.

Gottes!'" Es sei zwar richtig, den Glauben hochzuhalten, aber falsch, das Gesetz abzuwerten. Wegen dieses Ungleichgewichts „hat Gott Männer [Jones und Waggoner] berufen, damit sie tun, was in dieser Zeit nötig ist ... Ihre Stimme wird wie eine Trompete erschallen und meinem Volk ihre Verfehlungen zeigen ... *Sie sollen nicht nur das Gesetz verkünden, sondern auch die Wahrheit für diese Zeit predigen – der Herr unsere Gerechtigkeit.*"[65]

Diese Aussage ist vielleicht Ellen Whites deutlichste Stellungnahme zu der Bedeutung der Botschaft von Jones und Waggoner. Das Geniale daran war, dass sie *die beiden Teile von Offenbarung 14,12 zusammenfügten:* Sie lehrten nicht nur die Gebote Gottes (einschließlich des Sabbats), sondern predigten auch den Glauben an Christus, den die Prediger der Heiligungsbewegung auf ihr Banner geschrieben hatten.

Aus der Sicht Ellen Whites lag die Bedeutung der Botschaft von 1888 nicht in einer speziellen adventistischen Glaubenslehre, die von Jones und Waggoner entwickelt wurde. Vielmehr lag sie darin, dass *die adventistischen Lehren wieder mit dem grundlegenden Christentum vereinigt wurden* – einem Christentum, das Jesus Christus zum Zentrum und zur Grundlage allen christlichen Lebens und Denkens macht und die Rechtfertigung durch den Glauben (eine alte evangelische Glaubensüberzeugung, an der die Adventisten nichts verbessern konnten) lehrt und ebenso die Heiligung aus Glauben, die sich im Gehorsam gegenüber Gottes Geboten durch die Kraft des Heiligen Geistes zeigt (ein Punkt, den die evangelischen Christen des 19. Jahrhunderts oft vernachlässigten). Wer meint, der „Glaube an Jesus" in Offenbarung 14,12 sei irgendeine spezielle adventistische Lehre oder Ansicht, begeht denselben Fehler, den die traditionellen Adventisten vor 1888 gemacht haben, als sie sowohl in die „Gebote Gottes" als auch in den „Glauben an Jesus" die einzigartigen adventistischen Glaubenslehren hineingelesen haben. Ellen White hat 1889 diese Position in ihrem oben zitierten *Review*-Artikel ausdrücklich abgelehnt.

---

[65] *Advent Review and Sabbath Herald*, 13. August 1889, S. 514 (Hervorhebungen von mir).

Die Botschaft von 1888, die dritte Engelsbotschaft und der Beginn des „lauten Rufes"

Wenn wir begriffen haben, worum es in der oben geschilderten Streitfrage ging, ist es nicht schwer, Ellen Whites verblüffende Aussage zu verstehen, dass 1888 der „laute Ruf" des dritten Engels von Offenbarung 14 begonnen habe. Im *Review* vom 22. November 1892 schrieb sie: „Die Zeit der Prüfung steht unmittelbar bevor, denn *der laute Ruf des dritten Engels erschallt schon in der Offenbarung der Gerechtigkeit Christi*, des Sünden vergebenden Erlösers. Das Licht des Engels, dessen Herrlichkeit die ganze Welt erleuchten wird [siehe Offb 18,1], hat begonnen zu scheinen. *Jetzt ist es die Aufgabe aller*, zu denen die Warnungsbotschaft durchgedrungen ist, *auf Jesus hinzuweisen*."[66]

Meines Wissens ist Ellen White auf diese Aussage nie wieder zurückgekommen. Alonzo Jones dagegen machte sie während der Generalkonferenzversammlung von 1893 zu einem wichtigen Thema. Dabei verwechselte er allerdings den „Spätregen" (die Erfüllung mit dem Heiligen Geist – einer Person) mit dem „lauten Ruf" (einer Botschaft). Auch einige Anhänger der Botschaft von 1888 haben im 20. Jahrhundert diese wenigen Sätze Ellen Whites, die sich in anderen Zusammenhängen nicht finden, ausführlich interpretiert.[67]

Ellen Whites Schweigen zu diesem Thema hat etwas zu bedeuten; es kann am einfachsten im Lichte ihrer Äußerungen zur Bedeutung der dritten Engelsbotschaft erklärt werden, die wir gerade untersucht haben. Offenbar hatte sie ihre Aussage über den „lauten Ruf" im November 1892 anders gemeint, als manche sie verstanden haben. Wir müssen die relativ kurze (und nahezu isolierte) Passage im Zusammenhang mit ihren eindeutigen Aussagen über die Botschaft von Jones und Waggoner und der Beziehung dieser Botschaft zu Offenbarung 14,12 interpretieren. Man kann das, was Ellen White meinte, folgendermaßen zusammenfassen:

---

[66] *Advent Review and Sabbath Herald*, 22. November 1892; zitiert in *Für die Gemeinde geschrieben*, Bd. 1, S. 282f. (rev., Hervorhebungen von mir)

[67] Z. B. Robert J. Wieland, *The 1888 Message*, verstreut auf S. 25–31; R. J. Wieland und Donald K. Short, *1888 Re-examined*, revidierte Ausg., S. 91–114; R. J. Wieland, „Letter to the Editor", *Ministry*, Juni 1988, S. 2.

Die Beziehung zwischen Offenbarung 14,12 und dem „lauten Ruf" im Schrifttum Ellen Whites

Die Formel: *Die Gebote Gottes* **und** *der Glaube an Jesus* = eine vollständige Botschaft oder der „laute Ruf"

Der Inhalt: Betonung der adventistischen Lehre vom Gesetz | Betonung der Grundlage des Christseins: Erlösung durch den Glauben

Verfechter: Gepredigt von den Adventisten, aber vernachlässigt von der Heiligungsbewegung | Gepredigt von der Heiligungsbewegung, aber vernachlässigt von den Adventisten

Wenn wir den „lauten Ruf" als eine vervollständigte Botschaft verstehen, wird Ellen Whites Aussage vom November 1892 verständlicher. Sie enthält drei Elemente:

1. Der „laute Ruf" begann 1888 mit der Verkündigung des zweiten Teils von Offenbarung 14,12 – dem „Glauben an Jesus". In der Zeit davor verkündigten die Adventisten nur eine unvollständige Botschaft, weil sie nicht das ganze Evangelium, nämlich die ausgewogene Verbindung von Gesetz und Evangelium, predigten.

2. Die Zusammenführung der beiden Elemente durch Jones und Waggoner gab der Gemeinschaft die vollständige Botschaft von Offenbarung 14,12, die vor der in den folgenden Versen angekündigten großen Ernte (V. 14–20) gepredigt werden muss. Deshalb war 1888 der Beginn des „lauten Rufes".

3. Der laute Ruf begann 1888, weil die Adventisten jetzt beides hatten: Eine „Warnungsbotschaft" (die Gebote Gottes im Gegensatz zum „Zeichen des Tieres"), und eine Botschaft, die Jesus erhöht.

Das ist es, was Ellen White 1892 gesagt hat. Wer in ihre Aussage einen Hinweis auf den „Spätregen" hineinliest, und darin eine der wichtigsten Aussagen der Adventgeschichte sieht, geht über das hinaus, was Ellen White 1892 und in ihrem gesamten Schrifttum gesagt hat. Alonzo Jones hat viel in ihre Äußerung über den lauten

Ruf hineingelesen, aber das bedeutet nicht, dass er Recht hatte. In Kapitel 6 werden wir auf diese Angelegenheit zurückkommen. Waggoners Studien über den Römerbrief, die er auf der Generalkonferenzversammlung 1891 präsentierte, scheinen die Schlussfolgerungen dieses Kapitels zu bestätigen. Nachdem er hervorgehoben hatte, dass die Evangeliumsbotschaft, die er verkündigte, dieselbe sei wie die von Paulus, fragte er, ob das etwa bedeute, dass die Adventisten nun „alle Glaubenslehren, die wir gepredigt haben, verwerfen müssen. Nein, auf keinen Fall", antwortete er selbst. „Predigt sie zur Zeit und zur Unzeit; aber predigt dabei nichts als Christus, den gekreuzigten Christus. Denn wenn ihr über die Lehren sprecht, ohne dabei Christus, den Gekreuzigten, zu verkündigen, beraubt ihr die Menschen ihrer Kraftquelle." Dann erklärte er ausführlich, welche Beziehung zwischen den adventistischen Unterscheidungslehren und der christlichen Grundwahrheit des Evangeliums besteht.

Waggoner schloss mit dem Gedanken: „Die dritte Engelsbotschaft umfasst das *ganze Evangelium* von Jesus Christus." Sie enthält sowohl jene „Lehren, die uns von der Welt unterscheiden", als auch Jesus Christus, den Gekreuzigten. Der Grund, warum die Botschaft nicht kraftvoll verkündigt worden ist, sei in der Tatsache zu suchen, dass „in der Vergangenheit viele" Adventisten „nicht verstanden haben, dass Christus das Herzstück der gesamten Botschaft ist und sonst nichts. Wenn wir Christus haben, und uns ihm unterordnen … wird seine Kraft auf uns ruhen, und das Wort, das wir predigen, begleiten … Ich freue mich heute Abend in dem Glauben, dass der laute Ruf jetzt beginnt."[68]

Ellen White war 1888 gezeigt worden, welche Beziehung zwischen Offenbarung 14,12, dem lauten Ruf und dem Spätregen besteht. Sie nannte die dritte Engelsbotschaft die „gegenwärtige Wahrheit" und sagte, der sie begleitende Engel habe ihr gesagt, „vom Gesetz [die Gebote Gottes] und vom Evangelium der Gerechtigkeit [der Glaube an Jesus] muss noch viel Licht ausgehen. Wenn der wahre Charakter dieser Botschaft [des lauten Rufes] verstanden und die Botschaft in der Kraft des Geistes [dem Spätregen] verkündigt wird, wird sie die

---

[68] *General Conference Bulletin* 1891, S. 238–246 (Hervorhebungen von mir).

Erde mit ihrer Herrlichkeit erleuchten ... Der Abschluss der dritten Engelsbotschaft wird von einer Kraft begleitet sein, die die Strahlen der ‚Sonne der Gerechtigkeit' [Mal 3,20] zu allen Menschen senden wird."[69] Dies verkündigte sie den versammelten Delegierten.

Wir halten fest: Wir haben keine Hinweise dafür gefunden, dass Gott die Botschaft des „lauten Rufes" und die Kraft des Heiligen Geistes durch den „Spätregen" zeitlich voneinander trennen wollte. Offensichtlich sollten beide gleichzeitig beginnen. Ellen White deutete jedoch an: Die Gemeinschaft hat die Botschaft des „lauten Rufes" zwar 1888 empfangen, aber der hässliche unchristliche Geist, der die Auseinandersetzung über das Gesetz im Galaterbrief beherrschte, blockierte die Ausgießung des Spätregens.[70] Sie schrieb später an Uriah Smith: „Indem Satan diesen Widerstand [gegen Waggoner und Jones] anstachelte, schaffte er es in hohem Maße, die besondere Kraft des Heiligen Geistes, die Gott ihnen so sehnlich schenken wollte, von unseren Gemeindegliedern fernzuhalten.. Der Feind hat verhindert, dass sie mit der Wirksamkeit [dem Spätregen] ausgestattet wurden, die es ihnen ermöglicht hätte, aller Welt die Wahrheit [der laute Ruf der dreifachen Engelsbotschaft] zu verkündigen, so wie es die Apostel nach Pfingsten taten. Gegen das Licht, das alle Welt mit seiner Herrlichkeit erleuchten sollte [siehe Offb 18,1 EB; d. h. die Botschaft des lauten Rufes, belebt durch die Kraft des Spätregens], wurde Widerstand geleistet. Und durch dieses Verhalten haben unsere eigenen Brüder in einem starken Maß das Licht von der Welt ferngehalten."[71]

Abschließend können wir also sagen: Obwohl der laute Ruf 1888 begann, ist die Bevollmächtigung, ihn in seiner Fülle zu verkündigen, während der letzten 120 Jahre ausgeblieben. Wenn das so ist, müssen wir fragen, woran das gelegen hat. Es gibt mehrere mögliche Antworten. Eine lautet: Die Gemeinschaft hat den Spätregen während der Generalkonferenzversammlung 1893, als der Heilige Geist Alonzo Jones machtvoll inspirierte, zurückgewiesen. In Kapi-

---

[69] Manuskript 15, November 1888 (Hervorhebungen von mir).
[70] *Advent Review and Sabbath Herald*, 22. November 1892, S. 722.
[71] Brief Ellen G. White an Uriah Smith, 6. Juni 1896; zitiert in *Für die Gemeinde geschrieben*, Bd. 1, S. 247f. (rev.).

tel 6 werden wir diese Behauptung untersuchen. Eine zweite Antwort lautet: Die Gemeinschaft der Siebenten-Tags-Adventisten hat den „Geist von Minneapolis" (siehe Kapitel 4) nie wirklich überwunden und auch die Liebe Christi nie ganz in sich aufgenommen. Wenn ihre Mitglieder diese Hemmnisse eines Tages beseitigen, so sagte Ellen White voraus, „wird es sein wie damals, als die Mauern Jerichos vor den Augen Israels zusammenstürzten".[72] Zu dieser zweiten Antwort auf die Frage nach dem Grund der Verzögerung des Spätregens werde ich in Kapitel 7 Stellung nehmen.

Bevor wir wieder zum „lauten Ruf" und zum „Spätregen" zurückkehren, werden wir einigen anderen Themen nachgehen, die uns helfen, die Ursachen der Krise auf der Generalkonferenz von Minneapolis zu verstehen. Eines der wichtigsten hat mit den Persönlichkeiten der Hauptprotagonisten der Auseinandersetzung zu tun.

---

[72] Manuskript 26, circa Oktober 1888.

Wenn Heilige sich streiten

Kapitel 3

Persönlichkeitsstrukturen – Mitursache der Krise

Bei den Auseinandersetzungen während der Generalkonferenzversammlung 1888 spielten persönliche Konflikte eine zentrale Rolle. Beteiligt waren vor allem vier Personen. George I. Butler (1834–1918) und Uriah Smith (1832–1903) repräsentierten die „alte Garde", das Establishment in Battle Creek, dem Sitz der Generalkonferenz, des Review and Herald-Verlags und anderer wichtiger Institutionen. Butler war von 1871 bis 1874 und dann ab 1880 erneut Präsident der Generalkonferenz. Smith war seit 1855 fast ununterbrochen Chefredakteur der wichtigsten Zeitschrift der Gemeinschaft, des *Advent Review and Sabbath Herald,* und galt als die unangefochtene adventistische Autorität auf dem Gebiet der Auslegung der Prophetie.[1] Sein Buch *Gedanken über Daniel und die Offenbarung* war ein Bestseller – sowohl bei Adventisten als auch bei Nichtadventisten.

Die beiden Gegenspieler von Smith und Butler waren Alonzo T. Jones (1850–1923) und Ellet J. Waggoner (1855–1916), die seit Mitte der 1880er-Jahre in Kalifornien gemeinsam Redakteure der Zeitschriften *Signs of the Times* und *American Sentinel* waren.[2] Sie waren jünger als Smith und Butler, lebten im progressiven Kalifornien und besaßen innerhalb der Freikirche der Siebenten-Tags-Adventisten noch keine Autorität. Alle diese Faktoren trugen zu dem Bruch zwi-

---
[1] Die vollständigsten Biographien über sie sind Emmet K. Vande Vere, *Rugged Heart: The Story of George I. Butler* (Nashville 1979), und Eugene F. Durand, *Yours in the Blessed Hope, Uriah Smith* (Washington D. C. 1980).
[2] Die vollständigsten Biographien über sie sind George R. Knight, *From 1888 to Apostasy: The Case of A. T. Jones* (Washington D.C. 1987), und Woodrow W. Whidden II, *E. J. Waggoner – From the Physician of Good News to Agent of Division* (Hagerstown 2008).

schen den beiden Parteien bei. In Minneapolis standen die jungen Reformer aus dem Westen den älteren Traditionalisten aus dem Osten gegenüber. Jeder brachte seine eigene Persönlichkeit mit und die ihm eigene Art, mit Problemen und Kontroversen umzugehen. Beides hatte Einfluss auf das Geschehen in Minneapolis und seine Nachwirkungen.

Persönlichkeitsprofile der Kontrahenten

George Butler konnte in seinen besten Stunden ziemlich ehrlich mit sich selbst sein. Die wohl genaueste und aufschlussreichste Aussage über seine Persönlichkeit machte er in einem Brief, den er Ende 1886 an Ellen White schrieb: „Ich habe von Natur aus … zu viel Eisen in meinem Wesen", und erklärte dies so: „Die Schule, durch die ich gehen musste, um mit den unterschiedlichsten Situationen umgehen zu können, war dazu angetan, dass das Eisen in mir blieb und mich hart machte."[3] Diese Bemerkung hilft uns, die Härte von vielen adventistischen Leitern im 19. Jahrhundert zu verstehen. Denn es war nicht leicht, eine kleine, verachtete Bewegung in einer Zeit zu führen, in der die Blamage der Milleriten durch das Ausbleiben der Wiederkunft Christi 1844 der Öffentlichkeit noch gut in Erinnerung

---

[3] Brief George I. Butler an Ellen G. White, 24. Dezember 1886.

war. Zudem bot die Adventgemeinde keine irdische Sicherheit und hatte keine Institutionen, die einem ein gewisses Prestige verleihen konnten. Als George Butler seine Predigerlaufbahn begann und erste administrative Aufgaben übernahm, konnten nur willensstarke Männer erfolgreich sein. Die meisten adventistischen Vorkämpfer brauchten in der damaligen Zeit einen eisernen Willen.

George Butler besaß die Eigenschaften, die erforderlich waren, um in einer solchen Zeit zu überleben, aber der Preis, den er dafür zahlen musste, war das „Eisen" in seinem Wesen. In Bezug auf die durch die Sonntagsgesetze entstandenen Probleme bekannte er sich zu seiner „kämpferischen Natur": „Manche von uns ... sind nicht sehr widerstandsfähig", schrieb er an Ellen White.[4] Als er zu Beginn der Auseinandersetzungen über den Galaterbrief merkte, dass er zu aggressiv war, schrieb er ihr, er wäre „gern wie Jesus – weise, geduldig, freundlich, weichherzig und offen", jemand, der „Gerechtigkeit und Fairness gegenüber allen liebt". Er klagte darüber, „dass noch sehr viel menschliche Natur in mir ist" und er „sehr mit dem alten Menschen zu kämpfen hat". Er wünschte sich, seine alte Natur möge „sterben; VÖLLIG STERBEN".[5]

Dieser Wunsch erfüllte sich jedoch zu langsam. Heiligung war für Butler – wie für die meisten von uns – ein Prozess, der ein Leben lang andauert. Ihm fehlte ein gutes Maß der Liebe Jesu im Herzen. In einem Brief an John Harvey Kellogg schrieb er 1905 einsichtig: „Ich bin ein ziemlich harter, alter Kerl und mache mir meine eigenen Gedanken. Du hast den Nagel auf den Kopf getroffen, als du einmal sagtest: ‚Wenn Bruder Butler seine Pfähle eingeschlagen hat, kannst du genauso gut mit einem Pfosten argumentieren.' So ungefähr ist es tatsächlich; allerdings versuche ich, stets sorgfältig zu überlegen, bevor ich meine Pfähle einschlage. Aber danach fällt es mir sehr schwer, sie wieder herauszureißen."[6] Es war dieser Wesenszug, der dazu führte, dass Butler im Streit um das Gesetz im Galaterbrief 1888 bis zum bitteren Ende kämpfte. Kein Wunder,

---
[4] Brief George I. Butler an Ellen G. White, 22. November 1886.
[5] Briefe George I. Butler an Ellen G. White, 24. Dezember 1886, 16. November 1886 und 16. Dezember 1886.
[6] Brief George I. Butler an John Harvey Kellogg, 4. Juli 1905.

dass Emmet Vande Vere seiner Biographie über Butler den Titel „Schroffes Herz" gab.

Eine andere Eigenart Butlers, die uns hilft zu verstehen, welche Rolle er in Minneapolis spielte, zeigte sich in seinem Führungsstil. Er hatte eine ziemlich hohe Meinung von der Position des Präsidenten der Generalkonferenz. 1873 schrieb er mit Blick auf James White, es habe noch nie eine „große Bewegung in dieser Welt gegeben ohne eine Führungspersönlichkeit; das liegt in der Natur der Sache. Da den Menschen unterschiedliche Gaben verliehen werden, erkennen einige klarer als andere, was einem Werk am besten dient. Und das Beste für alle Beteiligten an einer Sache wird erreicht, wenn alle dem Rat derer folgen, die am besten dazu qualifiziert sind zu leiten."[7]

George Butler hatte Leitungsfähigkeiten geerbt. Sein Großvater hatte von 1826 bis 1828 als Gouverneur von Vermont gedient. Und er machte sich seine eben zitierte Ansicht von Leiterschaft zu eigen und sah sich nicht nur als starken Leiter, der von oben her regieren soll, sondern auch als eine Art theologischen Wächter, der Lehrfragen „besser beurteilen" kann als andere.[8]

Uriah Smith, der seit dem Tod von James White 1881 mit Butler das Führungsduo bildete, hatte seit der Einrichtung der Generalkonferenz der Siebenten-Tags-Adventisten im Jahre 1863 mit Ausnahme von drei Jahren als ihr Sekretär im dreiköpfigen Vorstand gedient. Als ein Leiter, dessen Statur im Adventismus niemand übertraf, dachte er genauso wie Butler. Seit 1855 war Smith als Redakteur des *Review* tätig; bis 1888 hatte er fast 25 Jahre als ihr Chefredakteur gedient.[9] In vieler Hinsicht sah er sich eher als Eigentümer der Zeitschrift statt als ihr Redakteur. Eine der Zeitungen von Minneapolis, die 1888 über Smiths Ankunft in der Stadt berichtete, schrieb: „Der Kirchenälteste Uriah Smith steht ... in dem Ruf, einer der fähigsten Autoren und Redner dieser Konferenz zu sein; er ist außerdem ein ausgezeichneter Gelehrter".[10]

---

[7] George I. Butler, *Leadership*, Battle Creek 1873, S. 1; vgl. George Butler, *Advent Review and Sabbath Herald*, 18. November 1873, S. 180.
[8] Brief George I. Butler an Ellen G. White, 1. Oktober 1888.
[9] *Seventh-day Adventist Encyclopedia*, Ausg. 1976, S. 495, 1210.
[10] St Paul *Pioneer Press*, 17. Oktober 1888, S. 6.

Uriah Smith sah sich, ebenso wie Butler, als Hüter der adventistischen Rechtgläubigkeit. Über seine Haltung als Redakteur zu einigen der neuen Ansichten von Alonzo Jones schrieb er 1892 bündig: „Jahrelange Studien und Beobachtungen im Werk haben in mir bestimmte Überzeugungen gefestigt, und ich bin nicht bereit, sie einfach aufzugeben, nur weil ein Anfänger mit einer neuen Idee daherkommt."[11] Das war auch bestimmt seine Einstellung 1888 gegenüber der „neuen Theologie" von Waggoner und Jones. Uriah Smith und George Butler dachten gar nicht daran, ihre Position zugunsten der Lehren der jungen Männer aus Kalifornien aufzugeben – im Gegenteil. Wenn Butler das „Schroffe Herz" Nummer 1 war, dann war Smith die Nummer 2.

Jones und Waggoner: Einige ihrer Wesenszüge waren nicht gerade förderlich für eine Verständigung mit ihren älteren Kollegen. Anfang 1887 schrieb Ellen White beiden einen Brief, der sie von ihrer aggressiven Vorgehensweise abbringen und verhindern sollte, dass sie ihre umstrittenen Lehren mitten in der Krise über die Sonntagsgesetze veröffentlichten. „Bruder [Joseph] Waggoner liebte Diskussionen und Streit. Ich fürchte, dass [sein Sohn] Ellet die gleiche Neigung hat", schrieb sie. „Aber jetzt ist Demut im Glauben gefragt.

---

[11] Brief Uriah Smith an Asa T. Robinson, 21. September 1892.

Ellet Waggoner braucht Bescheidenheit und Sanftmut, und Bruder Jones kann viel Gutes bewirken, wenn er sich ständig um praktische Frömmigkeit bemüht."[12]

Zur Entlastung von Jones und Waggoner muss gesagt werden, dass beide positiv auf Ellen Whites Tadel vom Februar 1887 reagierten. Ellet Waggoner schrieb ihr am 1. April, der Rat sei „nötig" gewesen und „zur richtigen Zeit" gegeben worden. Er hatte eingesehen, dass er zwar geglaubt habe, „nur aus lauteren Motiven" geschrieben zu haben, könne jetzt aber „deutlich erkennen, dass auch ein guter Teil persönliche Eitelkeit mit im Spiel gewesen ist". Auch bedauerte er, dass er dem Geist der Kritik und „des Streites zu viel Raum gegeben" habe.[13] Diese Einsicht führte zu der Entscheidung, sein Buch über den Galaterbrief nicht zu veröffentlichen. Dabei blieb er auch, bis ihn im Herbst 1888 die Ereignisse wieder umstimmten. Auch Alonzo Jones bedauerte seinen Anteil an den Streitigkeiten und seine charakterlichen Mängel.[14] Es fiel ihm aber schwerer als Waggoner, die Lektionen, die er gelernt hatte, in die Tat umzusetzen, und nicht mehr so aggressiv vorzugehen.

Alonzo Jones war also der dritte schwierige Charakter im Konflikt auf der Generalkonferenzversammlung in Minneapolis. Seine Persönlichkeitszüge

---

[12] Brief Ellen White an E. J. Waggoner und A. T. Jones, 18. Februar 1887.
[13] Brief Ellet J. Waggoner an Ellen G. White, 1. April 1887.
[14] Brief Alonzo T. Jones an Ellen G. White, 13. März 1887.

wirkten besonders provozierend auf seine Gegner. Ellen White ermahnte ihn wiederholt, nicht so harte Worte zu gebrauchen, aber Jones schien zwischen Offenheit und Schroffheit nicht unterscheiden zu können. Besonders deutlich wurde das, als 1901 seine Kandidatur für das Amt des Präsidenten der Kalifornienvereinigung infrage gestellt wurde, weil seine „direkte und schonungslose Art zu reden ... die Leute verletzt". Jones akzeptierte den Vorwurf, erklärte jedoch: „Es kann mir nicht leidtun, weil das nun einmal zum Christentum dazugehört."[15] In dem anschließenden Gespräch zeigte sich, dass Jones auf diesem Gebiet einem falschen Konzept anhing, das seinen Dienst als Prediger schon in der Vergangenheit geprägt hatte.

Alonzo Jones hatte in den 1870er-Jahren als Feldwebel in der Armee gedient und den Befehlston im Umgang mit anderen nie ganz abgelegt. Seine arrogante Überzeugung, immer Recht zu haben, verschlimmerte diese Tendenz beträchtlich.

Seine Schärfe trug viel dazu bei, den Ton während der Generalkonferenzversammlung in Minneapolis zu bestimmen, als er damit herausplatzte, die Delegierten sollten ihn nicht dafür verantwortlich machen, dass Uriah Smith gewisse historische Einzelheiten in Bezug auf Daniel 7 nicht kannte.[16] Jones hatte seine Hausaufgaben gemacht; er wusste, dass er Recht hatte und wollte das allen klarmachen. Während solch eine bestimmte Haltung ihm in seinem Anliegen gegenüber einem Patriarchen der Gemeinschaft wenig half, kam es ihm jedoch in den Hallen des Kongresses der Vereinigten Staaten und anderswo zugute, um sich in der Frage der Sonntagsgesetze Gehör zu verschaffen, was einem schüchternen Menschen sicher nicht gelungen wäre. Seine Laufbahn zeigt, dass er niemanden fürchtete, in Auseinandersetzungen förmlich aufblühte und keinem Konflikt aus dem Wege ging, wenn es um seine Glaubensüberzeugungen ging. Er konnte genauso hartnäckig sein wie Butler und Smith, wenn er für seine Ansichten einstehen musste.

---

[15] Confession of A. T. Jones, unveröffentlichtes Manuskript, 13. Juni 1901.
[16] Asa T. Robinson, „Did the Seventh-day Adventist Denomination Reject the Doctrine of Righteousness by Faith?", unveröffentlichtes Manuskript, 30. Januar 1931.

Ellet Waggoner war der Jüngste der vier Wortführer in Minneapolis, 1855 geboren. 1878 bekam er in New York City den Titel eines Doktors der Medizin verliehen. Als Arzt zu arbeiten füllte ihn jedoch nicht aus. Deshalb wurde er Prediger und erhielt 1883 einen Ruf als beigeordneter Redakteur der *Signs of the Times*;[17] er sollte seinem Vater Joseph helfen, der Kontroversen liebte.

Den entscheidenden theologischen Wendepunkt erlebte der junge Ellet Waggoner im Oktober 1882 während einer Zeltversammlung in Healdsburg (Kalifornien). Während eines Vortrags wurde ihm eine – wie er es nannte – „außerbiblische Offenbarung" zuteil. „Plötzlich war ich von Licht umgeben; das ganze Zelt war von einem Licht erfüllt – viel heller als die Mittagssonne, und ich sah Christus am Kreuz hängen, *gekreuzigt für mich*. In diesem Augenblick wurde mir zum ersten Mal deutlich bewusst, dass Gott *mich* liebt, und dass Christus *für mich* gestorben ist."

Waggoner „wusste, dass dieses Licht ... eine Offenbarung war, die direkt aus dem Himmel kam". Er beschloss noch am selben Tage, „die Bibel im Lichte dieser Offenbarung zu studieren", um anderen „helfen zu können, auch diese Wahrheit zu erkennen ... Wo immer ich in dem Heiligen Buch las, begegnete mir Christus als die Kraft

---

[17] Woodrow W. Whidden II, *E. J. Waggoner – From the Physician of Good News to Agent of Division* (Hagerstown 2008), S. 40f., 45.

Gottes zur Erlösung der Menschen – und nichts anderes."[18] Es war diese „Offenbarung", die Waggoner schließlich zu einem gründlichen Studium des Galaterbriefes führte. Natürlich fand er darin das Evangelium. Allerdings führte ihn diese Entdeckung während der Generalkonferenzversammlung 1888 in Minneapolis in die direkte Auseinandersetzung mit dem Smith-Butler-Lager.

Die traditionelle Version des gesetzesorientierten Adventismus hatte Ellet Waggoner kalt gelassen. Seinen christozentrischen Ansatz gab er nie wieder auf, auch nicht, als er die Freikirche der Siebenten-Tags-Adventisten 1903 verließ. Seine Unbeirrbarkeit stellt ihn auf eine Stufe mit Butler, Smith und Jones. Obwohl er nicht ganz so aggressiv vorging wie sie, konnte er in jedem Tauziehen seinen Mann stehen. Die starken Persönlichkeiten dieser vier Teilnehmer an der Versammlung machten die Auseinandersetzungen in Minneapolis praktisch unausweichlich.

Minneapolis und die Zeit danach

George Butler war wütend, als Anfang Oktober 1888 abzusehen war, dass die jungen Reformer aus dem Westen ihre „neue Theologie" auf der Generalkonferenzversammlung in Minneapolis präsentieren würden, denn in seinen Augen stellte sie eine Bedrohung für die Gemeinschaft dar. Derselbe Mann, der zwei Jahre zuvor gewünscht hatte, dass er allen gegenüber gerecht und fair sein möge, war jetzt entschlossen zu verhindern, dass die Problematik der zehn Hörner von Daniel 7 und des Gesetzes im Galaterbrief öffentlich erörtert wurde. Donnernd ließ er Ellen White wissen, dass er „der oberste Leiter in dieser Gemeinschaft" war und teilte ihr mit, dass die Probleme, mit denen die Gemeinde konfrontiert war, ihn zu einem körperlichen und emotionalen Wrack gemacht hätten. Er sei „mit den Nerven total am Ende" und „im Haus seiner Freunde geschlachtet" worden. Er deutete an, dass er sein Amt als Präsident der Generalkonferenz aufgeben würde. Die Krise habe die Gemein-

---

[18] Ellet J. Waggoner, *Confession of Faith*, unveröffentlicht, 1916, S. 3f.; *The Everlasting Covenant*, London 1900, S. v; vgl. *E. J. Waggoner*, S. 19.

schaft in die „Zeit der Sichtung" geführt, behauptete er. Ganz besonders verärgerte ihn, dass Ellen White ihm als dem Generalkonferenzpräsidenten nicht den Rücken stärkte und Jones und Waggoner nicht in die Schranken verwies. Er deutete sogar an, sie habe sich mit ihnen und ihrem Sohn verbündet.[19]

Ellen White gab ihm in ihrer Antwort zu verstehen, dass sie seine hohe Meinung vom Amt des Präsidenten der Freikirche nicht teilen könne. Am 14. Oktober schrieb sie ihm: „Ich vermisse in deinem Brief den richtigen Ton. Ich kann in deinen Äußerungen über andere nicht die Liebe und den Respekt erkennen, die unter Brüdern herrschen sollte." Wenn Butler glaube, er dürfe in seinem Herzen unchristliche Gefühle gegenüber den jungen Männern hegen, die Gott zu Leitern mache, dann habe er seine Position als Präsident der Generalkonferenz überhaupt nicht verstanden. „Mir ist Angst und Bange um dich und Bruder Smith … Denkt nicht, dass euch der Herr mit eurer Position auch die alleinige Entscheidungsbefugnis darüber übertragen hat, ob Gottes Volk noch mehr Licht und Wahrheit zuteil werden soll oder nicht."

Ellen White führte Butlers Zustand auf seine Selbstgenügsamkeit, seine Vorurteile, seine Eifersucht, seinen ungeheiligten Ehrgeiz und die Vermischung seiner „natürlichen Charakterzüge" mit seiner Arbeit zurück. Sie ließ ihn wissen, dass er noch sehr viel lernen müsse, sowohl in Bezug auf das praktische Christentum als auch auf die Leitungsaufgaben in der Gemeinschaft. Das Amt des Präsidenten gäbe „ihm keine Macht über das Gewissen anderer"; vielmehr biete es ihm die Gelegenheit, ein christliches, nachahmenswertes Vorbild zu sein.[20]

Ellen Whites Worte brachten den geistig erschöpften Butler leider nicht von seinem Kurs ab. Gegen Ende der Generalkonferenzversammlung von 1888 schrieb sie an ihre Schwiegertochter: „Der Geist eines kranken Mannes gibt im Ausschuss der Generalkonferenz den Ton an; die Prediger sind nur Bruder Butlers Echo und

---

[19] Brief George I. Butler an Ellen G. White, 1. Oktober 1888.
[20] Brief Ellen G. White an George I. Butler, 14. Oktober 1888. Vgl. Brief an George I. Butler, 15. Oktober 1888.

sein Schatten – schon zu lange, als es für das Werk gesund und gut ist. Bruder Butler ... ist schon drei Jahre zu lange im Amt und jetzt hat ihn alle Demut und Sanftmut des Geistes verlassen. Er denkt, seine Position gäbe ihm so viel Macht, dass er unfehlbar wäre in dem, was er sagt."[21]

Das alles war zu viel – selbst für jemanden wie George Butler. Nicht lange nach der Versammlung in Minneapolis gingen er und seine Frau in den vorzeitigen Ruhestand. Er begründete das im *Review* damit, in Florida seine Gesundheit wiederherstellen zu wollen.[22] Sechs Tage vor seiner Abreise Mitte Dezember in den Süden schickte Ellen White ihm einen Brief, in dem sie ihn einen Feind ihrer Zeugnisse und einen unbekehrten Menschen nannte. Zum Schluss forderte sie ihn auf, sein Verhalten zu ändern.[23]

Sie schrieb noch viele weitere Briefe an Butler und flehte ihn an, seinen Eigensinn im Vorfeld der Versammlung in Minneapolis einzugestehen. Aber Butler war zu einem solchen Eingeständnis nicht bereit, wenigstens einige Jahre lang nicht. Rückblickend auf seine ersten Monate in Florida schrieb er 1905: „Manchen Menschen fällt es sehr schwer, ein Bekenntnis abzulegen. Ich habe Ellen White immer wieder gesagt, als ich in Florida war, dass ich kein Bekenntnis [meiner Fehler] ablegen kann und will, wenn ich nicht erkennen kann, dass es zu Recht von mir verlangt wird. Sie hat mir wegen der Versammlung in Minneapolis und ähnlicher Dinge wiederholt geschrieben, und jedes Mal habe ich ihr geantwortet, ich sähe überhaupt keinen Sinn darin, ein Bekenntnis abzulegen, für das es gar keinen Grund gibt. Daran habe ich immer festgehalten, obwohl es mich in eine sehr schwierige Lage brachte, denn ich glaubte doch an ihre Zeugnisse." Niemals würde er behaupten, es sei alles in Ordnung, wenn das gar nicht der Fall sei, schrieb er.[24]

Auch andere versuchten, Butler umzustimmen. Dan T. Jones (von 1888 bis 1891 Sekretär der Generalkonferenz) schrieb ihm zum Bei-

---

[21] Brief Ellen G. White an Mary White, 4. November 1888.
[22] *Advent Review and Sabbath Herald*, 15. Januar 1889, S. 41f.
[23] Brief Ellen G. White an George I. Butler und Frau, 11. Dezember 1888.
[24] Brief George I. Butler an John Harvey Kellog, 11. Juni 1905. Vgl. Brief George I. Butler an Ellen G. White, 24. September 1892.

spiel des Öfteren. „Wir können es uns nicht leisten, unser Leben zu zerreiben" wegen vergangener Fehler, erklärte er ihm im April 1890.[25]

Aber Butler hatte beschlossen, es zu tun. Anfang 1893 hatte seine Frustration anscheinend den Höhepunkt erreicht. Er bat die Gemeinschaft, seine Beglaubigung als Prediger nicht zu erneuern. (Es war das einzige Mal in der Geschichte der Generalkonferenz, dass ein ehemaliger Präsident eine solche Bitte aussprach.) Die Generalkonferenzversammlung weigerte sich jedoch, diese Bitte zu erfüllen.[26]

Wahrscheinlich wollte Butler das Predigtamt gar nicht aufgeben; sein Gesuch war vielmehr die unausgesprochene Frage „Werde ich noch gebraucht?", auf die er eine Antwort haben musste. Der Grund für diese Frage wurde erst einige Monate später klar. Eine christliche Gemeinschaft in seiner Nachbarschaft hatte ihn eingeladen, an der Einweihung ihrer neuen Kirche teilzunehmen. Bald darauf beschlossen die Mitglieder dieser Kirche einstimmig, ihm das Vorrecht anzubieten, in ihren Räumen Versammlungen abzuhalten, wenn die Gemeinde sie nicht brauchte. Butler „nahm dies als Zeichen, dass der Herr ihn aufforderte, wieder zu predigen". Er nahm das Angebot an und sprach zum ersten Mal seit vier Jahren wieder vor einer Zuhörerschaft. Das war der Beginn, als „das alte Feuer und die frühere Liebe ... in seinem Herzen wieder lebendig wurden", erklärte er. Es war offenbar in dieser Zeit, dass Butler seinen Versuchsballon steigen ließ, um in Erfahrung zu bringen, wie es um seine Beglaubigung als Prediger stand. Nicht lange danach bat er um ein Zelt und einen Assistenten, um mit seinen Versammlungen fortfahren zu können, falls er das Nutzungsrecht des Kirchengebäudes verlieren sollte.[27]

George Butler war außer sich vor Freude über das positive Zeichen der Generalkonferenzversammlung und erklärte in einem Brief an Stephen Haskell, er würde am liebsten ausrufen: „Die

---

[25] Brief Dan T. Jones an George I. Butler, 14. April 1890.
[26] Brief Ole A. Olsen an George I. Butler, 31. März 1893.
[27] Briefe Ole A. Olsen an Ellen G. White, 23. Juli 1993; an L. H. Crisler, 21. Juni 1893; an George I. Butler, 26. Juni 1893.

lieben Brüder haben sich verschworen, den alten Sünder durch Freundlichkeit zu überwinden." Er konnte zwar immer noch nicht glauben, „dass Gott Waggoner damit beauftragt hatte, die Gemeinschaft in den Streit über den Galaterbrief zu ziehen", erklärte aber, Gott habe aus diesem Konflikt Gutes entstehen lassen – vor allem, weil jetzt die Rechtfertigung aus Glauben und die Gerechtigkeit Christi mehr Beachtung fänden.[28] Im Juni 1893 veröffentlichte Butler seinen neuen Standpunkt in der Gemeindezeitschrift *Review*. Er schrieb, Gott habe die Gemeinschaft durch das Ringen um „die Notwendigkeit, sich die Gerechtigkeit Christi im Glauben zu eigen zu machen", gesegnet. Was er früher bekämpft hatte, „befürwortete" er nun „freiwillig".[29]

In seinem Brief an Stephen Haskell gab der ehemalige Generalkonferenzpräsident zu, es sei für ihn wahrscheinlich das Beste gewesen, die Arbeit in der Gemeinde für eine gewisse Zeit zu verlassen; Ellen White habe ihn zu guter Letzt davon überzeugt, dass er zu einem Hindernis für die Weiterentwicklung der Gemeinschaft geworden war. „Die vergangenen Jahre haben mich zutiefst gedemütigt; aber verglichen mit der Weiterentwicklung des Werkes ist das nicht so wichtig", schrieb er.[30] Im Herbst 1894 lud Butler sogar Jones ein, ihm bei der Zeltversammlung in Florida zu helfen.[31]

Uriah Smith war über die Generalkonferenzversammlung in Minneapolis ebenfalls tief enttäuscht. Verärgert gab er im November 1888 seinen Posten als Sekretär der Generalkonferenz auf, den er so lange innegehabt hatte. Er war jedoch nicht so dreist wie Butler und blieb Chefredakteur des *Review*. Er stritt sich auch weiterhin oft mit Alonzo Jones über prophetische Auslegungen und andere Angelegenheiten. Sein Ansehen als Redakteur nahm in jenen Jahren im Vergleich zur Popularität des charismatischen Jones immer mehr ab, zumal der Ende 1892 zum beliebtesten und am meisten gehörten Prediger in der Gemeinschaft geworden war. Seine

---

[28] Brief George I. Butler an Stephen N. Haskell, 22. April 1893.
[29] *Advent Review and Sabbath Herald*, 13. Juni 1893, S. 377.
[30] Brief George I. Butler an Stephen N. Haskell, 22. April 1893.
[31] Brief Robert M. Kilgore an Leroy T. Nicola, 11. Oktober 1894, vgl. Kilgore, *Advent Review and Sabbath Herald*, 14. Dezember 1894, S. 764.

schlimmste Demütigung erlebte Uriah Smith jedoch 1897, als die Gemeinschaft Jones zum Chefredakteur des *Review* machte und er nur noch dessen Assistent war.

Uriah Smith konnte nicht begreifen, dass Waggoner in Minneapolis verkündet hatte, im Galaterbrief seien die Zehn Gebote gemeint und nicht das Zeremonialgesetz; und er konnte sich auch nicht damit abfinden, dass Ellen White Waggoners Ansichten über die Beziehung zwischen Gesetz und Evangelium unterstützte. Der Chefredakteur des *Review* hatte früher selbst die Meinung vertreten, dass im Galaterbrief vom Moralgesetz die Rede ist, hatte diesen Standpunkt später aber wieder aufgegeben, weil er „dessen Schwachpunkte" erkannte. Er hatte sich gründlich mit dieser Frage befasst gehabt und dachte nicht daran, seine Meinung noch einmal zu ändern. Immer wieder betonte Uriah Smith, die Veröffentlichung von Waggoners Artikeln über den Galaterbrief in der Zeitschrift *Signs of the Times* sei das Schlimmste gewesen, was der Gemeinschaft jemals zugestoßen ist. Vor allem wegen dieses Streites um den Galaterbrief lehnte Smith alles ab, was Waggoner vertrat.[32]

Uriah Smith aber ärgerte sich nicht nur über Waggoner; auch mit Ellen White war er nach 1888 zerstritten, weil sie die jungen Männer in Minneapolis unterstützt hatte. Die Wurzeln dieser Entfremdung reichten bis ins Jahr 1882 zurück, als Ellen White ihn sowohl unter vier Augen als auch öffentlich wegen seines Verhaltens gegenüber Goodloe Harper Bell in einem Streit bezüglich des Battle Creek-Colleges getadelt hatte.[33] Damals schrieb Smith einen geharnischten Brief an Dudley Canright und teilte ihm mit, er spüre nicht den Wunsch, Ellen White weiterhin zu verteidigen, schon gar nicht, nachdem er von ihr so „ungerecht behandelt" worden sei.[34] Nach Canrights Ausscheiden aus der Gemeinschaft veröffentlichte Smith

---

[32] Brief George I. Butler an Ellen G. White, 1. Oktober 1888; Brief Uriah Smith an Ellen G. White, 17. Februar 1890; Brief Uriah Smith an Asa T. Robinson, 21. September 1892.

[33] Allan G. Lindsay, „Goodloe Harper Bell: Pioneer Seventh-day Adventist Christian Educator", Ed. D. Dissertation, Andrews-University 1982, S. 221–228; Ellen G. White, *Testimony for the Battle Creek Church*, Oakland 1882, S. 19–43; Brief Ellen G. White an Uriah Smith, 8. März 1890.

[34] Brief Uriah Smith an D. M. Canright, 22. März 1883.

im *Review* einen Widerruf. Er sagte, er sei damals zwar „nahe daran" gewesen, die Zeugnisse Ellen Whites aufzugeben, habe das aber „nicht getan". 1887 schien für ihn offenbar alles „geklärt und zufriedenstellend geregelt" zu sein.[35] Aber Ellen Whites vermeintlicher Verrat an den Traditionalisten in Bezug auf das Gesetz im Galaterbrief machte ihm dann 1888 erneut zu schaffen.

In den Jahren nach der Konferenz in Minneapolis stand Uriah Smith an der Spitze derer, die Ellen Whites Arbeit in Zweifel zogen. Sie appellierte oft an ihn, seine Haltung zu überdenken, so wie sie es auch mit Butler getan hatte; aber Smith erwies sich als hartnäckig. Im März 1890 schrieb sie ihm, es sei ihr schon in Minneapolis klar geworden, dass er „sich irre und auch andere in die Irre führe"; er habe viele Gemeindeglieder „verunsichert und ihren Glauben an ihre Zeugnisse ins Wanken gebracht".[36] Auch rief sie die adventistischen Prediger in aller Öffentlichkeit dazu auf, „nicht an Bruder Smith festzuhalten", weil „ er nicht im Licht steht", und zwar schon seit der Konferenz in Minneapolis nicht mehr.[37] Über ihn machte sie sich besonders viele Sorgen, weil er so großen Einfluss hatte.

Drei Jahre lang blieben Ellen Whites Bemühungen ohne Erfolg. Smith hatte sich eingeigelt und gab nicht nach. Am 25. November 1890 schrieb sie ihm: „Du warst ein Mann wie Bruder Butler: Du wolltest nicht einen falschen Schritt zugeben, sondern machtest immer neue Fehler, um den vorangegangenen zu rechtfertigen. Wenn du diese Halsstarrigkeit überwinden würdest, die so tief in deinem Leben und Charakter verwurzelt ist, könnte Gottes Kraft dich zu einem tüchtigen Mann machen – bis ans Ende der Tage." „Ich liebe dich", schrieb sie und flehte ihn an, sein Herz von Gott erweichen zu lassen und den Geist Christi in sich aufzunehmen.[38]

Uriah Smith blieb zunächst unerbittlich, aber bald darauf kapitulierte er. Nach einer Gebetswoche, für die Ellen White eine Lesung geschrieben hatte, in der sie Notwendigkeit der Reue zur Erlangung der Gerechtigkeit durch den Glauben betonte,[39] bat er im Januar 1891

---

[35] *Advent Review and Sabbath Herald Extra*, 22. November 1887, S. 15.
[36] Brief Ellen G. White an Uriah Smith, 8. März 1890.
[37] Manuskript 4, 8. März 1890.
[38] Brief Ellen G. White an Uriah Smith, 25. November 1890.
[39] *Advent Review and Sabbath Herald Extra*, 23. Dezember 1890, S. 1f.

um ein Treffen mit ihr und mehreren leitenden Brüdern. Er bekannte sich zu vielen seiner Fehler, die er in Minneapolis gemacht hatte. Ellen White drückte es in Anlehnung an Matthäus 21,44 so aus: „Er war auf den Fels gefallen und war zerbrochen." Sie nahm Smith bei der Hand und „bestätigte, dass er in seinem Bekenntnis alles gesagt hat, was er sagen konnte".[40] Das Ereignis „schlug in Battle Creek ein wie eine Bombe", berichtete der Präsident der Generalkonferenz Ole Olsen in einem Brief. „Der Herr wirkt in besonderer Weise für uns, und nun öffnet sich der Weg, dass auch andere sich freimachen können."[41] Im Sommer 1892 legte dann auch James H. Morrison, der Butler bei den Auseinandersetzungen über den Galaterbrief in Minneapolis als wichtigster Sprecher der Traditionalisten vertreten hatte, ein Bekenntnis seiner Fehler ab.[42]

Uriah Smith war zwar auf den Fels gefallen, aber er stand noch nicht auf dem Felsen Christus. Im September 1892 schrieb ihm Ellen White: „Du stehst nicht dort, wo Gott dich gern sehen würde." Er hatte immer noch „verworrene Vorstellungen über Christi Gerechtigkeit und Rechtfertigung durch den Glauben" wegen seiner Einstellung gegenüber Jones und Waggoner.[43] Seine alte Theologie starb nur sehr langsam, und seine Probleme mit der Botschaft von der Gerechtigkeit allein durch den Glauben lebten in ihm fort. Trotz seines Bekenntnisses hatte er noch einen weiten Weg vor sich. Ellen White hörte nicht auf, den alternden Chefredakteur des *Review* aufzufordern, Jesus in sein Herz einzulassen.

Es fiel Uriah Smith nicht nur schwer, seine gesetzesorientierte Theologie aufzugeben; er fuhr auch fort, sich mit Alonzo Jones über die Auslegung der Prophezeiungen Daniels zu streiten. Seine Unfähigkeit, die neuen Positionen von Minneapolis zu akzeptieren, führte schließlich dazu, dass er 1897 von seinen Aufgaben als Chefredakteur des *Review* entbunden wurde und nun Jones der tonangebende

---

[40] Ellen G. White, Manuskript 3, 9. Januar 1891; Brief Dan T. Jones an Robert M. Kilgore, 9. Januar 1891.
[41] Brief Ole A. Olsen an R. A. Underwood, 16. Januar 1891.
[42] Briefe Ole A. Olsen an James H. Morrison, 10. Juli 1892, und an Ellet J. Waggoner, 27. Juli 1892; Brief Charles H. Jones an William C. White, 30. März 1893; Brief A. T. Jones an Claude E. Holmes, 12. Mai 1921.
[43] Brief Ellen G. White an Uriah Smith, 19. September 1892.

Redakteur der Gemeinschaft war. Die Leitung der Generalkonferenz wollte Smith an sich schon 1894 von seinem Posten entfernen; aber Jones hatte sich zu der Zeit selbst diskreditiert, weil er Anna Rice als eine zweite adventistische Prophetin anerkannt hatte.[44]

Alonzo Jones und Ellet Waggoner kann man in gewisser Hinsicht als die „Sieger" von Minneapolis betrachten, obwohl ihre theologischen Ansichten von der Versammlung nicht offiziell angenommen worden waren und viele Delegierte sie nicht einmal persönlich akzeptierten. Ihr Sieg war bescheidener: Sie hatten die Erlaubnis bekommen, überhaupt über die umstrittenen Themen zu sprechen; und alle Versuche, sie per Abstimmung zu entscheiden, waren von Willie und Ellen White abgewehrt worden. Sie unterstützte die beiden, und während des folgenden Jahrzehntes standen auch die Generalkonferenzpräsidenten Ole Olsen und George A. Irwin (ab 1897) hinter ihnen. Andererseits aber hatten die Reformer und ihre „neue Theologie" 1888 auch eine Niederlage erlitten, denn ihre Lehren fanden keine ungeteilte Akzeptanz.

Unmittelbar nach der Versammlung in Minneapolis hatten es Alonzo Jones und Ellet Waggoner schwer, sich überhaupt Gehör zu verschaffen. Ein Beispiel dafür sind die Schwierigkeiten, mit denen Jones zu kämpfen hatte, als er im Dezember 1888 in Battle Creek sprechen wollte. Willie White berichtete: „Es erforderte beträchtliches Planungsgeschick, um Alonzo die Möglichkeit zu geben, zu den Gemeindegliedern von Battle Creek überhaupt zu sprechen. Denn einige von denen, die schon vor dem Ende der Konferenz zurückgekehrt waren, hatten überall verbreitet, Jones sei ein Spinner."[45] Aber man konnte ihn auch nicht einfach ignorieren. Am 13. Dezember hatte er nämlich vor dem Senatsausschuss für Bildung und Arbeit gegen Senator Blairs Sonntagsgesetz Stellung bezogen. Dadurch, dass Alonzo Jones als erster Adventist vor einem Gremium des Kongresses als Zeuge ausgesagt hatte, war er öffentlich bekannt geworden und auf dem besten Wege, zum Volkshelden der Adven-

---

[44] Siehe George R. Knight, *From 1888 to Apostasy*, S. 104, 110, 164f.
[45] Brief William C. White an Joseph H. Waggoner, 27. Februar 1889. Vgl. Brief Ellen G. White an William M. Healey, 9. Dezember 1888; Ellen G. White, Manuskript 30, Ende Juni 1889.

tisten zu werden. Uriah Smith und seine Kollegen mussten daher ihren Widerstand gegen Jones' Verkündigung in dem großen Gemeindehaus in Battle Creek (dem „Dime Tabernacle" mit über 3200 Sitzplätzen)[46] aufgeben. Danach konnte Willie White berichten: „Das Vorurteil verschwand wie der Tau in der Sonne."

Von da an nahm der Einfluss von Alonzo Jones und Ellet Waggoner dank der Hilfe von Ole Olsen und Ellen White immer mehr zu. Das Ausmaß der Unterstützung durch die Generalkonferenzleitung lässt sich am besten an der Häufigkeit ablesen, mit der Jones und Waggoner in der Zeit nach Minneapolis eingeladen wurden, auf den Generalkonferenzversammlungen (die nach 1889 nur noch alle zwei Jahre stattfanden) über biblische Themen zu sprechen.

- 1889 hielt Jones eine Reihe von Vorträgen über die Rechtfertigung durch den Glauben. Ellen White bemerkte dazu, die Hörer hätten „große Bissen vom Tisch des Herrn bekommen" und es habe sich „ein großes Interesse gezeigt".[47]
- 1891 hielt Waggoner 16 Predigten über Jesus Christus und das Evangelium im Römerbrief.
- 1893 leitete Jones das Bibelstudium und hielt 24 Predigten über die dritte Engelsbotschaft. William W. Prescott, mit dem Jones von 1892 bis zum Ende des Jahrhunderts eng zusammenarbeitete, ergänzte die Bibelarbeit durch zehn Studien über die Verheißung des Heiligen Geistes.
- Auf der Generalkonferenzversammlung 1895 war Jones erneut der tonangebende Bibelausleger; unter anderem hielt er 26 Predigten über die dritte Engelsbotschaft.
- 1897 standen Waggoners 18 biblische Studien zum Hebräerbrief im Mittelpunkt. Jones sprach 11 Mal über Themen wie „Der Geist der Weissagung", „Die Wissenschaft der Erlösung" und den Aufruf an die Gemeinschaft, das geistliche „Babylon" und das geistliche „Ägypten" zu verlassen.

Es ist offensichtlich, dass die Leitung der Generalkonferenz den beiden Reformern von Minneapolis in den 1890er-Jahren reichlich Gelegenheit gab, ihre Botschaft überall zu verkünden.

---

[46] Gerald Wheeler, *James White*, Advent-Verlag, Lüneburg 2006, S. 283f.
[47] Manuskript 10, circa Oktober 1889; Manuskript 22, 27. Oktober 1889.

Jones und Waggoner wurden jedoch nicht nur von den Verantwortlichen in der Generalkonferenz gefördert, sondern profitierten auch von der Zusammenarbeit mit Ellen White, die den christozentrischen Ansatz der beiden Prediger nach Kräften unterstützte. Wiederholt sagte und schrieb sie – für jedermann nachzulesen –, Jones und Waggoner seien Gottes besondere Botschafter, die der Gemeinschaft mit ihrer am Gesetz orientierten Theologie den dringend nötigen Nachhilfeunterricht zum Thema Erlösung geben.[48]

Wie wir in Kapitel 1 festgestellt haben, reisten Jones und Waggoner von 1889 bis Sommer 1891 oft gemeinsam mit Ellen White durch die Vereinigten Staaten und predigten vor versammelten Adventisten. Sie sprachen über die Rechtfertigung aus Glauben und die Gerechtigkeit Christi. 1892, als Ellen White in Australien und Ellet Waggoner in Großbritannien weilten, wurden Alonzo Jones und William W. Prescott in den USA die führenden Vertreter der Reformen im Adventismus.[49]

Jones und Waggoner hatten ohne Frage eine wichtige Botschaft für die Gemeinschaft der Siebenten-Tags-Adventisten, aber leider verursachten sie im weiteren Verlauf der 1890er-Jahre auch einige Probleme. Bei dem Thema des innewohnenden Christus gingen sie nämlich zu weit. Sie gebrauchten nicht nur extrem klingende Formulierungen, sondern vertraten auch einige extreme Standpunkte. Ellen White machte sich vor allem Sorgen um den sensiblen Alonzo Jones, „der so leidenschaftlich in seinem Glauben ist, aber in seinen mündlichen und schriftlichen Äußerungen nicht die nötige Vorsicht walten lässt", wie sie schrieb. Er brachte in seinen Predigten oft „die Gefühle der Zuhörer in Wallung". Ellen White ermahnte ihn, nicht so sehr das Neue und Überraschende zu betonen; aber das war etwas, was der kreative Jones nicht lassen konnte. William Prescott folgte im Allgemeinen seinem Beispiel; auch er vertrat extreme Standpunkte und heizte die Emotionen an.[50] Ellet Waggoner

---

[48] Siehe z. B. Brief Ellen G. White an Ole A. Olsen, 1. Mai 1895.
[49] Das Leben und Wirken von William W. Prescott wird von Gilbert M. Valentine in seiner Biographie *W. W. Prescott – Forgotten Giant of Adventism's Second Generation* (Hagerstown 2005) dargestellt.
[50] Briefe Ellen G. White an Stephen N. Haskell, 1. Juni 1894; an William W. Prescott und Alonzo T. Jones, 16. April 1894; an Uriah Smith, 30. August

war zwar ruhiger, ließ sich aber oft durch sein logisches Denken dazu verleiten, die Grenzen einer ausgewogenen Theologie zu überschreiten.

Trotz ihrer unterschiedlichen Wesensart gerieten Jones, Waggoner und Prescott in den 1890er-Jahren in ähnliche Schwierigkeiten. 1891 propagierten sie beispielsweise – ähnlich wie die Heiligungsbewegung – extreme Ansichten über Glaubensheilungen, sodass Ellen White sie tadeln musste. 1894 stellte Ellet Waggoner die Notwendigkeit von Gemeindeorganisation infrage, und in den folgenden Jahren waren alle drei Reformer der Meinung, menschliche Organisation sei grundsätzlich falsch; es gäbe nur eine einzige korrekte Form der Organisation, nämlich die direkte Führung jedes Einzelnen durch den Heiligen Geist.[51]

Schon im Frühjahr 1889 hatte Jones das Konzept des für die Verwandlung bei der Wiederkunft Christi nötigen Glaubens propagiert, und 1893 entwickelte er die Vorstellung von der „vollkommenen Heiligkeit" des Fleisches in diesem Leben. Daraus entwickelte sich in der zweiten Hälfte der 1890er-Jahre die Bewegung des „Heiligen Fleisches".[52] Waggoner wurde 1897 ein Anhänger des Pantheismus[53] – eine zwangsläufige Entwicklung, wenn man die Lehre vom innewohnenden Christus übertreibt. Alle diese Probleme und Fehlentwicklungen kann man als Verfälschungen der Lehre von der Gerechtigkeit durch den Glauben auffassen.

1893 verbürgte Alonzo Jones sich voreilig (zusammen mit William Prescott) für Anna Rice als einer zweiten adventistischen Prophetin und erklärte, dass es noch mehr Propheten geben werde.[54]

Darüber hinaus vertrat Alonzo Jones ab 1893 extreme Ansichten über die Beziehungen zwischen Kirche und Staat. Auf der General-

---

1892; an Alonzo T. Jones, 14. Januar 1894; 2. September 1892; 7. Juni 1894; 17. Februar 1890; Brief Leroy T. Nicola an Ole A. Olsen, 23. August 1894.

[51] George R. Knight, „Adventist Faith Healing in the 1890s", *Adventist Heritage*, forthcoming; George R. Knight, *From 1888 to Apostasy*, S. 178–193; Alonzo T. Jones, *Home Missionary Extra*, November 1893, S. 12.

[52] Alonzo T. Jones, *Advent Review and Sabbath Herald*, 22. November 1889, S. 752; G. R. Knight, *From 1888 to Apostasy*, S. 56–60, 167–171.

[53] Ellet J. Waggoner, *General Conferenz Bulletin* 1897, S. 70f., 84–89.

[54] Ausführlich dazu siehe *From 1888 to Apostasy*, S. 104–131.

konferenzversammlung erklärte er auf der Basis des Gebotes, sechs Tage zu arbeiten: Wenn man aufhöre, wegen der Sonntagsgesetze sonntags zu arbeiten, stelle man „Satan über Christus". Dieser bewusste Akt zivilen Ungehorsams würde den Todeserlass von Offenbarung 13,15 hervorbringen. Ellen White und andere Leiter der Gemeinschaft wiesen diese Ansichten entschieden zurück.[55]

Trotz dieser Probleme stand Ellen White fest hinter Jones und Waggoner und ihrer Botschaft von der Gerechtigkeit durch den Glauben. Mindestens bis 1896 bestätigte sie, dass beide Gottes Botschafter waren, die Christus erheben. Wer daraus allerdings ableitet, dass sie auch alle Weiterungen ihrer Botschaft und ihre anderen Ansichten billigte, verlässt den Boden der Tatsachen. Ellen White hatte – wie wir bereits im vorigen Kapitel gesehen haben – nicht einmal allen Einzelheiten ihrer Theologie und Schriftauslegung zugestimmt, die mit dem umstrittenen Thema zu tun hatten.

Man kann vermuten, dass Ellen Whites wiederholte öffentliche Bestätigungen, dass Jones und Waggoner Gottes Botschafter seien, deren Mangel an Demut weiter verstärkt haben, trotz der zahlreichen Ermahnungen, die sie in jenen Jahren an sie persönlich richtete. Ihre Unterstützung hätte diesen Effekt nicht haben müssen, aber dazu wäre es notwendig gewesen, dass Jones und Waggoner ihre Botschaft von der Übergabe an die Führung des Heiligen Geistes auch auf sich selbst ständig anwandten. In diesem Punkt haben sie jedoch offensichtlich versagt. Nach der Jahrhundertwende verließen beide die Gemeinschaft der Siebenten-Tags-Adventisten.

Bereits 1892 hatte Ellen White angedeutet, dass sich Jones und Waggoner möglicherweise von der Gemeinschaft trennen würden. „Es ist gut möglich, dass die Brüder Jones und Waggoner den Versuchungen des Feindes erliegen", schrieb sie an Uriah Smith, „aber selbst wenn es so kommen sollte, wäre das kein Beweis dafür, dass ihre Botschaft nicht von Gott kam und alles, was sie getan haben, falsch war."[56]

---

[55] *General Conference Bulletin* 1893, S. 125f.; vgl. *From 1888 to Apostasy*, S. 83f.; Brief Ellen G. White an Alonzo T. Jones, 21. November 1895.
[56] Brief Ellen G. White an Uriah Smith, 19. September 1892.

1893 ermahnte sie Alonzo Jones, nicht zu vergessen, „dass einige dich genau beobachten und nur darauf lauern, dass du zu weit gehst, stolperst und fällst". Sie bat ihn dringend, sich in Demut an Jesus zu halten.[57]

Sowohl Jones' Freunde als auch seine Feinde wussten um seinen Hang zum Extremen. 1894 schrieb ihm Ellen White, seine Neigung zum Extremen berge schreckliche Gefahren, weil die Leute „alles, was du sagst, als Wahrheit betrachten", und viele „an deinen Lippen hängen".[58] Den gleichen Gedanken äußerte auch Francis Wilcox: „Bruder Jones macht eine Aussage und gibt ihr den größtmöglichen Nachdruck; und dann kommen seine Anhänger ... und machen diese Aussage noch zehnmal stärker, als er es getan hat."[59]

Ellen Whites Eintreten für die Reformer hatte Wirkung gezeigt. Die Lehren von Jones und Waggoner fanden im Adventismus überall Gehör, obwohl sie unter den Brüdern in leitenden Stellungen der Gemeinschaft immer noch viele Feinde hatten.

Die alternden Kontrahenten

Uriah Smith wurde 1901 erneut Chefredakteur des *Advent Review and Sabbath Herald,* nachdem Alonzo Jones weitgehend versagt hatte und die Leitung der Gemeinschaft ihn von seinen Aufgaben entband. Smith war natürlich über diesen Wechsel hoch erfreut, aber überraschenderweise auch Ellen White. Sie unterstützte ihn von Herzen, obwohl er in den Angelegenheiten, die mit der Generalkonferenzversammlung von 1888 zusammenhingen, immer noch keine klare Linie verfolgte. In einem Brief an Stephen N. Haskell erinnerte sie daran, dass Uriah Smith von Anfang an mit ihr und ihrem Mann zusammengearbeitet hatte, als sie anfingen, Zeitschriften zu drucken. Sie brachte ihre Freude darüber zum Ausdruck, „dass er nun wieder an der Spitze der Redakteure steht, denn so sollte es auch sein ... Wie ich mich freue, wenn ich seine Artikel im *Review* lese; sie

---

[57] Brief Ellen G. White an Alonzo T. Jones, 9. April 1893.
[58] Brief Ellen G. White an Alonzo T. Jones, 15. März 1894; 7. Juni 1894; Brief Ellen G. White an die Brüder und Schwestern, 16. März 1894.
[59] Brief Francis M. Wilcox an Milton C. Wilcox, 16. April 1894.

sind hervorragend und voll geistlicher Wahrheit. Ich danke Gott für diese Artikel. Ich habe ein starkes Mitgefühl für Bruder Smith und bin der Meinung, er sollte immer leitender Redakteur des *Review* sein. Gott will es so. Es hat mir wehgetan, als sein Name vor einigen Jahren an die zweite Stelle [nach Jones] gesetzt wurde. Als er dann wieder an die erste Stelle rückte, weinte ich vor Freude und dankte Gott."[60]

Leider konnte Uriah Smith der Versuchung nicht widerstehen, auf die Leitartikel zu reagieren, die Alonzo Jones im Jahr zuvor über das Evangelium im Galaterbrief veröffentlicht hatte. 1902 ließ Smith eine Artikelserie von William Brickey über den Galaterbrief erscheinen, die mit Nachdruck das Verständnis des Gesetzes im Galaterbrief aus der Zeit vor 1888 betonte – einschließlich aller seiner theologischen Konsequenzen.[61] Smith behauptete immer noch (wie er es auch 1888 getan hatte), er bejahe die Rechtfertigung durch den Glauben. Aber dass er nun den in Minneapolis ausgetragenen Streit von neuem entfachte, verärgerte die Leiter der Generalkonferenz dermaßen, dass sie ihm zum zweiten Mal den Posten des Chefredakteurs des *Review* entzogen.[62] An seine Stelle trat William Prescott, der seit Anfang der 1890er-Jahre mit Jones und Waggoner zusammengearbeitet hatte. Die neuerliche Niederlage bedeutete das Ende für Smith, den alt gewordenen Kämpfer. Die Ausgabe des *Review*, die über den Wechsel informierte, teilte auch mit, dass Uriah Smith ernsthaft erkrankt sei.[63] Er hat den Schock seiner erneuten Absetzung nicht überwunden und starb im März 1903 im Alter von 70 Jahren.

George Butler hatte ja den teilweisen Ruhestand wieder aufgegeben. Nach dem Tod seiner Frau war er 1901 als 67-Jähriger Vorsteher der Florida Vereinigung geworden. Von 1902 bis 1907 leitete er nach der Reorganisation der Verwaltungsstruktur der Freikirche

---

[60] Brief Ellen G. White an Stephen N. Haskell und Frau, 2. Februar 1902.
[61] William Brickey, *Advent Review and Sabbath Herald*, 21. Januar 1902, S. 36; 28. Januar 1902, S. 52, und 4. Februar 1902, S. 67f.
[62] Eugene Durand, *Yours in the Blessed Hope*, S. 266–268; Brief Uriah Smith an L. F. Trubey, 11. Februar 1902; Brief Uriah Smith an H. J. Adams, 30. Oktober 1900.
[63] „Notice to Readers", *Advent Review and Sabbath Herald*, 25. Februar 1902, S. 128.

den Südlichen Verband der Siebenten-Tags-Adventisten in den Vereinigten Staaten.

So wie Ellen White die Rückkehr von Uriah Smith begrüßt hatte, freute sie sich auch, dass George Butler, der alt gewordene Vorkämpfer, nun wieder eine führende Stellung einnahm. Während der Generalkonferenzversammlung 1903 sagte sie zu den Delegierten: „Ich wusste, dass die Zeit kommen würde, in der er wieder seinen Platz im Werk einnehmen würde. Ich möchte, dass ihr die Prüfungen, durch die er gegangen ist, zu würdigen wisst ... Gott will, dass die ergrauten Vorkämpfer" des Adventismus „auch heute in seinem Werk mitarbeiten. Sie dürfen nicht aus dem Blick verschwinden."[64] Der neue George Butler sei nicht mehr derselbe Mann wie 1888, schrieb sie in einem Brief. Er sei „körperlich und geistlich vollkommen gesund ... Der Herr hat ihn auf die Probe gestellt, so wie er es mit Hiob und Mose getan hat. In meinen Augen hat sich Bruder Butler vor Gott gedemütigt. In ihm lebt jetzt ein anderer Geist als in früheren Jahren. Er hat zu Jesu Füßen seine Lektionen gelernt."[65]

Dieses „Gesundheitsattest" von Ellen White bedeutete allerdings nicht, dass der alte Haudegen die Ergebnisse der Konferenz in Minneapolis 1888 nun bejahte. 1910 berichtete Generalkonferenzpräsident Arthur G. Daniels Willie White über ein Gespräch, das er kurz zuvor mit Butler geführt hatte: „Er äußerte sich vor allem über ihre [Jones' und Waggoners] Ansichten über die Gesetze und die Bündnisse und verwies auf den Kurs, den sie jetzt eingeschlagen haben. Mit besonderem Nachdruck erklärte er mir, er habe in Jones' und Waggoners besonderen Botschaften noch nie Licht sehen können und habe ihre Ansichten auch nie übernommen." Butler könnte auch immer noch nicht mit Ellen Whites Position zum alten und neuen Bund in ihrem Buch *Patriarchen und Propheten* übereinstimmen, fügte Willie White hinzu. Während sie erklärte, die Gläubigen des Alten Testamentes würden durch Christi Gerechtigkeit gerettet, galt für Butler immer noch der Grundsatz „gehorche und lebe".[66]

---

[64] Ellen G. White, *General Conferenz Bulletin* 1903, S. 205.
[65] Brief Ellen G. White an Bruder und Schwester Keck, Mai 1902.
[66] Brief Arthur G. Daniells an William C. White, 21. Januar 1910; vgl. *Patriarchen und Propheten* (das Original ist 1890 erschienen), S. 348–352.

Dennoch konnte Ellen White dem alten Krieger 1910 schreiben, sie habe den Glauben an ihn nicht verloren. Auch wenn er seine Überzeugungen und Befürchtungen aus der Zeit vor 1888 nicht habe überwinden können und ihre Sicht der Dinge nicht immer teile, akzeptiere sie doch, dass er aufrichtigen Herzens sei.[67]
Während der äußerst bedrohlichen Krise um den Pantheismus von John Harvey Kellogg, dem berühmten Leiter des großen adventistischen Sanatoriums in Battle Creek, im Jahr 1905 war George Butler anderer Meinung gewesen als sie. „Er mag Fehler machen", sagte sie damals, „ aber er ist dennoch ein Diener des lebendigen Gottes, und ich werde alles in meiner Macht stehende tun, um ihn in seiner Arbeit zu unterstützen."[68] Ellen White war offenbar mehr an Butler als Person und seiner neuen Einstellung interessiert als an der Fehlerlosigkeit seiner Theologie. Für die jüngeren Prediger der Gemeinschaft sei er ein wichtiger Zeuge, erklärte sie 1910.

George Butler blieb noch lange überraschend aktiv in der Gemeinschaft der Siebenten-Tags-Adventisten. Er starb 1918.

Ellet Waggoner wurde 1892 von der Generalkonferenzleitung nach England geschickt, wo er im Jahr zuvor mit seinen Predigten großen Erfolg gehabt hatte. Er wurde Redakteur der britischen Zeitschrift *Present Truth* (Gegenwärtige Wahrheit). Seine gravierenden Probleme begannen, als er allmählich pantheistische Ansichten entwickelte.[69] Sie wurden bereits 1897 deutlich erkennbar, als er auf der Generalkonferenzversammlung seine Studien über den Hebräerbrief vortrug. „Gott sprach, und siehe, sein Wort trat als Baum oder Gras in Erscheinung", erklärte er. Und einige Tage später: „Siehe da, dein Gott! Wo? In den Dingen, die er geschaffen hat … Es ist unbestreitbar, dass sich in jedem Grashalm eine wunderbare Macht manifestierte. Aber was war das für eine Macht? Es ist Gottes eigenes Leben, seine eigene, persönliche Gegenwart."[70]

Als er 1899 auf der Generalkonferenzversammlung über das „Wasser des Lebens" sprach, behauptete er: „Einem Menschen kann

---
[67] Brief Ellen G. White an George I. Butler, 23. November 1910.
[68] Brief Ellen G. White an James Edson White, 26. September 1905.
[69] Siehe Woodrow W. Whidden, *E. J. Waggoner*, S. 274–282.
[70] *General Conference Bulletin* 1897, S. 34f., 86f.

auch beim Baden Gerechtigkeit zuteil werden, wenn ihm bewusst ist, wer das Wasser erschaffen hat."[71] In seinem Buch *Glad Tidings* (1900) finden sich ähnliche Gedanken. „Das Sonnenlicht, das auf uns scheint, die Luft, die wir atmen, die Nahrung, die wir essen, und das Wasser, das wir trinken: Sie alle bringen uns Leben. Das Leben, das sie uns vermitteln, ist nichts anderes als das Leben Christi, denn er ist das Leben; und so haben wir ständig vor uns und in uns Beweise der Tatsache, dass Christus in uns leben kann." Diese Überzeugungen brachte Waggoner auf der Generalkonferenzversammlung mit dem Reformprojekt „Gesundheitsevangelium" in Verbindung und erklärte, er rechne damit, „ewig zu leben"; denn es gäbe im Universum nur ein Leben, nämlich Gottes Leben und das Leben könne sich „in unserem sterblichen Fleisch offenbaren", wenn wir Christus angenommen haben.[72]

Seine pantheistischen Ansichten waren eine Weiterentwicklung zweier Prinzipien, die sich für ihn aus seiner Bekehrungserfahrung 1882 ergaben. Erstens wollte er seitdem Christus nicht nur überall in der Bibel finden, sondern buchstäblich überall – eine Position, die der liberale Protestantismus des späten 19. Jahrhunderts, der die Immanenz Gottes in der Welt betonte, ebenfalls vertrat. Zweitens wollte er „die Bibel im Lichte" seiner 1882 gemachten subjektiven Offenbarungserfahrung studieren, statt seine Erfahrung anhand der Bibel zu bewerten. Er hatte keine objektive Grundlage mehr, weil er Christus nicht nur in der Bibel suchte, sondern in allen Dingen; das aber öffnete allerlei Irrtümern Tor und Tür. Waggoners pantheistisches Problem vergrößerte sich, weil seine Theologie mit der Zeit immer stärkeres Gewicht auf die sich im Innern des Menschen abspielenden subjektiven Aspekte des Wirkens Christi legte und immer weniger die objektiven Aspekte berücksichtigte.[73] Angesichts dieser Struktur seines Glaubens ist es nicht schwer zu verstehen, dass er sich Anfang des 20. Jahrhunderts den pantheistischen Ansichten von John Harvey Kellogg anschloss.

---

[71] *General Conference Bulletin* 1899, S. 80, 53.
[72] Ellet J. Waggoner, *The Glad Tidings*, Oakland 1900, S. 92.
[73] Siehe Woodrow W. Whidden, *E. J. Waggoner*, S. 263f., 272f.

Waggoner setzte sich in England auch für das Konzept der so genannten „geistlichen Anziehung" ein – der Ansicht, dass die Verbindung mit einem Ehepartner, die in diesem Leben illegal wäre, im zukünftigen Leben durchaus in Ordnung sein kann. Sein Verhältnis mit Edith Adams, einer unverheirateten britischen Krankenschwester, führte dazu, dass sich seine Frau 1906 von ihm scheiden ließ. Im Jahr darauf heiratete er Edith Adams.[74]

Obwohl Ellet Waggoner während der Auseinandersetzungen um John Harvey Kellogg im Jahr 1903 seine Arbeit in der Gemeinschaft aufgab, griff er sie und ihre Lehren nie an. Er glaubte weiterhin an die Gerechtigkeit durch den Glauben, hatte aber bis zu seinem Tod 1916 viele adventistische Lehren aufgegeben.[75]

Alonzo Jones hielt die Grabrede für Waggoner, seinen „Blutsbruder ‚im Blut des ewigen Bundes'".[76] Wie Waggoner hatte auch Jones sich bei der Spaltung in Battle Creek 1903 auf Kelloggs Seite gestellt und wurde Präsident von dessen neuem Battle Creek-College.

Alonzo Jones versuchte Ende der 1890er-Jahre und Anfang des neuen Jahrhunderts, Präsident der Generalkonferenz zu werden, jedoch vergeblich. Als er gescheitert war, wurde er – im Gegensatz zu Ellet Waggoner – zum schärfsten Kritiker der Gemeinschaft der Siebenten-Tags-Adventisten und Ellen Whites. In einer Reihe von Traktaten und Broschüren kritisierte er die Tatsache, dass die Gemeinschaft organisiert war und einen Präsidenten hatte, und attackierte auch die Person und das Werk Ellen Whites.[77]

1907 annullierte die Gemeinschaft seine Beglaubigung als Prediger und 1909 seine Mitgliedschaft in der Freikirche. Nach 1915 wurde Jones Redakteur des *American Sentinel of Religious Liberty* (auf Deutsch: Amerikanischer Wachposten für religiöse Freiheit), einer privaten Publikation, die die Adventisten regelmäßig attackierte.[78] Er wechselte in dieser Zeit oft seine Zugehörigkeit zu einer Gemein-

---

[74] Siehe ebenda, S. 321–325, 329–331.
[75] Ellet J. Waggoner, *Confession of Faith*, S. 14.
[76] Alonzo T. Jones, *The Gathering Call*, November 1916, S. 6f.
[77] Ausführlich dazu G. R. Knight, *From 1888 to Apostasy*, S. 226–239.
[78] *The American Sentinel*, September 1922, S. 7f.; Oktober 1922, S. 3f.; ausführlich dazu siehe *From 1888 to Apostasy*, S. 240–254.

de. Zuletzt gehörte er einer Gruppe von Pfingstlern an, die in Zungen redeten und den Sabbat hielten. Die Gruppe beschloss jedoch, sich als eine Glaubensgemeinschaft zu organisieren (das „Gräuel aller Gräuel" in seinen Augen), sodass Jones sie verließ. Bald danach wurde er krank. Seine Krankheit zog sich hin, bis er im Mai 1923 starb – als letzter der wichtigsten Kontrahenten in den Auseinandersetzungen in Minneapolis 1888.

Die Persönlichkeitsstrukturen dieser Männer waren mitverantwortlich für das Geschehen während der Generalkonferenzversammlung 1888 und in der Zeit danach. Hinzu kam das, was Ellen White den „Geist von Minneapolis" nannte. 1888 wurde dieser Geist vor allem im Verhalten der Traditionalisten sichtbar; Alonzo Jones dagegen offenbarte ihn in verstärktem Maße in seinen letzten Auseinandersetzungen mit der Gemeinschaft. Wir wenden uns jetzt dem Studium dieses Geistes von Minneapolis zu, denn man kann die Krise im Adventismus im Jahr 1888 nicht begreifen, ohne zu verstehen, welcher Geist sie beherrschte.

Kapitel 4

Der Geist von Minneapolis

„Möge Gott verhüten, dass je wieder etwas Ähnliches geschieht wie in Minneapolis", schrieb Ellen White im Rückblick auf die Generalkonferenzversammlung von 1888 an ihre Kinder ein halbes Jahr danach.[1] In einem Manuskript, das sie kurz nach dem Ende der Versammlung geschrieben hat, berichtete sie, es habe ihr große Sorgen bereitet und „Angst" gemacht, als sie „gleich zu Beginn der Versammlungen einen Geist wahrnahm, der wie eine Last" auf ihr lag, eine innere Haltung, wie sie sie bei den Verantwortlichen und Predigern der Gemeinschaft noch nie beobachtet hatte. Es bedrückte sie, dass ein ganz anderer Geist spürbar war, „so unähnlich der Gesinnung Jesu, völlig entgegengesetzt zu dem Geist, der unter Brüdern herrschen sollte".[2]

Auch ihr Sohn William White hatte diesen „Geist" gespürt. Drei Wochen nach dem Ende der Versammlung in Minneapolis schrieb er an Ole A. Olsen, den neu gewählten Generalkonferenzpräsidenten, es seien Dinge vorgekommen, „über die man nicht gerne spricht. Schon seit einiger Zeit waren Bestrebungen im Gange, die bei der Versammlung in der Manifestation einem Geist des Pharisäertums gipfelten, wie Mutter es nannte."[3]

Diesen „Geist von Minneapolis" müssen wir verstehen, wenn wir die Dynamik der Generalkonferenzversammlung 1888 und die sich anschließende Entwicklung des Adventismus verstehen wollen.

---

[1] Brief Ellen G. White an ihre Kinder, 12. Mai 1889.
[2] Manuskript 24, circa November oder Dezember 1888, zitiert in *Selected Messages*, Bd. 3, S. 163, 175.
[3] Brief William C. White an Ole A. Olsen, 27. November 1888.

Die problematische Haltung vieler

Ellen White sprach und schrieb wiederholt über die problematische Haltung vieler Delegierter, die sich in Minneapolis zeigte. So schrieb sie zum Beispiel bereits am 14. Oktober an George Butler, dass „der Geist, der bei dieser Versammlung vorherrscht, nicht der Geist Christi ist. Es ist keine Liebe untereinander zu spüren, kein Wohlwollen oder Mitgefühl. Satan hat Misstrauen gesät, um Streit zu verursachen. Es ist Verbitterung aufgekommen, die viele beschmutzen wird." Zu viele Delegierte seien nur von ihrem eigenen Geist und dem des „Feindes Gottes und der Menschen" beherrscht. Sie seien zu der Versammlung gekommen, um „Licht abzuwehren". Das würde zu „falschen Vorstellungen und schrecklichen und unnötigen Missverständnissen" führen, und sie „gefühllos und unbeeindruckbar wie moralische Eisberge machen – kalt, ohne Sonne, finster und abschreckend", erklärte sie. Und weiter: „Es ist mir ein Rätsel, wie Menschen, die behaupten, unter der Führung Gottes zu stehen, sich wohlfühlen können, wenn in der Gemeinde nichts mehr von der Gnade Christi zu spüren ist."[4]

Am 21. Oktober äußerte sich Ellen White in einer Ansprache vor den Predigern besonders deutlich zu diesem Thema. Statt zu beten und ihr eigenes Herz und ihr eigenes Leben im Gebet zu prüfen, würden viele Delegierte Jones und Waggoner lächerlich machen, kritisieren und verspotten. „An nichts fehlt es der Gemeinde so sehr wie an christusähnlicher Liebe." Ellen White beschuldigte sie, sich wie Pharisäer zu verhalten, „die sich lauthals ihrer Frömmigkeit rühmen, in ihren Herzen aber nicht die Liebe Gottes haben" und die „sich geweigert haben, Gott und Jesus Christus kennenzulernen".[5] Anfang November erinnerte sie die Delegierten daran, dass Gott die Pharisäer von einst aufgeben musste wegen ihres „geistlichen Stolzes, ihrer Selbstgerechtigkeit und Selbstgenügsamkeit". Auch warnte sie die Prediger davor, so zu diskutieren und zu argumentieren, wie es im traditionellen Adventismus üblich war, dem es weniger um die Wahrheit ging als darum, Recht zu haben. Diese Haltung sei

---

[4] Brief Ellen G. White an George I. Butler, 14. Oktober 1888.
[5] Manuskript 8a, 21. Oktober 1888.

schuld daran, dass es im Adventismus jetzt landesweit viele Prediger gäbe (wie James H. Morrison, der bei dem Streit über den Galaterbrief in Minneapolis George Butler vertrat), „die bereit sind, die Heilige Schrift zu verdrehen, um ein gutes Argument vortragen zu können und einen Gegner überwinden" zu können.[6]

Was Ellen White von diesem Geist gespürt hatte, wurde ihr in einer Vision bestätigt. Während das Problem des Galaterbriefes in der Versammlung zur Diskussion stand, wurde sie „in einige Häuser versetzt", wo Delegierte untergebracht waren. „Es wurde viel geredet, die Gefühle waren aufgewühlt und es fehlte nicht an cleveren und – wie man meinte – scharfsinnigen und witzigen Bemerkungen. Die von Gott gesandten Diener wurden karikiert, verspottet und der Lächerlichkeit preisgegeben. Die Kommentare über mich und über das Werk, das Gott mir aufgetragen hatte, waren alles andere als schmeichelhaft. Auch Willie Whites Name fiel oft; er wurde angeprangert und lächerlich gemacht ebenso wie die Brüder Jones und Waggoner."[7]

Der „Geist von Minneapolis" wies nach Ellen Whites Beschreibung unter anderem folgende Merkmale auf:
1. Sarkasmus und Scherze über die Reformer. Zum Beispiel bezeichneten manche Waggoner als „Schwester Whites Liebling".
2. Kritik dominierte allenthalben.
3. Neid, üble Unterstellungen, Hass und Eifersucht herrschten.
4. Er führte zu „bitteren, harten Gefühlen" und Einstellungen.
5. Widerstand gegen die Stimme des Heiligen Geistes.
6. Ausdrucksweisen, die darauf abzielten, einander gegen die aufzuhetzen, die andere Lehrmeinungen vertraten.
7. Streit und Debatten über Glaubenslehren statt dem Geist Jesu Raum zu geben. Dieser Geist erregte „menschliche Leidenschaften" und einen „Geist der Verbitterung, weil einige ihrer Brüder es gewagt hatten, Ideen zu entwickeln, die den bisherigen Ansichten widersprachen und … als Angriff auf die etablierten Glaubenslehren verstanden wurden", schrieb Ellen White.

---

[6] Manuskript 15, November 1888.
[7] Brief Ellen G. White an ihre Kinder, 12. Mai 1889; vgl. Brief an George I. Butler, 15. Oktober 1888.

8. Er verursachte eine Haltung, die zu „Wortspielereien" und zum „Streit um Worte" in den Debatten führte.

Kurzum, der Geist, der sich in Minneapolis offenbarte, „war unfreundlich, ungehörig und nicht christusähnlich."[8]

Beachtenswert ist, dass dieser „Geist von Minneapolis" dem Wunsch entsprang, die alten „Erkennungszeichen" adventistischer Glaubenslehren zu schützen, insbesondere die traditionelle Auslegung des Gesetzes im Galaterbrief.[9] Ellen White beklagte, dass „unterschiedliche Meinungen darüber, wie einige wenige Bibeltexte zu verstehen sind, die Kontrahenten ihre religiösen Prinzipien vergessen lassen".[10] Als sie sah, wie und in welchem Geist die Traditionalisten ihre Position zum Galaterbrief vertraten, kam ihr „zum ersten Mal" der Gedanke, dass sie sich irren, „denn die Wahrheit muss nicht in einem solchen Geist verteidigt werden".[11] Sie erklärte den Traditionalisten: „Gott möge mich mit euren Gedanken verschonen … wenn sie mich ebenso unchristlich machen im Geist, in Worten und in Taten", wie es bei ihnen geschehen war.[12]

Eine der großen Tragödien von Minneapolis lag darin, dass die Leitung der Gemeinschaft in Battle Creek die Reinheit der adventistischen Lehre und ihrer traditionellen Schriftauslegung bewahren wollte, dabei aber *den Geist echten Christseins verlor*. Wie den Pharisäern zur Zeit Christi lag ihnen mehr daran, die traditionellen Lehren zu bewahren, als die ganze Wahrheit zu entdecken oder sich im Umgang mit den Problemen in der Gemeinschaft christlich zu verhalten. Die Kirchengeschichte zeigt, dass die Verteidiger der Orthodoxie stets in der Gefahr stehen, sich so negativ zu verhalten. Der aufrichtige Wunsch, den von den Vätern übernommenen Glauben

---

[8] Manuskript 24, circa November oder Dezember 1888; Manuskript 15, November 1888; Manuskript 13, nicht datiert, 1889; Brief Ellen G. White „an die Brüder", circa April 1889 (Brief 85, 1889); Brief Ellen G. White an ihre Kinder, 12. Mai 1889; Brief William C. White an Taylor G. Bunch, 30. Dezember 1930; C. McReynolds, „Experiences While at the General Conference in Minneapolis", unveröffentlichtes Manuskript, circa 1931.

[9] Brief Ellen G. White an ihre Kinder, 12. Mai 1889; Manuskript 13, nicht datiert, 1889.

[10] Manuskript 30, Ende Juni 1889.

[11] Manuskript 24, circa November oder Dezember 1888.

[12] Manuskript 55, nicht datiert, 1890.

rein zu erhalten, hat in den Verfechtern der „Wahrheit" allzu oft einen „kalten, kritischen, sarkastischen Geist" hervorgebracht, der „die Liebe Jesu" verdrängt.[13] So war es zur Zeit Christi, so war es während vieler großer Christenverfolgungen und so war es auch in der Freikirche der Siebenten-Tags-Adventisten in Minneapolis. Satan hat immer versucht, durch Spaltungen die Gemeinde Jesu zu überwinden. Das war auch 1888 so. Kurz nach dem Ende der Generalkonferenzversammlung beschrieb Ellen White seine Strategie folgendermaßen: „Satan hielt einen Rat, wie er Feder und Stimme der Siebenten-Tags-Adventisten zum Schweigen bringen kann. Wenn es ihm gelänge, ihre Aufmerksamkeit und ihre Kräfte auf irgendetwas zu lenken, das sie schwächt und spaltet, stünden seine Aussichten nicht schlecht. Und tatsächlich war Satan teilweise erfolgreich."[14] 1888 konzentrierte er sich auf das Gesetz im Galaterbrief. Später stritten sich die theologischen Köpfe der Gemeinschaft über den Ausdruck „das Tägliche" in Daniel 8,13 und über die Natur Christi und offenbarten dabei einen Geist, der dem von Minneapolis ähnelt. Was im Einzelnen den Streit auslöst, ist für den Teufel ohne Belang. Er ist nur an den Auswirkungen interessiert. Solange er erreichen kann, dass sich die Pastoren und Gemeindeglieder übereinander aufregen, sich in theologische Machtkämpfe verwickeln und um die adventistischen Erkennungszeichen streiten, hat er sein Ziel erreicht. Der „Geist von Minneapolis" war nicht nur 1888 lebendig – er hat in der Kirchen- und Adventgeschichte zu allen Zeiten eine sehr negative Rolle gespielt.

Die angebliche „kalifornische Verschwörung"

Um die Intensität und Verbreitung des „Geistes von Minneapolis" zu verstehen, muss man sich mit der angeblichen „kalifornischen Verschwörung" befassen. Der negative Geist war bei den leitenden Predigern und Administratoren schon vor der Generalkonferenzversammlung von 1886 zu beobachten gewesen, aber sein zerstöre-

---

[13] Ellen G. White, Manuskript 40, 1890 [März 1891].
[14] Manuskript 24, circa November oder Dezember 1888; zitiert in *Selected Messages*, Bd. 3, S. 167.

risches Potenzial hatte er erst wenige Tage vor Beginn der Predigerversammlung in Minneapolis am 10. Oktober 1888 entwickelt.

Ein Brief, den George Butler Ende September von William H. Healey aus Kalifornien bekam, verschärfte die Problematik mit einem Schlage. Healey informierte den bereits erschöpften und überarbeiteten Präsidenten über eine Reihe von Ereignissen, die nichts anderes bedeuten konnten als eine Verschwörung und ein Verrat seitens der Delegierten von der Westküste; jedenfalls wurden sie von Butler und Healey so gedeutet.

Healey hatte einiges zu erzählen. Als Erstes berichtete er von einem Treffen Ende Juni zwischen Ellet Waggoner, Alonzo Jones, Willie White und mehreren in Kalifornien tätigen Predigern. Zwei Tage lang hätten sie über die historischen Aspekte der zehn Reiche in Daniel 7 gesprochen und sich mit Waggoners Ansichten über das Gesetz im Galaterbrief beschäftigt.[15] Zum Schluss habe die Gruppe einstimmig empfohlen, dass Waggoner 500 Exemplare seines Buches *The Gospel in the Book of Galatians* drucken und unter den Delegierten der Generalkonferenzversammlung verteilen lassen sollte. „Wir machten daraus kein Geheimnis", erklärte Willie White später.[16] Allerdings machten sie es auch nicht bekannt.

Das zweite Ereignis, über das Healey berichtete, war eine Predigertagung, die im September 1888 in Verbindung mit der jährlichen Zeltversammlung in Kalifornien stattgefunden hatte. „Die Brüder Jones und Waggoner trugen ihre Gedanken zum Gesetz im Galaterbrief ... ganz unerwartet vor", berichtete Healey. „Es bewegte die Zeltversammlung sehr" und wurde „lebhaft diskutiert". Als Healey erfuhr, dass sie „diese Gedanken auch auf der Generalkonferenzversammlung vortragen wollten", entschloss er sich sofort, Butler zu warnen. Er drängte ihn, keine Aussprache über dieses Thema zuzulassen. Willie White zufolge scheint Healey dabei „den Eindruck erweckt zu haben, dass wir an einem geheimen Plan arbeiteten, während *wir* davon ausgingen, dass wir uns in völligem Einklang mit Butlers Plänen befanden".[17]

---

[15] Siehe „Notes Made by W. C. White at ‚Camp Necessity'", 25. und 26. Juni 1888, in: *Manuscripts and Memories of Minneapolis*, S. 415–419.
[16] Brief William C. White an Dan T. Jones, 8. April 1890.
[17] Brief William M. Healey an Ellen G. White, September 1901; vgl. Brief Ellen

Vor dem Eintreffen von Healeys Brief schien George Butler emotional stabil gewesen zu sein. Zwar war es ihm eigentlich nicht recht, dass die umstrittenen Themen – die zehn Reiche und das Gesetz im Galaterbrief – während der Versammlung zur Sprache kommen sollten, aber die Briefe von Willie und Ellen White vom August überzeugten ihn von der Notwendigkeit, es doch zuzulassen.[18]

In Anbetracht seiner eigenen Befürchtungen empfand Butler Healeys Mitteilungen zweifellos als äußerst bedrohlich. Der Präsident der Generalkonferenz war am Boden zerstört, als er nur wenige Tage vor dem Beginn der Versammlungen in Minneapolis aus erster Hand Einzelheiten über Vorgänge in Kalifornien mitgeteilt bekam, die in seinen Augen eine Verschwörung darstellten. Plötzlich erschienen auch frühere Ereignisse in einem neuen Licht. Traten nicht Willie White und Ellen White schon seit zwei Jahren dafür ein, dass Jones und Waggoner Gelegenheit bekommen müssten, ihre Ansichten zu erläutern? Und hatten die Whites nicht im August darauf bestanden, eine Aussprache über die umstrittenen Themen auf die Agenda der Versammlung in Minneapolis zu setzen, obwohl er selbst dagegen gewesen war? War nicht Ellen White sogar so weit gegangen, ein Rundschreiben an die Delegierten zu schicken, in dem sie verlangte, dass Jones und Waggoner gehört werden? Offenbar hatte sie sich mit ihnen verbündet, überlegte er, und stand nun völlig unter ihrem Einfluss. Ohne Zweifel handelte es sich hier um eine höchst gefährliche Verschwörung und um eine Bedrohung bewährter adventistischer Glaubensüberzeugungen.[19]

Diese Überlegungen stürzten George Butler in hektische Aktivitäten. Er ließ sofort mehrere Hundert Exemplare seiner Broschüre *The Law in the Book of Galatians* drucken, um sie in Minneapolis verteilen zu können. Dann rief er seine Anhänger zusammen und schärfte ihnen ein, der Verschwörung entschieden entgegenzutreten. Außerdem schickte er zahllose Telegramme und Briefe an die

---

G. White an William M. Healey, 9. Dezember 1888; Brief William C. White an Dan T. Jones, 8. April 1890.

[18] Brief William C. White an George I. Butler, 16. August 1888; Brief Ellen G. White an die „Brüder, die sich zur Generalkonferenz versammeln", 5. August 1888; George I. Butler, *Advent Review and Sabbath Herald*, 28. August 1888; S. 560.

[19] Brief George I. Butler an Ellen G. White, 1. Oktober 1888.

Delegierten, warnte sie vor dem Komplott und beschwor sie, „an den alten Erkennungszeichen festzuhalten". Schließlich schrieb er am 1. Oktober noch einen 40-seitigen Brief an Ellen White, in dem er sie für seine angeschlagene Gesundheit verantwortlich machte und behauptete, hinter dieser Verschwörung stecke Willie White.[20] Am Ende des zweiten Tages der Predigertagung vor der Generalkonferenzversammlung hatte die Kunde von der angeblichen Verschwörung alle Smith-Butler-Anhänger erreicht.

Die Whites, Jones, Waggoner und die anderen Delegierten aus Kalifornien wussten aber nichts davon, dass die Brüder in Battle Creek sie für Verschwörer hielten. „Erst nach … der Konferenz erfuhren wir, was die Brüder von der Generalkonferenz … uns vorwarfen", schrieb Alonzo Jones später. „Völlig ahnungslos waren wir nach Minneapolis gekommen und hatten nichts anderes erwartet, als durch unvoreingenommenes Bibelstudium die Wahrheit zu erkennen."[21] Auch Willie White erklärte in einem Brief, er habe überhaupt nichts davon gewusst, dass „meine alten Freunde in Battle Creek … mir die bittersten Vorwürfe machten".[22]

Weil sie keine Ahnung hatten, was sich hinter den Kulissen abspielte, bestanden die Whites und Stephen Haskell weiter darauf, die umstrittenen Themen auf die Agenda zu setzen, ohne es näher zu begründen. (In Abwesenheit von Butler leitete Stephen N. Haskell die Versammlung; er war bis vor kurzem Präsident der Kalifornien-Vereinigung gewesen.) Willie White berichtete, Haskell habe es peinlichst vermieden, Jones und Waggoner öffentlich zu kritisieren (obwohl er es in persönlichen Gesprächen mit ihnen durchaus tat), weil „sie hoffnungslos in der Minderheit waren".[23] Die Smith-Butler-Fraktion beobachtete das Verhalten ihrer Kontrahenten und ordnete sie in ihre Verschwörungstheorie ein.[24]

---

[20] Brief William C. White an Dan T. Jones, 8. April 1890; Brief Alonzo T. Jones an Claude E. Holmes, 12. Mai 1921; Ellen G. White, Manuskript 15, November 1888; Ellen G. White, Manuskript 2, 7. September 1888 (es ist fast sicher, dass dieses Manuskript falsch datiert ist); Brief George I. Butler an Ellen G. White, 1. Oktober 1888.
[21] Brief Alonzo T. Jones an Claude E. Holmes, 12. Mai 1921.
[22] Brief William C. White an Dan T. Jones, 8. April 1890.
[23] Brief William C. White an Dan T. Jones, 8. April 1890.
[24] Brief Uriah Smith an Ellen G. White, 17. Februar 1890; Brief Ellen G. White

Uriah Smith erklärte später, die umstrittenen Themen wären nur deshalb „zur Sprache gekommen und hätten die Konferenz fast scheitern lassen", weil die Whites und Haskell darauf bestanden hatten.[25] Ellen Whites Einschätzung war ganz anders. 1901 schrieb sie an William Healey, sein Brief an Butler habe „das Werk Gottes um Jahre zurückgeworfen". Schon im Dezember 1888 ließ sie ihn wissen, er habe nicht nur dem unter der Oberfläche schon brodelnden negativen Geist zum Durchbruch verholfen, sondern auch viel dazu beigetragen, ihren Einfluss zu untergraben. „Mein Zeugnis wurde ignoriert; noch nie ... bin ich so behandelt worden wie auf dieser Versammlung." Es sei zum großen Teil sein „Verdienst", dass sich die Dinge so entwickelt hatten.[26]

Die angebliche „kalifornische Verschwörung" und der „Geist von Minneapolis" standen also in direktem Zusammenhang mit den Problemen, mit denen sich Ellen White in Minneapolis konfrontiert sah. Diese Generalkonferenzversammlung und deren unmittelbare Auswirkungen markierten den Tiefpunkt ihres prophetischen Dienstes. In der Zeit davor war sie zwar oft von Nichtadventisten attackiert worden, und auch die eigenen Glaubensgeschwister hatten sie gelegentlich kritisiert; in Minneapolis aber traf sie sogar bei der Leitung der Gemeinschaft der Siebenten-Tags-Adventisten auf Zweifel und weit verbreitete Feindseligkeit.

Die Krise über Ellen Whites Autorität in Minneapolis

Zwar schrieb die Minneapolis *Tribune:* „Frau White ist eine Art Prophetin. Wenn sie spricht, hören die Siebenten-Tags-Adventisten ehrfurchtsvoll zu"[27] – doch sie selbst wusste es besser. Sie merkte, dass ihre Zuhörer anders reagierten als bisher. Gegen Ende der Generalkonferenzversammlung schrieb sie ihrer Schwiegertochter, ihr Zeugnis habe „viele Teilnehmer so wenig beeindruckt", wie es bisher „zu keiner Zeit in ihrem Dienst" der Fall gewesen war. Zwar hätten

---

an William M. Healey, 9. Dezember 1888.
[25] Brief Uriah Smith an Ellen G. White, 17. Februar 1890.
[26] Briefe Ellen G. White an William M. Healey, 21. August 1901 und 9. Dezember 1888.
[27] Minneapolis *Tribune*, 21. Oktober 1888, S. 5.

die Delegierten sie zu Beginn der Konferenz herzlich begrüßt; viele von ihnen seien aber auf Distanz zu ihr gegangen, „als sie merkten, dass Schwester White nicht mit allen ihren Vorstellungen und allen Vorschlägen und Resolutionen übereinstimmte, über die auf der Konferenz abgestimmt werden sollte".[28] Ellen White hatte sich ja nicht nur geweigert, den Streit über den Galaterbrief durch ein „Zeugnis" von ihr zu beenden, wie Butler sie wiederholt gebeten hatte (mehr darüber in Kapitel 5);[29] sie stand auch von Anfang an hinter Jones und Waggoner. Viele deuteten ihre unkooperative Haltung als Ausdruck ihrer geheimen Absprache mit den kalifornischen „Verschwörern". Ihre Haltung gab also dem feindseligen Geist von Minneapolis zusätzliche Nahrung.

Wie bereits erwähnt waren Butler, Smith und ihre Anhänger der Meinung, Ellen White habe den Streit um das Gesetz im Galaterbrief bereits Mitte der 1850er-Jahre entschieden. Nun – so glaubten sie – würde sie ihre „Lösung" der Streitfrage leugnen, indem sie erklärte, dass Waggoner es verdient, angehört zu werden, und die Delegierten auch selbst danach forschen müssten, was die Bibel über dieses Thema sagt. Butler und Smith hatten ihr nahezu damit gedroht, sie würde ihre Glaubwürdigkeit als Gottes Sprecherin verlieren, sollte sie deren Position nicht unterstützen.[30] Ellen White lehnte dies ab und erfuhr die Verwirklichung der Drohung. Die Prophetin sah sich mit der Zwickmühle konfrontiert, dass die beiden einflussreichsten Männer der Gemeinschaft ihr ablehnend gegenüberstanden. Butler schrieb ihr später, ihre „Haltung während der Versammlung" habe „einigen unserer Prediger fast das Herz gebrochen".[31] Das von Smith und Butler gehörte bestimmt dazu.

Da Ellen White es ablehnte, den Streit um das Gesetz im Galaterbrief autoritativ zu entscheiden, und weil sie öffentlich die Ansicht

---

[28] Brief Ellen G. White an Mary White, 4. November 1888.
[29] Ellen G. White, Manuskript 24, circa November oder Dezember 1888.
[30] Brief George I. Butler an Ellen G. White, 1. Oktober 1888; Brief Uriah Smith an Asa T. Robinson, 21. September 1892. Mit demselben Argument wie Uriah Smith und George I. Butler haben interessanterweise auch einige moderne Autoren Ellen G. Whites Inspiration infrage gestellt, wenn sie nicht mit ihnen übereinstimme; siehe Robert J. Wieland und Donald K. Short, *1888 Re-examined*, revidierte Ausgabe 1987, S. 55, 189.
[31] Zitiert im Brief Ellen G. Whites an R. A. Underwood, 27. Januar 1889.

vertrat, Jones und Waggoner müssten unvoreingenommen angehört werden, unterstellten ihr viele, sie sei von ihrem Sohn Willie und den Brüdern Jones und Waggoner beeinflusst worden. Sie warfen ihr vor, nicht mehr „dieselbe zu sein wie früher", da sie anscheinend ihre Meinung zum Gesetz im Galaterbrief geändert habe. In Minneapolis war Ellen White also von Misstrauen umgeben.[32]

Dieses Misstrauen zeigte sich besonders deutlich, als die Delegierten ihr nicht glauben wollten, dass sie nichts mit der angeblichen „kalifornischen Verschwörung" zu tun hatte. „Als ich meinen Brüdern versicherte, ich hätte von Bruder Waggoners Ansichten zum ersten Mal [in Minneapolis] etwas gehört, glaubten mir einige nicht", schrieb sie danach.[33] Sie war ja bis kurz zuvor in Europa gewesen. Und da sie in Minneapolis noch nichts von Healeys Brief an Butler und den Gerüchten über eine „kalifornische Verschwörung" wusste, war sie über die Haltung der Prediger, die sie doch so gut kannten, schockiert. Sie stellten sie praktisch als Lügnerin hin, denn sie glaubten nicht dem, was sie sagte. Einige Monate nach der Versammlung schrieb sie an ihre Familie: „Mehrere Brüder haben zugegeben, sie hätten es zwar nicht so direkt sagen wollen, dass Schwester White lügt, aber sie hätten ihr tatsächlich nicht geglaubt, dass sie die Wahrheit sagt ... Sie dachten, wir alle [Jones, Waggoner, die Prediger aus Kalifornien, Willie und Ellen White] wären mit einem festen Verständnis über das Gesetz im Galaterbrief gekommen und entschlossen gewesen, diese Ansicht durchzusetzen ... In all dem Widerstand, der gegen [meine Zeugnisse in der Vergangenheit] aufgekommen ist, hat mir zuvor niemand vorgeworfen, die Unwahrheit zu sagen", bemerkte sie.[34]

William Healeys Brief an George Butler wirkte wie Sauerteig in den Köpfen der Gemeinschaftsleitung, die Angst vor Auseinandersetzungen über Glaubenslehren – oder gar deren Veränderungen – mitten in der von den Sonntagsgesetzen ausgelösten Krise hatte.

---

[32] Brief Ellen G. White an „die Brüder im Predigtamt", 17. September 1890; Ellen G. White, Manuskript 9, 24. Oktober 1888; Manuskript 24, circa November oder Dezember 1888.
[33] Manuskript 24, circa November oder Dezember 1888; zitiert in *Selected Messages*, Bd. 3, S. 172.
[34] Brief Ellen G. White an ihre Kinder, 12. Mai 1889.

Wie tief das Misstrauen gegenüber Ellen White saß, zeigt die Tatsache, dass nicht einer von den Delegierten zu ihr kam und fragte, ob die Berichte, Verdächtigungen und Gerüchte wahr seien. Ellen White beurteilte die Situation folgendermaßen: „Unsere Brüder hatten sich täuschen lassen. Sie hatten das Vertrauen in Schwester White nicht deshalb verloren, weil sie sich geändert hatte, sondern weil ein anderer Geist von ihnen Besitz ergriffen hatte und sie beherrschte. Satans Absicht ist es, durch seine Mittel die Zeugnisse des Geistes Gottes wirkungslos zu machen."[35]

Entmutigt von der Atmosphäre, die auf der Versammlung in Minneapolis zu spüren war, beschloss sie, die Generalkonferenz nach ihrer Ansprache am 24. Oktober, in der sie die Delegierten wegen ihrer verkehrten Haltung und falschen Einstellung heftig getadelt hatte,[36] in aller Stille zu verlassen – nicht nur, weil die Delegierten ihr nicht mehr glaubten, sondern auch weil sie befürchtete, von „dem vorherrschenden Geist angesteckt zu werden". Sie wollte nach Kansas reisen, denn die dortigen Geschwister hatten sie auf ihrer Durchreise von Kalifornien nach Minneapolis angefleht, länger bei ihnen zu bleiben.[37] Ellen White war eben auch nur ein Mensch und hielt sich natürlich gern dort auf, wo man sie schätzte.

Allerdings änderte sie ihren Entschluss, als ihr „in einer nächtlichen Vision" gesagt wurde, es sei „Gottes Wille, meine Pflicht auf meinem Posten zu erfüllen; Gott selbst werde mein Helfer sein und mich stützen, um die Botschaft weiterzugeben, die er mir geben würde." Denn auf der Konferenz in Minneapolis, so wurde ihr gesagt, „werden Entscheidungen über Leben und Tod fallen". Die Delegierten sollten „eine weitere Chance bekommen, damit sie die Täuschung erkennen, ihren Irrtum bereuen, ihre Sünden bekennen und zu Christus kommen, um bekehrt zu werden".[38]

Leider erkannten viele Delegierte ihren Irrtum nicht und bekannten und bereuten deshalb auch nichts. An ihrer Spitze standen George Butler und Uriah Smith. Ihre Haltung war in Bezug auf

---

[35] Manuskript 24, circa November oder Dezember 1888.
[36] Manuskript 9, 24. Oktober 1888.
[37] Manuskript 21, circa 1888.
[38] Brief Ellen G. White „an die Brüder", circa April 1889 (Brief 85, 1889); vgl. Brief Ellen G. White an J. Fargo, 2. Mai 1889.

Ellen White sehr wichtig, weil sie großen Einfluss auf die Prediger und Gemeindeglieder hatten. „Wo immer ich hinkomme, höre ich Einwände gegen die Zeugnisse, wobei die Brüder Smith und Butler zitiert werden", schrieb sie Ende 1890. Ihre Gegner wiesen darauf hin, dass selbst diese Leiter nicht mehr an die Zeugnisse glaubten und die Kritik an ihrem Verhalten in Minneapolis nicht akzeptierten. „Sind sie nicht gute Männer?", fragten sie. „Haben sie nicht im Werk des Herrn einen hohen Rang eingenommen?"[39] Einige waren aufgrund solcher Überlegungen zu dem Ergebnis gekommen, dass „Schwester Whites Werk und Einfluss der Vergangenheit angehört. Wir brauchen die Zeugnisse nicht länger."[40] An Butler hatte Ellen White schon Ende 1888 geschrieben, ihre Arbeit hätte „durch die anscheinenden Verteidiger ihrer Zeugnisse, die aber ihre wahren Angreifer sind", mehr gelitten als durch ihre offenen Gegner.[41]

Weil George Butler Ellen White noch nicht in Bausch und Bogen ablehnte, konnte er noch als „anscheinender Verteidiger" ihrer Arbeit bezeichnet werden. Er griff vielmehr zu der Methode, wählerisch vorzugehen in dem, welche ihrer Äußerungen er als inspiriert ansah und welche nicht. Ellen White schrieb später an Ole Olsen: „Satan hat die Sache gemäß seiner Absichten arrangiert und sein Ziel erreicht: Weil Schwester Whites Botschaften in ihren Zeugnissen nicht mit den Ansichten [der Brüder] übereinstimmten, wurden sie als ohne Bedeutung hingestellt, es sei denn, sie bestätigten ihre eigenen Vorstellungen."[42]

Uriah Smith benutzte dieselbe Methode wie George Butler. Ende Dezember 1890 schrieb ihm Ellen White, er stünde an der Spitze ihrer Gegner. Er und andere hätten ihre „Zeugnisse so lange gering geschätzt, kritisiert, kommentiert, abgewertet, ein wenig herausgepickt und [den Rest] verworfen – bis sie ihnen nun nichts mehr bedeuten. Sie interpretieren sie ganz nach eigenem, begrenztem Urteilsvermögen und sind damit zufrieden und finden das ganz in Ordnung."[43]

---

[39] Brief Ellen G. White an Ole A. Olsen, 7. Oktober 1890.
[40] Brief Ellen G. White an William C. White, 27. Juli 1890.
[41] Brief Ellen G. White an George I. Butler und Frau, 11. Dezember 1888.
[42] Brief Ellen G. White an Ole A. Olsen, 27. August 1890.
[43] Brief Ellen G. White an Uriah Smith, 31. Dezember 1890.

Smith und Butler hatten schon in den frühen 1880er-Jahren damit begonnen, wählerisch mit den Botschaften Ellen Whites umzugehen. Angefangen hatte es mit einer Meinungsverschiedenheit zwischen dem Chefredakteur des *Review* und Ellen White während jener Krise, die schließlich zur Schließung des Battle Creek-Colleges im Unterrichtsjahr 1882/83 führte. Sie hatte ihm als Vorsitzenden des Ausschusses vorgeworfen, er habe das „Zeugnis", das sie ihm zugeschickt hatte, nicht öffentlich verlesen. Smith war abgeneigt, das zu tun, weil dieses Zeugnis seinem eigenen Standpunkt widersprach. Er rechtfertigte sein Verhalten mit der Behauptung, ihre Mitteilung habe nicht den Charakter eines „Zeugnisses" gehabt, weil es nicht den Anspruch erhob, auf einer Vision zu beruhen.[44] Damit hatte er Ellen Whites Botschaften in zwei Gruppen eingeteilt: In solche, die auf einer Vision beruhten und daher inspiriert waren, und jene, die nicht auf einer Vision beruhten, also vermutlich ihre persönliche Meinung wiedergaben. Botschaften der ersten Kategorie kamen seiner Ansicht nach von Gott und mussten befolgt werden; solche, die der zweiten Gruppe angehörten, fußten möglicherweise auf göttlicher Autorität oder auch nicht. Wie verbindlich sie sind, müsste demnach jeder selbst beurteilen. Uriah Smith haderte danach jahrelang mit Ellen White, weil sie ihn in dem Streit um das College seiner Meinung nach „ungerecht behandelt" hatte.[45]

Butler wollte dieses von Smith verursachte Problem aus der Welt schaffen und veröffentlichte 1884 im *Advent Review and Sabbath Herald* zehn Artikel über Grade der Inspiration bei den Verfassern der Bibel. Aber statt das Problem zu lösen, verkomplizierte er es, denn er kam zu dem Ergebnis, manche Bibelabschnitte seien nicht in demselben Maße inspiriert wie andere und besäßen daher auch nicht die gleiche Autorität. Er bezog seine Schlussfolgerungen zwar nicht ausdrücklich auf Ellen White, wies aber in seinem letzten Artikel darauf hin, dass Gott heute noch durch die Gabe der Prophetie

---

[44] Brief Uriah Smith an Ellen G. White, 20. August 1882. Siehe auch Allan G. Lindsay, „Goodloe Harper Bell: Pioneer Seventh-day Adventist Christian Educator", Ed.D. Dissertation, Andrews University, S. 221–227; Allan G. Lindsay, „Goodloe Harper Bell: Teacher", in *Early Adventist Educators*, George R. Knight, Hg., Berrien Springs (Michigan) 1983, S. 60–63.
[45] Brief Uriah Smith an Dudley S. Canright, 22. März 1883.

zu seinem Volk rede und er glaube, dass im Schrifttum Ellen Whites „die gleichen Merkmale zu beobachten sind ... wie bei denen, die damals Visionen hatten".[46]

Seine Theorie der unterschiedlichen Grade von Inspiration wurde in Battle Creek sowohl in Predigten in der Gemeinde verkündigt als auch am College gelehrt. Nach der Generalkonferenzversammlung 1887 fing George Butler an, sein Konzept auch offen auf Ellen Whites Dienst anzuwenden, weil ihm einige ihrer Ratschläge nicht gefielen. Natürlich stimmte Smith Butlers Konzept zu.

Der selektive Umgang mit ihrem Schrifttum war also bereits in vollem Gange, als die Generalkonferenzversammlung in Minneapolis begann, wo er sich angesichts ihrer Haltung zum Gesetz im Galaterbrief und ihrer Unterstützung für Jones und Waggoner als recht nützlich erwies. Man konnte behaupten, ihre Ansichten wären ihre persönlichen Meinungen.[47] Erschrocken über die Größe des Problems schrieb Ellen White schon zu Beginn der Versammlung an George Butler: „Der Herr hat dich nicht durch seinen Heiligen Geist dazu bewegt, über Inspiration zu schreiben ... Du selbst betrachtest das vielleicht als Licht, aber es wird viele in die Irre führen und für manche sogar ein Geschmack des Todes werden."[48]

Das Verhalten vieler Teilnehmer der Generalkonferenzversammlung in Minneapolis fasste Ellen White folgendermaßen zusammen: „Wenn die voreingenommenen Ansichten oder speziellen Gedanken einiger durch [meine] Zeugnisse gerügt und durchkreuzt werden, machen sie sofort klar, dass man bei den Zeugnissen zwischen Ellen Whites persönlicher Meinung und dem Wort des Herrn differenzieren müsse. Alles, was ihre lieb gewordenen Vorstellungen unterstützt, sei göttlich, aber die Zeugnisse, die sie auf ihre Irrtümer aufmerksam machen, seien menschlichen Ursprungs – Ellen Whites Meinung. Sie machen den Rat Gottes durch ihr traditionelles Denken unwirksam",[49] denn Ellen Whites Meinung war in ihren Augen natürlich nicht besser als die irgendeines anderen Menschen.

---

[46] *Advent Review and Sabbath Herald*, 3. Juni 1884, S. 363; Butlers zehn Artikel erschienen zwischen dem 8. Januar und dem 3. Juni 1884.
[47] Brief Ellen G. White an R. A. Underwood, 18. Januar 1889.
[48] Brief Ellen G. White an George I. Butler, 14. Oktober 1888.
[49] Manuskript 16, circa Januar 1889; zitiert in *Selected Messages*, Bd. 3, S. 68.

Das Fortdauern der Krise über Ellen White

Auch nach der Generalkonferenzversammlung in Minneapolis wurden weiter Zweifel an Ellen Whites Vertrauenswürdigkeit ausgesät. Einige Delegierte waren vorzeitig abgereist und verbreiteten in Battle Creek und an anderen Orten das Gerücht, man könne Ellen White nicht mehr vertrauen. Als sie dann im November selbst im Hauptquartier der Gemeinschaft in Battle Creek eintraf, begegnete man ihr mit Skepsis und Argwohn. Sie war in die Defensive gedrängt und musste ihre Position verteidigen. Als sie es im „Dime Tabernacle" in Battle Creek getan hatte, kamen viele Gemeindeglieder zu ihr und ließen sie wissen, wie „erleichtert" sie seien, dass sie sich keineswegs gewandelt habe; sie wüssten nun, dass „der Geist Gottes wie bisher durch sie spricht".[50]

Diese Versammlung in Battle Creek war allerdings nur der Anfang eines langen Ringens um die Wiederherstellung ihrer Glaubwürdigkeit. Es war ein Teil der Kampagne, die sie zusammen mit Waggoner und Jones von 1889 bis 1891 durchs Land führte, um den Gemeindegliedern die Botschaft von Minneapolis nahezubringen. Denn ob ihre Vertrauenswürdigkeit und Autorität innerhalb der Gemeinschaft wiederhergestellt werden konnte, hing davon ab, ob es ihr gelingen würde, die Adventisten wenigstens zu einem Lippenbekenntnis zu den Lehren von Jones und Waggoner zu bewegen, die sie in Minneapolis und in der Zeit danach so stark unterstützt hatte. Aber für die Hartgesottenen in der Frage des Gesetzes im Galaterbrief war ihre gemeinsame Arbeit mit den Reformern auf Zeltversammlungen, Schulungen und Predigertagungen nur ein weiterer Beweis für die „kalifornische Verschwörung".[51] Der Widerstand der Gegner von Jones und Waggoner habe ihre „Arbeit 50 Mal schwerer gemacht, als sie sonst gewesen wäre", schrieb sie 1890.[52]

Besonders heftigen Widerstand leistete die Leitung des Review and Herald-Verlages in Battle Creek gegen Ellen White, Alonzo Jones und Ellet Waggoner nach 1888. Große Sorgen bereitete es

---

[50] Manuskript 30, Ende Juni 1889.
[51] Brief Uriah Smith an Ellen G. White, 17. Februar 1890.
[52] Brief Ellen G. White „an die Brüder", 14. Mai 1890.

Ellen White, dass einige Brüder in Battle Creek die Verbreitung der kürzlich erschienenen Neuausgabe des *Great Controversy (Der große Kampf)* blockierten.[53] Sie forcierten zwar den Verkauf des im gleichen Jahr erschienenen Buches *Bibellesungen für den Familienkreis* mit traditionellen Ansichten, unternahmen aber fast nichts, um den Absatz des *Großen Kampfes* zu fördern. Das überraschte Ellen White, weil das Buch eine klare Stellungnahme zur aktuellen Sonntagsgesetzgebung enthielt. Es „entlarvt Satans Täuschungen", sagte sie. „Und wir müssen damit rechnen, dass der Feind aller Gerechtigkeit nichts unversucht lässt, um von den Menschen alles fernzuhalten, was seine Machenschaften enthüllt."[54]

Nicht nur die Verbreitung des *Großen Kampfes* wurde erschwert; bei dem Buch *Patriarchen and Propheten* war es 1890 nicht anders.[55] Das Buch enthielt ein Kapitel über „das Gesetz und die Bündnisse" mit Aussagen, die in diametralem Gegensatz zu den Positionen von Uriah Smith und George Butler standen.

1890 war Ellen White über den adventistischen Verlag in Battle Creek so verärgert, dass sie ihm keine Manuskripte mehr anvertrauen wollte, solange der Verlag solch ein Desinteresse an ihnen zeigte. „Ich habe mehrere Bücher fast fertiggestellt", teilte sie den Managern mit; „sie können bald verkauft werden. Aber warum sollte ich annehmen, dass ihr euch für ihre Verbreitung mehr engagiert als ihr es für den *Großen Kampf* getan habt?"[56] Sie ließ ihren Worten Taten folgen und veröffentlichte 1892 *Steps to Christ* (auf Deutsch heute: *Der bessere Weg zu einem neuen Leben*) im bekannten Verlag Fleming H. Revell. George B. Starr berichtete später, Ellen White habe ihm gesagt, sie wollte nicht das Risiko eingehen, dass der adventistische Buchausschuss irgendwelche Änderungen an einem Manuskript vornimmt, das „die Wahrheit der Gerechtigkeit durch den Glauben darstellt, die seit der Generalkonferenzversammlung 1888 ihr großes Thema gewesen war".[57]

---

[53] Manuskript 31, nicht datiert, 1890.
[54] Brief Ellen G. White „an die Brüder", 14. Mai 1890; vgl. Brief William C. White an Charles H. Jones, 23. Juni 1889.
[55] Brief Ellen G. White an Ole A. Olsen, 21. Juni 1890.
[56] Brief Ellen G. White „an die Brüder", 14. Mai 1890.
[57] Interview Roy A. Anderson mit George B. Starr, 1940.

Bald nach der Konferenz in Minneapolis veröffentlichte Ellen White ihr *Testimony No. 33*. Willie White war davon begeistert, denn er hoffte, es werde „viel Licht verbreiten" und den Geschwistern helfen, ihre im Zuge des Minneapolis-Desasters entstandenen „Vorurteile abzubauen".[58] Eine kurze Durchsicht zeigt, dass *Testimony No. 33* (jetzt im 5. Band der *Testimonies for the Church* zu finden) mehrere Kapitel enthält, die etwas mit Minneapolis zu tun haben, zum Beispiel die Kapitel „Einheit und Liebe in der Gemeinde", „Praktische Frömmigkeit", „Notwendigkeit täglichen Bibelstudiums" (auf Deutsch: „Voraussetzungen zum Erfolg im Werk Gottes") und „Der bevorstehende Kampf". Noch wichtiger war allerdings aus der Sicht Willie Whites das 38 Seiten umfassende Kapitel unter der Überschrift „Wesen und Einfluss der Zeugnisse". Es fasste Aussagen zusammen, die Ellen White in den vergangenen 40 Jahren über ihre prophetische Tätigkeit gemacht hatte, und enthielt darüber hinaus einige neue Gesichtspunkte. Sie hatte es mit Absicht zusammengestellt, um ihr Verhalten in der Krise von 1888 zu erläutern und zu verteidigen. Die Zwischenüberschriften machen das deutlich: „Nicht an Stelle der Bibel", „Zweifel an den Zeugnissen", „Vernachlässigung der Zeugnisse" und „Wie eine Zurechtweisung aufgenommen werden soll". Der längste Unterabschnitt dieses Kapitels „Eine unberechtigte Unterscheidung" (im Deutschen ein Extrakapitel) zielte direkt auf die Praxis von Smith und Butler, Ellen Whites Schriften nach dem Grad ihrer Inspiration einzuteilen. Sie attackierte diese Theorie vehement und bestritt ihre Richtigkeit. Zum Schluss forderte sie ihre Leser auf, ihr Schrifttum einer Prüfung zu unterziehen: „Stimmen die Zeugnisse nicht mit dem Wort Gottes überein, dann verwerft sie."[59] Wenn sie aber mit der Bibel übereinstimmen, versteht es sich von selbst, welcher Kurs der richtige ist.

---

[58] Brief William C. White an Ole A. Olsen, 27. November 1888; Brief William C. White an Mary White, 24. November 1888.
[59] *Testimonies to the Church*, Bd. 5, S. 477–718; Zitat von S. 691; auf Deutsch auszugsweise in *Aus der Schatzkammer der Zeugnisse*, Bd. 2, S. 165–294; Zitat auf S. 273. Frank E. Belden berichtete im *Advent Review and Sabbath Herald*, 17. September 1895, S. 594, er habe sich dank des *Testimony No. 33* von der Theorie der verschiedenen Grade der Inspiration abgewandt.

In der Zeit nach 1888 hatte Ellen White also einen kämpferischen Weg eingeschlagen – sowohl mit ihrem Schrifttum als auch durch ihren persönlichen Einsatz. Sie schreckte nicht vor dem Auftrag zurück, den der Engel ihr in Minneapolis gegeben hatte, nämlich das Schlachtfeld nicht zu verlassen. Sie habe eine Botschaft für das Adventvolk, hatte der Engel ihr gesagt. Und Ellen White war nicht jemand, der von dem, was sie als den offenbarten Willen Gottes erkannt hatte, abwich.

Die Wende in den Auseinandersetzungen

Die Monate nach der Generalkonferenzversammlung in Minneapolis waren für Ellen White und ihre Mitstreiter anstrengend, als sie landauf landab adventistischen Predigern und Gemeindegliedern Christus, seine Liebe und die Gabe seiner Gerechtigkeit verkündeten. Das Ergebnis blieb zwar weit hinter den Erwartungen zurück, aber einige Delegierte gestanden ein, dass sie sich in Minneapolis falsch verhalten hatten, und viele Adventisten freuten sich über die neu gewonnene Freiheit in der Gerechtigkeit Christi. Während der Generalkonferenz 1889 in Battle Creek schrieb Ellen White, sie hätten „ausgezeichnete Versammlungen. *Von dem Geist, der in Minneapolis herrschte, ist hier nichts zu spüren.*" Viele Delegierte erklärten, das vergangene Jahr sei „das beste ihres Lebens gewesen"; das Licht aus dem Wort Gottes von der Rechtfertigung durch den Glauben und der Gerechtigkeit Christi hatte in ihre Herzen geschienen.[60]

Diese Generalkonferenz war zwar insofern ein Meilenstein, als sie eine deutliche Verbesserung gegenüber 1888 darstellte, aber in mancherlei Hinsicht hatte die Auseinandersetzung erst begonnen. Einen echten Durchbruch gab es erst während der Predigerschulung im März 1890. Die Gemeinschaft führte mehrere Jahre lang spezielle Schulungen für Prediger durch, weil deren Äußerungen in Minneapolis deutlich gemacht hatte, dass sie nicht in der Lage waren, sich anhand der Bibel die zentralen christlichen Wahrheiten zu eigen zu machen. Führende Vertreter beider Konfliktparteien dienten als Referenten. Die Predigerschulung 1890 kämpfte sich in

---

[60] Manuskript 10, circa Oktober 1889 (Hervorhebungen von mir).

einer Atmosphäre des Streites und des Zweifels durch die Wintermonate, und sogar der Verdacht, es gäbe doch eine „kalifornische Verschwörung", lebte wieder auf.[61] Hauptstreitpunkt waren der alte und neue Bund – ein Streit, den Waggoners Sabbatschullektionen vor kurzem neu entfacht hatten.

Obwohl es bei dieser Schulung hoch herging, konnte Ellen White am 10. März in einem Brief schreiben: „Der Sieg ist da".[62] Noch am selben Tag schrieb sie an ihren Sohn Willie: „Die Stimmung schlägt um." Und am folgenden Tag erklärte sie ihm: „Die Abwehrreihe des Widerstandes ist bei denen gebrochen, die aus anderen Orten gekommen sind", das heißt: nicht zu der alten Garde aus Battle Creek gehörten.[63] Bekenntnisse von mehreren Predigern hatten zu einer Reinigung der Atmosphäre geführt.

Am 13. März lud Ellen White die Leiter zu einem außerordentlichen Treffen ein. Sie und Waggoner erläuterten ihren Standpunkt zu einigen sehr explosiven Angelegenheiten und sprachen offen das Gerücht von der „kalifornischen Verschwörung" an.[64] Es war die erste von mehreren solcher Sitzungen. Am folgenden Sonntag traf auch Alonzo Jones ein; er gab ebenfalls Erklärungen ab und unterzog sich den Kreuzverhören, als die leitenden Brüder der Gemeinschaft versuchten, zu einem gegenseitigen Verständnis zu kommen.

Schon beim ersten Treffen am 13. März räumte Dan T. Jones – Sekretär der Generalkonferenz und führender Kopf der Gegner von Alonzo Jones, Ellet Waggoner und Ellen White – ein, dass ihr Verdacht und ihre Kritik an der angeblichen „kalifornischen Verschwörung" nicht gerechtfertigt gewesen seien.[65] Trotzdem blieb die Stimmung bei Themen wie der alte und neue Bund, das Gesetz im Galaterbrief und andere dogmatische Fragen unter den teilnehmenden Predigern ziemlich gereizt.

---

[61] Gilbert E. Valentine, *Advent Review and Sabbath Herald*, 3. November 1988; S. 11f.; Brief Uriah Smith an Ellen G. White, 17. Februar 1890.
[62] Brief Ellen G. White an Willard A. Colcord, 10. März 1890.
[63] Briefe Ellen G. White an William C. White und Mary White, 10. März 1890; an William C. White, 7. [und 11.] März 1890.
[64] Brief Ellen G. White an W. C. White und Mary White, 13. März 1890.
[65] Brief Dan T. Jones an Hampton W. Cottrell, 13. März 1890 vgl. Brief Dan T. Jones an George I. Butler, 27. März 1890.

Bei einem Folgetreffen thematisierte Ellen White die zwanghafte Beschäftigung mit Glaubenslehren. Dan Jones berichtete in einem Brief: „Sie sagte, *es beunruhige sie nicht so sehr die Frage, was wir glauben*; auch müssten wir nicht alle derselben Meinung sein über den alten und neuen Bund, über das Gesetz im Galaterbrief oder über irgendeine andere Lehre; *aber wir sollten alle den Geist Christi haben* und gemeinsam die dritte Engelsbotschaft untermauern und vorantreiben."[66] Diese Aussage Ellen Whites wog um so schwerer, weil sie eine Woche zuvor den Predigern im Beisein von Dan Jones gesagt hatte, es sei ihr gezeigt worden, dass Waggoners Ansichten über den alten und neuen Bund der Wahrheit entsprächen; auch sie selbst habe in *Patriarchen und Propheten* dieselbe Lehre vertreten.[67] Trotz dieser klaren Stellungnahme war für sie die Gesinnung und Einstellung der Prediger wichtiger als die Frage, ob sie dieselben theologischen Ansichten vertraten wie sie selbst und Waggoner. Diese Haltung Ellen Whites war es, die Dan Jones so überraschte und ihn versöhnungsbereit machte.

Am folgenden Tag schrieb er Willie White, alle hätten der Lehre von der Gerechtigkeit durch den Glauben „theoretisch zugestimmt", und brachte den Kern des Konfliktes in Minneapolis deutlich zum Ausdruck: „Deine Mutter und Dr. Waggoner sagen beide, *es ginge überhaupt nicht um einzelne Lehrpunkte, sondern um den Geist, den wir offenbart haben in unserem Widerstand gegen die Punkte, an denen sie Anstoß nehmen. Ich gebe unumwunden zu, dass dies nicht der Geist Christi war. Es war bei mir nicht der Fall, und ich denke, ich kann erkennen, dass es auch bei anderen nicht so war. Ich habe oft darüber nachgedacht und mich gefragt, warum solche doch eher unbedeutenden Dinge so viel Unruhe hervorrufen, Spaltungen bewirken* und so starke Emotionen wecken, wie wir es in den letzten eineinhalb Jahren erlebt haben ... *Deine Mutter und Dr. Waggoner* haben diese Fragen nicht aufgeworfen in der Absicht, ihre Meinung allen anderen aufzudrängen, sondern *wollten die Aufmerksamkeit auf die Rechtfertigung*

---

[66] Brief Dan T. Jones an J. D. Pegg, 17. März 1890 (Hervorhebungen von mir).
[67] Briefe Ellen G. White an William C. White und Mary White, 9. und 10. März 1890; Ellen G. White, Manuskript 4, 8. März 1890; Brief Ellen G. White an Uriah Smith, 8. März 1890.

aus dem Glauben und auf den Geist Christi lenken, und versuchen, dass sich die Geschwister zu Gott bekehren."[68] Diese Erklärungen erwiesen sich als Wendepunkt in den Auseinandersetzungen in der Zeit nach Minneapolis. Der Präsident der Generalkonferenz Ole Olsen, der Jones und Waggoner unterstützte, war über den Durchbruch außerordentlich erfreut. Am 20. März 1890 schrieb er in einem Brief: „Ich denke, dass ich jetzt sagen kann: Die Aussichten für ein besseres gegenseitiges Verständnis und mehr Einigkeit sind so gut wie seit Jahren nicht. Viele, die sehr ratlos waren, fühlen sich jetzt erleichtert, und Licht scheint nun dort, wo zuvor Finsternis herrschte."[69] Dan Jones stellte fest, die Erklärungen von Ellen White, Alonzo Jones und Ellet Waggoner hätten „mehr dazu beigetragen, die Spannungen zu beseitigen und die Brüder wieder zusammenzuführen als irgendetwas anderes, das seit der Versammlung in Minneapolis unternommen worden ist." „Es überraschte mich zu erleben, wie schnell sich unlösbar scheinende Probleme in Luft auflösten, nachdem einige Erklärungen gegeben worden sind."[70] Von da an nahm die Heftigkeit der Auseinandersetzung deutlich ab, obwohl das Ringen um das Gesetz im Galaterbrief und die Feindseligkeiten gegenüber Jones, Waggoner und Ellen White in den Köpfen einiger Leiter der Gemeinschaft andauerten.[71]

Der lebhafte Meinungsaustausch, der im März 1890 zum Durchbruch führte, bestätigte Ellen Whites Einschätzung, dass die wirkliche Krise in Minneapolis nicht theologischer oder dogmatischer Natur war, sondern eine Frage der inneren Einstellung der Konferenzteilnehmer. Sie schrieb in einem Brief 1889, es seien nicht die theologischen Fragen gewesen, die sie belastet hätten. „Meine einzige Sorge gilt der Haltung jener Prediger, die auf der Konferenz waren und so wenig vom Geist Christi offenbarten, aber viel von dem Geist, der die Schriftgelehrten und Pharisäer beherrschte."[72]

---

[68] Brief Dan T. Jones an W. C. White, 18. März 1890 (Hervorhebungen von mir). Vgl. Brief Dan T. Jones an James H. Morrison, 17. März 1890.
[69] Brief Ole A. Olsen an George C. Tenney, 14. April 1890.
[70] Briefe Dan T. Jones an Robert M. Kilgore, 21. März 1890; an Eugene W. Farnsworth, 21. März 1890; und an George I. Butler, 14. April 1890.
[71] Brief Uriah Smith an Asa T. Robinson, 21. September 1892.
[72] Brief Ellen G. White an J. Fargo, 2. Mai 1889. Vgl. Brief Ellen G. White an

Dass die Krise während der Versammlung in Minneapolis ein Problem der inneren Einstellung der Teilnehmer war, wird durch viele schriftliche Schuldbekenntnisse bestätigt, die Ellen White 1891 und 1892 erhielt.[73] Das zeigte sich auch an der Begeisterung, mit der Ellen White 1901 George Butler wieder in der Leitung der Gemeinschaft willkommen hieß. Obwohl ihm die theologischen Streitfragen von 1888 nach wie vor zu schaffen machten, hatte sich seine Einstellung zum Positiven gewandelt. Seine Gesinnung stand jetzt mehr im Einklang mit der von Jesus. Auch Uriah Smiths Bekenntnis schien mit einer neuen Einstellung gegenüber seinen Glaubensgeschwistern zusammenzuhängen und nicht die Folge einer Meinungsänderung in dogmatischen Fragen gewesen zu sein, wie wir bereits im vorigen Kapitel gesehen haben.

Der Durchbruch in der Frage der „kalifornischen Verschwörung" schwächte den feindseligen Charakter des Geistes von Minneapolis ab. Da die Bedrohung durch ein Komplott zur Beseitigung der traditionellen adventistischen Theologie nicht mehr bestand, fiel es vielen leichter, sich wie christliche Gentlemen zu benehmen. Ein Ergebnis dieser Entwicklung war ein Wiedererwachen des Vertrauens in Ellen White. Ole Olsen schrieb, viele hätten angefangen „zu verstehen, dass die Zeugnisse nicht in erster Linie anklagen sollten, wie sie angenommen hatten. Vielmehr liegt der Fehler in uns selbst, weil wir Gerüchten Glauben schenken, statt der Wahrheit und dem Geist Gottes zu vertrauen."[74] Viele Traditionalisten fingen an, „zu erklären, dass sie den Zeugnissen jetzt wieder vollstes Vertrauen entgegenbringen und bereit sind, das dogmatische Gezänk aufzugeben, das sie in der Vergangenheit daran gehindert hat", bemerkte Dan Jones.[75]

William M. Healey, 9. Dezember 1888; George R. Knight, *From 1888 to Apostasy*, S. 66f.

[73] Brief F. E. Belden an Ellen G. White, 7. Oktober 1892; Brief L. R. Conradi an Ellen G. White, 16. August 1891; Brief Stephen N. Haskell an William C. White, 10. Oktober 1892; Ellen G. White, Manuskript 3, 9. Januar 1891; Brief Dan T. Jones an Robert M. Kilgore, 9. Januar 1891; Brief Dan T. Jones an R. A. Underwood, 10. Januar 1891.

[74] Brief Ole A. Olsen an Leroy T. Nicola, 11. März 1890.

[75] Brief Dan T. Jones an William C. White, 18. März 1890; vgl. Brief Ellen G. White an William C. White und Mary White, 10. März 1890.

Als die vermeintliche „kalifornische Verschwörung" kein Problem mehr darstellte, begann Ellen White auf Drängen von Generalkonferenzpräsident Ole Olsen, über neue Pläne und Arbeit nachzudenken. Am 19. März sprach sie darüber, dass ihr Australien am Herzen liege, behauptete Olsen in einem Brief und äußerte die Vermutung, nun, wo die Verschwörungstheorie erledigt sei, werde sie wohl bald nach Australien aufbrechen.[76] Ende 1891 reiste sie ab, obwohl ihre Tagebucheinträge während des Sommers erkennen lassen, dass sie keinen klaren Hinweis hatte, ob dies Gottes Wille war. Im Dezember 1892 teilte sie Ellet Waggoner mit, sie sei zwar ein Jahr lang krank gewesen, habe aber nicht die Absicht, nach Amerika zurückzukehren. „Ich hadere nicht mit Gott oder mit meinen Brüdern, dass ich hier in Australien bin. Ich glaube, es war Gottes Wille, dass ich in dieses Land kam."[77]

1896 war sie allerdings zu einer anderen Erkenntnis gekommen. Der Herr hatte ihr inzwischen gezeigt, „wie die Dinge wirklich lagen". In Wahrheit gäbe es in den Vereinigten Staaten Leute, die sie lieber außer Landes gesehen hatten, damit sie die Geschicke der Gemeinschaft nach ihrem eigenen Gutdünken leiten konnten. Der Herr hatte Ellen White gezeigt, dass ihre Reise nach Australien nicht sein Wille gewesen war. Vielmehr war es die willensstarke Leitung des Verlages in Battle Creek gewesen – eine Gruppe, die es bitter nötig hatte, von Ellen White und dem Präsidenten der Generalkonferenz beraten zu werden – die Ole Olsen dazu überredet hatten, dafür zu sorgen, dass Ellen White nach Australien reiste.[78] Die Folge war, dass in Battle Creek weiter viele Fehlentscheidungen getroffen wurden – ein Umstand, den Gott zuließ.

Ellen White war zwar froh über den Durchbruch in der Frage der vermeintlichen „kalifornischen Verschwörung" und auch darüber, dass der „Geist von Minneapolis" gewichen war, aber damit war das Problem noch lange nicht gelöst. Ohne den Einfluss Ellen Whites – was auch immer sie zu einer anderen Entwicklung hätte beitragen können – bewegte sich die Gemeinschaft in der Zeit zwi-

---

[76] Brief Ole A. Olsen an George C. Tenney, 20. März 1890.
[77] Brief Ellen G. White an Ellet J. Waggoner, 27. Dezember 1892.
[78] Brief Ellen G. White an Ole A. Olsen, 1. Dezember 1896.

schen Minneapolis und den ersten Jahren des 20. Jahrhunderts auf zahlreiche neue Probleme zu – die Bewegung des „Heiligen Fleisches", die pantheistischen Ansichten von Waggoner und Jones, den Verlust des Glaubens an die Heiligtumslehre und die zunehmende Eigenständigkeit des Leiters des Battle Creek-Sanatoriums John Harvey Kellogg.

Die Frage, ob die Geschichte der Adventgemeinde einen anderen Verlauf genommen hätte, wenn Ellen White in dieser Zeit in Nordamerika gewesen wäre, lässt sich nicht beantworten. Eines jedoch stand für Ellen White wie für andere fest: Hätten es die beiden Parteien, die 1888 im Streit lagen, in den 1890er-Jahren gelernt zusammenzuarbeiten, wären sie in der Lage gewesen, das Abdriften des Adventismus in neue Probleme zum Teil oder ganz zu verhindern. Die Krisen zu Beginn des neuen Jahrhunderts waren die direkte Fortsetzung der Ereignisse von 1888, weil die Traditionalisten und die Reformer der Gemeinschaft der Siebenten-Tags-Adventisten es nie gelernt hatten zusammenzuarbeiten und sich die Stärken der Anderen zu Nutze zu machen.

Zusammenarbeit ist unbedingt notwendig

In den Jahren nach der Generalkonferenz in Minneapolis war es Ellen White stets ein dringendes Anliegen, Liebe, Geduld und Einheit unter den Leitern und Gliedern der Gemeinschaft der Siebenten-Tags-Adventisten zu fördern. „Satan feiert immer ein höllisches Freudenfest, wenn es ihm gelingt, einen Keil zwischen die Brüder zu treiben", erklärte sie. Auch während der Generalkonferenzversammlung 1888 sei das seine Taktik gewesen.[79] Damals hatte sie George Butler deutlich gemacht, er müsse es lernen, gewisse Unterschiede in den Glaubensüberzeugungen und Arbeitsmethoden der Adventisten zu akzeptieren. Einige Abweichungen innerhalb der grundlegenden Glaubenslehren des Adventismus seien für die gesunde Entwicklung des Werkes sogar notwendig. Er müsse daher lernen, sich darüber zu freuen, wenn Glaubensgeschwister anders

---

[79] Manuskript 24, nicht datiert 1892; Manuskript 24, circa November oder Dezember 1888, zitiert in *Selected Messages*, Bd. 3, S. 167.

denken als er, selbst dann, wenn es dabei um für ihn tragende Säulen des Glaubens geht.[80] Der Geist von Minneapolis hatte unter anderem zur Folge, dass die Fraktionen, die sich 1888 gebildet hatten, in den 1890er-Jahren praktisch keine Möglichkeit sahen zusammenzuarbeiten.

Bereits kurz nach Beginn der Versammlungen in Minneapolis 1888 brachte Ellen White diese Angelegenheit in einer Predigt zur Sprache. Die älteren Leiter und Prediger sollten sich in Demut üben und denen zuhören, die Gott berufen hat, eine grundlegende Wahrheit davor zu bewahren, entstellt zu werden oder verlorenzugehen, erklärte sie. Neue geistliche Einsichten der jüngeren Generation würden ihnen guttun. Auch müssten sie sich selbst etwas zurücknehmen und einen Teil der Verantwortung auf die Jüngeren übertragen. Die jüngeren Prediger und Leiter sollten jedoch „den älteren mit Liebe begegnen, sie als ihre Väter betrachten, und ... zu ihnen aufsehen wie zu ihren Ratgebern und Führern. Junge Mitarbeiter sollten das Alter und die Erfahrung ihrer älteren Brüder respektieren."[81] Das war eine der Lehren aus den Ereignissen in Minneapolis: Beide Seiten brauchen einander.[82] Hätten sie zusammengearbeitet, wären ihnen sowohl die neuen Einsichten der Jüngeren als auch der weise Rat der Älteren zugute gekommen. Diese Chance jedoch wurde durch den „Geist von Minneapolis" zunichte gemacht.

Wer aus der Geschichte keine Lehren zieht, muss die gleichen Fehler noch einmal machen. Die mangelnde Zusammenarbeit der beiden Fraktionen führte in den frühen 1890er-Jahren wiederholt zu Problemen. Eines der schlimmsten war, dass Alonzo Jones und William Prescott 1893 und 1894 Anna Rice zur zweiten adventistischen Prophetin erklärten. Stephen Haskell hat darauf hingewiesen, dass die beiden jüngeren Männer die frühe Entwicklungsphase der Adventgemeinde nicht miterlebt und den Fanatismus in Bezug auf geistliche Gaben nicht kennengelernt hatten. „Hätten sie Uriah

---

[80] Briefe Ellen G. White an George I. Butler, 14. und 15. Oktober 1888; Ellen G. White, Manuskript 20a, 15. Dezember 1888.
[81] Manuskript 8a, 21. Oktober 1888. Vgl. Ellen G. White, *Advent Review and Sabbath Herald*, 18. März 1890, S. 161f.; Manuskript 30, März 1890.
[82] Ich bin Tom Norris und Bert Haloviak zu Dank verpflichtet, dass sie mich auf dieses Thema aufmerksam gemacht haben.

Smith oder auch einige weniger prominente Leute, die als altmodisch galten, um Rat gefragt, wäre ihnen dieser Fehler erspart geblieben", schrieb er an Ellen White.[83]

So wie Haskell hielt auch sie es für notwendig, dass die seit Minneapolis innerhalb der adventistischen Leitung bestehenden Fraktionen kooperieren; allerdings gab sie Uriah Smith und der alten Garde die Hauptschuld an dem Zerwürfnis. Sie seien zum großen Teil für die Krise verantwortlich, erklärte sie, weil sie nicht bereit gewesen seien, mit den jüngeren Kollegen zusammenzuarbeiten. Die Älteren hätten „die Räder des Wagens der Wahrheit blockiert", statt mitzuhelfen, ihn in Bewegung zu setzen. „Das Werk des Herrn braucht jedes bisschen an Erfahrung, das er Bruder Butler und Bruder Smith geschenkt hat", schrieb sie an Haskell zurück. Gott habe die jetzige Situation in weiser Voraussicht zugelassen, um den älteren Brüdern zu zeigen, dass es falsch ist, die Zusammenarbeit mit dem dynamischen Jones und Prescott zu verweigern. „Wahrheit ist immer angriffslustig."[84]

Die konservativen älteren Brüder brauchten die begeisterungsfähigen jüngeren Kollegen, aber die Jüngeren brauchten auch die Älteren. Ellen White schrieb an Alonzo Jones, er dürfe niemanden, der im Dienst Gottes steht, gering achten. Er müsse „die betagten Jünger" respektieren; sie seien „Streiter für den Glauben" und hätten die Lasten getragen, die mit der Gründung der Gemeinschaft verbunden gewesen sind. Jones verfüge noch nicht über ihre Einsicht und Erfahrung.[85]

Aus alledem ergibt sich für uns die Schlussfolgerung: *Die Freikirche der Siebenten-Tags-Adventisten ist dann am gesündesten und sichersten, wenn ihre verschiedenen Fraktionen lernen, tatkräftig zusammenzuarbeiten – sicher und verankert in dem Wissen, wie Gott sein Volk in der Vergangenheit geführt hat.* Leider haben die Adventisten diese Lektion während der 1890er-Jahre nicht gelernt. Der Fortbestand des „Geistes von Minneapolis" forderte Anfang des 20. Jahrhunderts von der Gemeinschaft sogar noch einen höheren Preis als zuvor.

---

[83] Brief Stephen N. Haskell an Ellen G. White, 20. April 1894.
[84] Brief Ellen G. White an Stephen N. Haskell, 1. Juni 1894.
[85] Brief Ellen G. White an Alonzo T. Jones, 7. Juni 1894.

Die Antwort auf den Geist von Minneapolis

1890 nannte Ellen White das Problem der Adventisten in ihrem Tagebuch sehr deutlich beim Namen: „Es ist mir gezeigt worden, dass in den Gemeinden die Liebe zu Christus und zu Gott nahezu erloschen ist. Und weil wir Gott nicht lieben, haben wir auch keine Liebe zueinander. Ein kalter, eisenharter Geist trennt die Gläubigen von Gott und untereinander."[86] Der Gott vieler Adventisten war nur ein Gott des Gesetzes, der richtenden Gerechtigkeit und der Wahrheit; aber den Gott der Liebe, der Barmherzigkeit und Gnade kannten sie kaum. Ihr Gott war ein strenger Meister, der viel von ihnen verlangt, aber kein liebender Vater. Ihr Umgang untereinander entsprach diesem Gottesbild.

Alle, die die Wahrheit über die Liebe stellen, werden die gleiche Erfahrung machen. Die Adventisten im späten 19. Jahrhundert mussten den liebenden Jesus kennenlernen; nur dann wären sie nicht nur Adventisten, sondern auch Christen; und nur dann konnte die Adventgemeinde zu einer fröhlichen und sinnstiftenden Glaubensgemeinschaft werden. Darum war es auf der Generalkonferenzversammlung 1888 wirklich gegangen!

Deshalb sprach Ellen White in den Jahren danach immer wieder von der „Liebe Christi". Wenn „die Liebe Christi ein Prinzip ist, das in unseren Herzen wohnt", wird es „als Frucht Liebe, Mitgefühl und Respekt füreinander hervorbringen."[87] Wenn Sünder zu Christus gefunden haben, werden sie *„kein Verlangen haben, darüber zu streiten, was genau damit gemeint ist, dass Christus unsere Gerechtigkeit ist".*[88] Schließlich bedeutet Gerechtigkeit aus Glauben die Erfahrung und Weitergabe der Liebe und Barmherzigkeit Jesu und besteht nicht in einer perfekten Theologie, die im Geiste von Minneapolis verteidigt werden muss.

---

[86] Ellen G. White, Manuskript 22, Tagebucheintrag vom 10. Januar 1890.
[87] Manuskript 21, circa 1888.
[88] Brief Ellen G. White an „die Brüder und Schwestern in der Iowa-Vereinigung", 6. November 1901 (Hervorhebungen von mir).

Kapitel 5

Unklarheit über die geistliche Autorität

„Es herrscht hier fast so etwas wie ein Rechtgläubigkeitswahn", schrieb Willie White von der Generalkonferenzversammlung 1888 an seine Frau Mary und berichtete: „Bei der Sitzung [der Delegierten], bei der es um Belange des [Battle Creek-]Colleges ging, wurde ein Antrag eingebracht, der besagte: Eine neue Glaubenslehre darf am College erst gelehrt werden, wenn sie von der Generalkonferenz angenommen worden ist. Mutter und ich haben diesen Beschluss nach zähem Ringen verhindert."[1] Diese Bemerkung gegen Ende der Generalkonferenzversammlung in Minneapolis zeigt, dass sich die Leitung der Freikirche der Siebenten-Tags-Adventisten über den angemessenen Gebrauch von geistlicher Autorität bei der Lösung theologischer Streitfragen nicht einig war.

Zu den bisher wenig untersuchten Themen, die während der Generalkonferenzversammlung 1888 eine Rolle spielten, gehört die Rolle geistlicher Autoritäten. Die Konferenz bietet eine gute Gelegenheit zu untersuchen, welcher Gebrauch davon bei Entscheidungen über theologische Fragen gemacht wurde, da beide streitenden Fraktionen die strittigen Punkte im Galaterbrief und im Buch Daniel für wichtig hielten. Diese Einblicke in theologische Entscheidungsprozesse sind auch noch für Adventisten des 21. Jahrhunderts von großem Nutzen, weil sowohl einzelne Gemeindeglieder und Leiter als auch Gremien der Freikirche dazu tendieren, die Fehler im Umgang mit geistlicher Autorität zu wiederholen, die ihre Vorgänger seit Bestehen der Gemeinschaft immer wieder gemacht haben.

---

[1] Brief William C. White an Mary White, 3. November 1888.

Es ist zwar nicht restlos klar, was sich während der Generalkonferenzversammlung 1888 alles abgespielt hat, weil es kein wörtliches Protokoll davon gibt; die offenen Fragen betreffen aber nicht die Art und Weise, in der die beiden Konfliktparteien versuchten, ihre Version der „Wahrheit" zu untermauern. Die erhaltenen Dokumente zeigen eindeutig, dass in Minneapolis sich die Fraktionen bemühten, ihre jeweiligen Ansichten mithilfe administrativer Maßnahmen, Abstimmungen, Expertenmeinungen, theologischer oder historischer Standardwerke, der adventistischen Tradition, Ellen Whites Aussagen und der Bibel durchzusetzen.

Einige historische Fakten schockieren möglicherweise heutige Leser. Wenn dem so ist, sollten sie das als heilsamen Schock betrachten, der dazu beitragen kann, dass sowohl einzelne Gemeindeglieder als auch die Freikirche mit ihren verschiedenen Institutionen und Verwaltungsebenen zu einem vernünftigeren Umgang mit der Autorität in theologischen Fragen findet. Schließlich gibt es für Christen kein wichtigeres Thema als das der geistlichen Autorität, denn alles, was ein Mensch glaubt oder tut, beruht auf seiner Ansicht von Autorität.

1888 waren die adventistischen Leiter und Prediger über diese Angelegenheit gespalten und sie sind sich auch heute noch nicht darüber einig. *Der richtige Umgang mit geistlicher Autorität ist meines Erachtens das Wichtigste, was heutige Adventisten aus den damaligen Ereignissen lernen können.*

Berufung auf menschliche Autorität

Siebenten-Tags-Adventisten beriefen sich 1888 auf mindestens vier verschiedene Formen menschlicher Autorität, um die theologischen Streitfragen zu entscheiden, die die Gemeinschaft damals entzweiten. Zum ersten ging es dabei um **Aussagen von „Experten" und etablierten adventistischen Autoren.** Uriah Smith und George Butler haben sich beide auf sie berufen. Die Mehrheit der versammelten Prediger hätte den leitenden Brüdern der Generalkonferenz wahrscheinlich auch zugestimmt, aber die Reformer erhoben dagegen heftige Einwände.

Ellet J. Waggoner wurde in dieser Hinsicht sehr deutlich. Mit seiner Kritik an Butlers Benutzung von Expertenaussagen traf er die Achillesferse des älteren Kollegen. „Was Menschen sagen, spielt für mich keine Rolle", erklärte Waggoner bereits in seinem Buch *The Gospel in The Book of Galatians.* „Ich möchte wissen, was Gott sagt. Wir lehren nicht das Wort von Menschen, sondern das Wort Gottes. *Ich bin zutiefst überzeugt, dass du Greenfield nicht zitieren würdest, wenn du stattdessen eine biblische Begründung finden könntest.*" Wenn Adventisten anfingen, sich auf menschliche Autoritäten zu verlassen, „könnten wir ebenso gut gleich Katholiken werden", erklärte Waggoner, „denn es ist das Wesen des Papsttums, den Glauben auf Menschenmeinungen zu gründen. Ob wir uns der Meinung eines Einzelnen anschließen oder das glauben, was 40 Leute sagen, ist unerheblich; im ersten Fall hätten wir einen Papst, im zweiten 40." Nachdem Waggoner gezeigt hatte, dass Butlers Verwendung von Autoritäten wie den protestantischen Theologen und Historiker Philip Schaff (1819–1893) zu eigenartigen Schlussfolgerungen führt, wenn man dessen Sichtweise auf die adventistische Lehre vom Sabbat überträgt, erklärte Waggoner unter Anspielung auf die Krise um die Sonntagsgesetze, er hoffe sehr, „dass wir in dieser letzten Zeit nicht die Gewohnheit bei uns einführen, jede Lehre mit der Meinung von Doktoren der Theologie zu begründen". Siebenten-Tags-Adventisten „sollten unbedingt Protestanten bleiben und alles allein an der Bibel prüfen".[2] Alonzo T. Jones teilte Waggoners Position; er erklärte Uriah Smith bereits 1886 in einem Brief, mit dem Argument, „Bischoff Chandler hat es so gesagt", ließe sich das Problem der Identität der zehn Hörner nicht lösen.[3]

Die Adventisten waren nicht nur versucht, ihre Positionen mit Aussagen bekannter christlicher Autoren zu begründen; sie hatten auch ihre eigenen anerkannten Autoren, zum Beispiel Uriah Smith. Willie White wies in einem Brief 1887 darauf hin, dass manche adventistischen Prediger „Kommentaren von Bruder Smith dieselbe Bedeutung zumessen wie Zitaten aus der Heiligen Schrift".[4] Das

---

[2] *The Gospel in the Book of Galatians*, S. 56, 59, 66f., 60 (Hervorhebungen von mir).
[3] Brief Alonzo T. Jones an Uriah Smith, 3. Dezember 1886.; vgl. Brief William C. White an George I. Butler, 16. August 1888.
[4] Brief William C. White an C. Eldridge, 14. Mai 1887.

lag zum großen Teil daran, dass Ellen White Smiths Buch *Gedanken über Daniel und die Offenbarung* empfohlen hatte. Als es 1887 überarbeitet wurde, weil es übersetzt werden sollte – so erinnerte sich Willie White später – „holten sie hervor, was sie über Bruder Smiths Werk geschrieben hatte; sie hatte es gebilligt und geäußert, dass Engel ihm bei seiner Arbeit geholfen hätten. Diese Aussagen wurde weiter ausgeschmückt, bis der Leiter des Review-Verlags praktisch den Standpunkt vertrat, dass das Buch *Thoughts on Daniel and Revelation* inspiriert war und daher am Text nichts verändert werden dürfte. Das machte natürlich eine unvoreingenommene und faire Untersuchung der offenen Fragen nahezu unmöglich." Im Februar 1889 äußerte Willie White die Hoffnung, dass sich diese auf Smith bezogene „Unfehlbarkeitsdoktrin" bald auflösen würde.[5]

Mit der **Autorität von Amts wegen** war es ähnlich wie mit den Aussagen von Experten. George Butler machte gern von ihr Gebrauch. Seine Einstellung, dass Leiter die Dinge „klarer sehen" und ihre Ansichten mehr Gewicht hätten als die von Gemeindegliedern,[6] prädestinierte ihn zum Missbrauch seiner Autorität. Ellen White warf ihm im Oktober 1888 vor, er bevorzuge die, die mit ihm übereinstimmen, und betrachte jeden mit Argwohn, der „sich nicht verpflichtet fühlt, die Dinge nur mit den Augen anderer zu sehen – zu tun, was sie tun, zu reden, wie sie reden, zu denken, wie sie denken und sich quasi zu Marionetten zu degradieren."[7] Kurz nach der Generalkonferenzversammlung 1888 schrieb Ellen White an ihre Schwiegertochter, dass Butler „denkt, seine Position verleihe ihm so viel Macht, dass seine Stimme unfehlbar ist".[8]

Der Ansatz des Präsidenten der Generalkonferenz, Adventisten darin zu bestärken, „zu einem Mann aufzusehen, der für sie denkt, und ihr Gewissen ist", hatte nach Ellen Whites Ansicht zu viele Schwächlinge hervorgebracht, die „unfähig sind, treu ihre Pflicht zu

---

[5] Briefe William C. White an Stephen N. Haskell, 9. Dezember 1909, und an Joseph H. Waggoner, 27. Februar 1889. Siehe auch Arthur L. White, „Thoughts on Daniel and Revelation", *Ministry*, Januar 1945, S. 11–13, 46.
[6] George I. Butler, *Leadership*, S. 1; Brief George I. Butler an Ellen G. White, 1. Oktober 1888.
[7] Brief Ellen G. White an George I. Butler, 14. Oktober 1888.
[8] Brief Ellen G. White an Mary White, 4. November 1888.

erfüllen". Sie sei „noch nie so alarmiert gewesen", wie während der Generalkonferenzversammlung 1888, als Prediger sich nicht einmal in der Lage sahen, die Probleme im Galaterbrief anhand der Bibel zu studieren, „weil ein Mann [Butler] nicht anwesend war". Weil sie Butler an die Stelle Gottes gesetzt hätten, ruinierten sie dadurch sowohl ihr eigenes als auch Butlers Leben als Christ.[9]

Ellen White sprach sowohl den Administratoren als auch den Experten die Autorität ab, über Glaubenslehren zu entscheiden. Im Dezember 1888 erklärte sie in einem Brief an William Healey: „Wir sollten nicht meinen, Bruder Butler oder Bruder Smith seien die Hüter der adventistischen Glaubenslehren, und niemand dürfe es wagen, einen Gedanken zu äußern, der von ihren Vorstellungen abweicht. Ich habe immer gerufen: Studiert selbst in der Heiligen Schrift! ... Ein Mensch darf nie die oberste Autorität für uns sein."[10]

Eine dritte Instanz, die in Minneapolis zu Unrecht herangezogen wurde, um strittige theologische Fragen zu entscheiden, war die **adventistische Tradition**. Smith und Butler hatten beide wiederholt argumentiert: Da die adventistischen Positionen zum Galaterbrief und zum Buch Daniel schon 40 Jahre Bestand haben und als wahr gelten, sollten sie nicht geändert werden.[11] Smith ging sogar so weit zu erklären: Sollte sich die Tradition als falsch erweisen, sähe er sich gezwungen, dem Adventismus abzuschwören.[12]

Ellet Waggoner und Alonzo Jones lehnten die Berufung auf die Tradition natürlich ab. Joseph Waggoner stand auf der Seite seines Sohnes. Er schrieb 1887 an die Leiter der Generalkonferenz: „Ich halte es schon lange für einen schwerwiegenden, in unseren Reihen immer weiter um sich greifenden Fehler, dass ein Einzelner oder sogar der Verlag seine Ansichten verbreitet und die Gemeinschaft

---

[9] Brief Ellen G. White an Stephen N. Haskell, 14. Dezember 1891; Ellen G. White, Manuskript 9, 24. Oktober 1888.
[10] Brief Ellen G. White an William M. Healey, 9. Dezember 1888. Vgl. Ellen G. White, Manuskript 37, circa 1890.
[11] William C. White, handschriftliche Notizen zur Generalkonferenz 1888, Buch 1 (E), 15. Oktober 1888, S. 27; zitiert in *Manuscripts and Memories of Minneapolis*, S. 420, 443. Briefe George I. Butler an Ellen G. White, 16. Dezember 1886 und 1. Oktober 1888.
[12] Brief Uriah Smith an Asa T. Robinson, 21. September 1892.

an diese Sichtweise binden will, nur weil sie die Möglichkeit hatten, sie zu veröffentlichen ... Auslegungen der Heiligen Schrift dürfen nicht" auf der Autorität der Tradition „beruhen. Vielmehr kann erst nach gründlicher Untersuchung und sorgfältigem Nachdenken darüber entschieden werden, und jeder muss Gelegenheit haben, seine Meinung dazu zu äußern."[13]

Ellen White stand wie gewöhnlich auf der Seite der Reformer. *„Wir sind als [Gottes] Volk in großer Gefahr"*, warnte sie, *„wenn wir uns nicht ständig davor in Acht nehmen, unsere eigenen Vorstellungen – nur weil sie uns lieb und wert geworden sind – für biblische Wahrheiten zu halten, sie in allen Punkten als unfehlbar zu betrachten und alle anderen nach unserem Bibelverständnis zu beurteilen. In dieser Gefahr stehen wir, und nichts wäre schlimmer, als ihr als Gemeinschaft zu erliegen."*[14]

Die vierte Kategorie menschlicher Autorität, von der die Smith-Butler-Gruppe Gebrauch zu machen versuchte, um den traditionellen Adventismus zu erhalten, war die **Abstimmung** über eine einem Glaubensbekenntnis ähnliche Aussage, die die vor 1888 vertretene Theologie zementieren sollte. Das hatte sie schon auf der Generalkonferenzversammlung 1886 versucht, als Butler hoffte, sein neunköpfiger Theologieausschuss werde per Abstimmung die Grundlage dafür schaffen, dass die Wahrheit über das Gesetz im Galaterbrief und die zehn Hörner in Daniel 7 ein für allemal festgeschrieben wurde. Seine Hoffnung erfüllte sich jedoch nicht; denn der Ausschuss war mit 5 zu 4 Stimmen gespalten. Als gewiefter Politiker setzte Butler diese Angelegenheit daher nicht auf die Tagesordnung, weil das zu „einer heftigen öffentlichen Auseinandersetzung" geführt hätte.[15] Er suchte nach einem Kompromiss und erhielt Zustimmung zu einem Beschluss, in dem festgelegt wurde, dass „Lehrmeinungen, die nicht von einer deutlichen Mehrheit unserer Gemeindeglieder geteilt werden", an adventistischen Colleges erst dann gelehrt und in Zeitschriften der Gemeinschaft veröffentlicht werden dürfen, wenn sie „von leitenden Brüdern mit Erfah-

---

[13] Brief Joseph H. Waggoner an die Generalkonferenz, 10. Oktober 1887.
[14] Ellen G. White, Manuskript 37, circa 1890 (Hervorhebungen von mir).
[15] Brief George I. Butler an Ellen G. White, 16. Dezember 1886.

rung geprüft und gebilligt worden sind".[16] Natürlich waren Smith und Butler diese „leitenden Brüder mit Erfahrung"; sie verfügten nun also über ein Vetorecht, hatten aber immer noch nicht den formalen Beschluss, den sie sich erhofft hatten.

Das Streben nach einer Aussage, die einem Glaubensbekenntnis ähnlich war, blieb bis 1888 lebendig. Im Mai 1887 schrieb Leon A. Smith (der fast immer der gleichen Meinung war wie sein Vater Uriah) einen Leitartikel für den *Review* mit der Überschrift „Der Wert eines Glaubensbekenntnisses". Für Leon war ein Glaubensbekenntnis als die Zusammenfassung von Glaubensüberzeugungen eine Angelegenheit, die die Bibel eindeutig lehrt. „Lasst uns das ‚Glaubensbekenntnis' annehmen, das uns das inspirierte Wort gibt, seine Lehren in uns aufnehmen und daran festhalten – und uns nicht um das Gerede jener Leute kümmern, die Lehrer eines neuen Evangeliums sein wollen."[17]

Damit waren natürlich Waggoner und Jones gemeint. Leon Smiths Glaubensbekenntnis – ebenso wie das seines Vaters und das Butlers – hätte zweifellos Aussagen über das Gesetz im Galaterbrief und über die zehn Hörner in Daniel 7 enthalten, weil es sich dabei ihrer Meinung nach um biblische Lehren von zentraler Bedeutung handelte. Das Problematische an Glaubensbekenntnissen ist jedoch, dass sie nicht selten aktuelle, aber marginale Themen auf eine Stufe mit grundlegenden biblischen Lehren gestellt und sie zu Erkennungszeichen des rechten Glaubens gemacht haben. Sind solche neuen Erkennungszeichen aber erst einmal in einem Glaubensbekenntnis verankert, ist es nahezu unmöglich, sie später zu verändern; denn jede Veränderung dieser Art wird von den Gläubigen als Verrat am Glauben der Väter interpretiert. Solch einen Fortbestand ihrer Erkennungszeichen („*landmarks*") wollten die Traditionalisten in Minneapolis natürlich sicherstellen.

In Minneapolis wurde versucht, Beschlüsse zur Frage der zehn Hörner und der Bedeutung des Gesetzes im Galaterbrief zu verabschieden, die einem Glaubensbekenntnis gleichkamen. Am 17. Oktober schlug zum Beispiel George B. Starr eine Abstimmung über

---

[16] *Adventist Review and Sabbath Herald*, 14. Dezember 1886, S. 779.
[17] *Adventist Review and Sabbath Herald*, 10. Mai 1887, S. 298f.

die zehn Hörner vor. „‚Ich würde diese Frage gerne ein für allemal beantwortet wissen', sagte er, ‚damit sie nicht noch einmal zu Streitigkeiten führt.' Die Leute im Saal riefen ‚Amen, Amen'."[18] Aber Waggoner und Willie White samt seiner Mutter widersetzten sich einem solchen Antrag mit Erfolg. Am letzten Tag der Generalkonferenzversammlung schrieb Ellen White an ihre Schwiegertochter, sie und „Willie ... mussten ständig auf der Hut sein, damit keine Anträge gestellt und keine Beschlüsse gefasst wurden, die sich für die zukünftige Arbeit als schädlich erweisen würden".[19] Zuvor hatte Willie White den Delegierten erklärt, er könne nicht anders, als das „zu predigen, was er glaube, unabhängig davon, wie die Konferenz" im Falle einer Abstimmung über die zehn Hörner entscheide.[20]

Sowohl Ellen White als auch Waggoner plädierten für ein weiteres Studium der Bibel, bevor eine Entscheidung getroffen wurde. „Die Gemeinschaft kann zwar einen Beschluss nach dem anderen verabschieden in der Hoffnung, den Unstimmigkeiten ein Ende zu bereiten", erklärte Ellen White 1892; „aber wir können Meinungsverschiedenheiten nicht dadurch beseitigen, dass wir dem Denken und dem Willen der Gläubigen einen Zwang auferlegen. Diese Beschlüsse mögen die Uneinigkeit verbergen, aber sie können sie nicht beseitigen und volle Übereinstimmung herstellen." Den Unterschieden in Glaubensüberzeugungen müssten wir in der „Langmut Christi" begegnen. Andererseits seien „die großen Wahrheiten im Wort Gottes so klar formuliert, dass jeder sie verstehen kann". Denen aber, die aus „kleinen Maulwurfshügeln ... Berge machen ... und einen Keil zwischen die Brüder treiben", wollte sie entschlossen Widerstand leisten.[21]

Leider war es das grundlegende Problem aller Traditionalisten (das auch in der gesamten Kirchengeschichte eine große Rolle ge-

---

[18] Minneapolis *Journal*, 18. Oktober 1888, S. 2; Minneapolis *Tribune*, 18. Oktober 1888, S. 5.
[19] Brief Ellen G. White an Mary White, 4. November 1888; vgl. Brief Ellen G. White am R. A. Underwood, 18. Januar 1889.
[20] Brief William C. White an Mary White, 3. November 1888.
[21] Ellen G. White, Manuskript 24, nicht datiert 1892. Sie praktizierte selbst, was sie in Bezug auf Toleranz gegenüber unterschiedlichen Glaubensüberzeugungen schrieb (siehe Kapitel 4 zum Streit über die Bündnisse).

spielt hat), Maulwurfshügel mit Bergen zu verwechseln. Sie waren davon überzeugt, dass ihre Maulwurfshügel die wichtigsten Berge in der geistlichen Landschaft seien. Weil sie dafür aber keine klaren biblischen Beweise anführen konnten, sahen sie sich gezwungen, per Beschluss oder mithilfe irgendeiner anderen Form menschlicher Autorität ihren Ansichten den Charakter einer Glaubenslehre zu verleihen. Auch die Traditionalisten in Minneapolis wollten es so machen.

Berufung auf die Autorität Ellen Whites

Alle waren sich jedoch darin einig, dass ein „Zeugnis" von Ellen White zu den strittigen Punkten mehr Gewicht hat als menschliche Autorität und den Streit beenden würde. Kamen ihre Zeugnisse nicht von Gott? Besonders George Butler war begeistert von den Möglichkeiten, die diese Art der Entscheidungsfindung eröffneten. Zwischen Juni 1886 und Oktober 1888 schrieb er deswegen eine Reihe von Briefen an Ellen White. Sie lassen erkennen, dass er immer mehr Druck auf sie ausübte und sie praktisch zwingen wollte, ihm eine verbindliche Interpretation zu liefern; denn die brauchte er, um das Problem zu lösen, um welches Gesetz es sich im Galaterbrief handelte. Wäre er erfolgreich gewesen, hätte er ein Buch schreiben können mit dem Titel *Wie man eine Prophetin anschiebt*.

Butler ging psychologisch geschickt zunächst sehr behutsam vor, um Ellen White für sein Vorhaben zu gewinnen. Am 20. Juni 1886 beklagte er sich bei ihr über den Unterricht von Jones und Waggoner am Healdsburg-College in Kalifornien und über deren Artikel in den *Signs of the Times*, in denen die Reformer erklärten, dass mit dem Gesetz im Galaterbrief das Moralgesetz gemeint sei – eine Ansicht, die – wie Butler betonte –, mit den traditionellen adventistischen Lehren nicht im Einklang stand. Dann kam er auf sein eigentliches Anliegen zu sprechen und deutete schon einmal behutsam an, wie die richtige Antwort lauten müsste: „Vor Jahren hörte ich, du hättest Licht über das ‚hinzugekommene Gesetz' [Gal 3,19 EB], und zwar in dem Sinne, dass es sich dabei um das Zeremonialsystem und nicht um das Moralgesetz handelt. Ich meine, diese Frage sollte irgendwie geklärt werden. Für viele unserer leitenden Brüder wäre es eine außerordentlich bittere Pille, wenn sie mit ansehen müssten, dass überall gelehrt wird: Das Gesetz, das hinzugefügt wurde ... war das Moralgesetz selbst."[22]

Am 23. August 1886 wurde der Präsident der Generalkonferenz etwas deutlicher. Er wies darauf hin, dass diese offene Frage zu Streit führte, und kam dann auf die Auseinandersetzung zwischen Stephen Pierce und Joseph Waggoner in den 1850er-Jahren zu sprechen, als die Gemeinschaftsleitung die Sichtweise mit dem Zeremonialgesetz angenommen hatte. George Butler schlug vor, er könnte eine Abhandlung über dieses Thema verfassen, weil „die wahre Sichtweise bisher noch nicht ausführlich schriftlich verfasst worden" sei. Am Schluss deutete er an, dass er wenig über ihre Ansicht zum Thema wisse, und gab ihr damit die Gelegenheit, die seiner Meinung nach wahre Sichtweise der Dinge zu bestätigen. Dass Butler eine Antwort erwartete, ergibt sich aus seinen nächsten Sätzen: „Nachdem ich diese Frage sehr ausführlich studiert habe und mir alles so klar erscheint, wäre es natürlich ein ziemlicher Schock für mich, wenn dir gezeigt werden sollte, dass ich mich irre. Aber ich bin sicher, dass ich es akzeptieren würde – auch wenn ich es nicht verstehen könnte – und zumindest darüber schweigen würde. Das ist die einzig angemessene Reaktion, da wir die Gabe der Prophetie ja anerkennen."[23]

Der Generalkonferenzpräsident konnte es sich leisten, als demütig zu erscheinen, denn er hatte keinen Zweifel, dass Ellen White seinen Standpunkt im Streit um das Gesetz im Galaterbrief bestätigen würde. Ellen White antwortete jedoch auch dieses Mal nicht auf seine dezente Einladung, das Problem zu lösen.

Mitte Dezember 1886 verlor Butler zusehends die Geduld mit der schweigsamen Prophetin. Sein Plan, den Streit während der Generalkonferenzversammlung im November 1886 durch einen verbindlichen Beschluss ein für allemal beizulegen, war gescheitert; und nun war er fast verzweifelt angesichts der mangelnden Kooperationsbereitschaft Ellen Whites. „Seit Jahren warten wir auf deine

---

[22] Brief George I. Butler an Ellen G. White, 20. Juni 1886.
[23] Brief George I. Butler an Ellen G. White, 23. August 1886.

Stellungnahme zum Thema [Galaterbrief]", platzte er in einem weiteren Brief heraus, „wohl wissend, dass die Agitation [Waggoners] nur Debatten hervorrufen würde". Und zwölf Tage später teilte er ihr rundheraus mit: „Nicht weniger als ein Zeugnis vom Himmel" könnte seine Meinung über das Gesetz im Galaterbrief ändern.[24]

Im März 1887 hatte Butler bessere Laune, denn er hatte von Ellen White eine Kopie ihres Briefes an Waggoner und Jones bekommen, in dem sie sie tadelte, dass sie ihre umstrittenen Ansichten veröffentlicht hatten. Butler deutete einige ihrer Bemerkungen so, als stünde Ellen White im Streit um den Galaterbrief auf seiner Seite. Da er nun zuversichtlich war, sie würde das Richtige sagen, erinnerte er sie daran, dass er in dieser Sache mehrmals an sie geschrieben, aber keine Antwort bekommen habe. Er versicherte ihr zwar, er wolle sie nicht zu einer Stellungnahme drängen, ließ sie aber wissen, er sei sich „sicher, dass sich die Lage nach all dem Aufsehen, die sie schon erregt habe, erst dann beruhigen wird, wenn alle wissen, wie du über die Sache denkst. Du wirst es selbst erleben ... Wenn die Gemeindeglieder wüssten, dass dir gezeigt worden ist, dass unter dem hinzugefügten Gesetz nicht das Moralgesetz zu verstehen ist, würde die Frage in Kürze gelöst sein. Das wollen sie endlich von dir wissen."[25]

Da er zuversichtlich war, dass Ellen White sich nun öffentlich an seine Seite stellen würde, verletzte und schockierte es George Butler um so mehr, als sie ihm im April schrieb, ihr an die jungen Männer gerichteter Tadel bedeute nicht, dass sie seine Position für richtig hielt.[26] Danach verschwendete er keinen Tropfen Tinte mehr, um Ellen White nach ihrer Meinung zu fragen. Er sah nun zunehmend in seiner Vorstellung ein theologisches Desaster, einen Verrat durch die Prophetin und eine Verschwörung kommen.

Bis zum 1. Oktober 1888 hatten seine Befürchtungen – bestärkt durch William Healeys briefliche Mitteilung über die angebliche „kalifornische Verschwörung" – den Höhepunkt erreicht. Der Präsident der Generalkonferenz dachte nicht mehr daran, Ellen White

---

[24] Briefe George I. Butler an Ellen G. White, 16. und 28. Dezember 1886.
[25] Brief George I. Butler an Ellen G. White, 31. März 1887.
[26] Brief Ellen G. White an George I. Butler und Uriah Smith, 5. April 1887.

um Unterstützung zu bitten. Jetzt ging er zum Angriff über: Er verurteilte ihr Schweigen trotz seiner wiederholten Bitten, ihm bei der Lösung des Galaterproblems zu helfen, und machte sie für seine angeschlagene Gesundheit verantwortlich. Außerdem drohte er ihr ganz offen: Wenn sie nicht mit der passenden Auslegung aufwarten könne, würde das nicht nur „Tür und Tor für weitere Neuerungen öffnen und die bewährten alten Säulen des Glaubens niederreißen", sondern auch „das Vertrauen der Gemeindeglieder in die Zeugnisse selbst zerstören. Wenn die kalifornische Bewegung in Sachen Galaterbrief Unterstützung findet, wird diese ganze Angelegenheit dem Vertrauen in deine Arbeit mehr schaden, als irgendetwas ihr seit der Gründung der Gemeinschaft je geschadet hat … Wenn unsere Leute den Eindruck gewinnen, dass die andere Seite unterstützt wird, werden viele unserer leitenden Brüder den Glauben an die Zeugnisse verlieren. Das ist sicher."[27] Ohne Zweifel zählte sich auch Butler selbst dazu.

Angesichts der Einstellung vieler Adventisten zu Ellen Whites Werk sind die Briefe Butlers an sie auch heute noch von großem Interesse. Schon viele haben sich gewünscht (und manche auch offen ausgesprochen), dass Ellen White noch am Leben wäre, damit man sie nach der „tatsächlichen" Bedeutung bestimmter Bibeltexte fragen könnte. Die Briefe Butlers zeigen uns, wie sie damals auf solche Wünsche reagierte – nämlich mit Schweigen, frustrierendem Schweigen. Sie hat sich geweigert, die Traditionalisten zu unterstützen, die von ihr quasi verlangt hatten, das Problem um das Gesetz im Galaterbrief durch eine endgültige Stellungnahme zu lösen, indem sie entweder das „verlorengegangene", für Joseph Waggoner bestimmte Zeugnis aus den 1850er-Jahren vorlegte oder aber nun eine autoritative Aussage machte. Mit anderen Worten: Sie sollte die „theologische Polizistin" oder „exegetische Schiedsrichterin" sein. Aber bezeichnenderweise weigerte sie sich, genau das zu sein. Und deshalb verlor sie bei vielen 1888 ihre Glaubwürdigkeit.

Ellen White lehnte es nicht nur ab, biblische Fragen unter Berufung auf ihre „Zeugnisse" zu entscheiden, sondern äußerte gegenüber den Delegierten in Minneapolis sogar die Überzeugung, es sei

---
[27] Brief George I. Butler an Ellen G. White, 1. Oktober 1888.

eine Fügung gewesen, dass das für Joseph Waggoner bestimmte Zeugnis, demzufolge sie das Problem in den 1850-Jahren angeblich schon ein für allemal gelöst hatte, verlorengegangen war. „Gott verfolgt damit eine Absicht", erklärte sie ihnen. „Er möchte, dass wir *die Bibel zur Hand nehmen und die biblischen Beweise finden.*"[28] Mit anderen Worten: Was die Bibel darüber sagt, war für sie wichtiger, als das, was sie selbst geschrieben hatte. Ihre „Zeugnisse" sollten nicht an die Stelle der Bibel treten.

Das betonte sie auch, als sie 1889 *Testimony No. 33* veröffentlichte; darin widmete sie diesem Thema einen ganzen Abschnitt. Sie machte deutlich, dass ihr Schrifttum die Menschen „zurück zum Wort" führen und ihnen helfen soll, die biblischen Prinzipien zu verstehen; aber sie hat ihr Schrifttum nie zu einem „inspirierten Bibelkommentar" erklärt.[29] Ihre adventistischen Glaubensgeschwister haben das allerdings zuweilen anders gesehen; einige tun es bis heute.

Angesichts der Tatsache, dass Ellen White nicht bereit war, ein Zeugnis zum Galaterbrief zu geben, müssen die Traditionalisten froh gewesen sein, dass sie wenigstens auf eine frühere schriftliche Äußerung Ellen Whites zu diesem Thema zurückgreifen konnten, denn in *Sketches From the Life of Paul* (1883) hatte sie das Gesetz im Galaterbrief doch identifiziert – jedenfalls schien es so. Am 24. Oktober versuchte James H. Morrison unter Berufung auf dieses Buch zu beweisen, dass im Galaterbrief vom Zeremonialgesetz die Rede ist. Er schlug S. 193 auf und las den Delegierten vor: „Er [Paulus] beschreibt seinen Besuch in Jerusalem, den er unternahm, um *genau die Fragen* zu klären, *die in den Gemeinden in Galatien für Unruhe sorgten, zum Beispiel ob die Heiden sich beschneiden lassen und das Zeremonialgesetz befolgen sollten.*" Dann zitierte er, was Ellen White auf Seite 188 über das Kernproblem schrieb, um das es im Brief an die Galater ging: „Als sie sich in diesem Punkt durchgesetzt hatten, veranlassten [die judaisierenden Lehrer die Christen in Galatien], *das Zeremonialgesetz als notwendig zur Erlösung zu befolgen.* Der Glaube an Christus und *der Gehorsam gegenüber den Zehn Geboten wurde*

---

[28] Manuskript 9, 24. Oktober 1888 (Hervorhebungen von mir).
[29] Siehe *Testimonies for the Church*, Bd. 5, S. 663–668; auf Deutsch in: *Aus der Schatzkammer der Zeugnisse*, Band II, S. 252–255.

als weniger wichtig angesehen." Dieser letzte Satz schien zweierlei zu bestätigen: Er erklärte offenbar die Auslegung für richtig, mit dem Gesetz sei im Galaterbrief das Zeremonialgesetz gemeint, und versetzte gleichzeitig Waggoners Position einen vernichtenden Schlag. Dann las Morrison aus Seite 68 vor, wo Ellen White vom „Joch der Knechtschaft" sprach, das sowohl in Apostelgeschichte 15,10 als auch in Galater 5,1 erwähnt wird. *„Dieses Joch war nicht das Gesetz der Zehn Gebote,* wie jene behaupten, die bestreiten, dass das Gesetz weiterhin bindend ist; *vielmehr spricht Petrus hier vom Zeremonialgesetz,* das durch die Kreuzigung null und nichtig geworden war."[30]

Nachdem Morrison seine Beweise vorgelegt hatte, mussten er und die Traditionalisten überzeugt gewesen sein, dass der Streit damit entschieden war. Schließlich konnten sie sich auf Zitate von Ellen White stützen. Ihr Kommentar zu biblischen Aussagen bildete also die Grundlage dafür, dass die Traditionalisten Recht hatten und Waggoner Unrecht.

Das war aber nicht Ellen Whites Position in Minneapolis. An demselben Morgen, bevor Morrison sprach, hatte sie in Bezug auf das Galaterproblem gesagt: *„Ich kann mich erst auf die eine oder auf die andere Seite stellen, wenn ich die Frage studiert habe."* In diesem Zusammenhang äußerte sie auch die Ansicht, es sei eine Fügung gewesen, dass sie ihr Zeugnis an Joseph Waggoner nicht mehr finden konnte.[31] Manche hätten es sonst nämlich dazu missbraucht, die Gemeindeglieder davon abzuhalten, selbst in Gottes Wort nachzuforschen.

Tatsächlich hatte Ellen White eine Botschaft für die Delegierten zum Thema Galaterbrief, aber sie lautete (wie sie mehrfach in verschiedener Weise wiederholte): *Wenn ihr wissen wollt, was die Bibel bedeutet, müsst ihr sie studieren und dürft euch auf keine andere Autorität*

---

[30] Ellen G. White, *Sketches From the Life of Paul*, Battle Creek 1883, S. 193, 188, 68 (Hervorhebungen von mir). Zu Angaben über das Datum, an dem aus dem Buch vorgelesen wurde, siehe William C. Whites handschriftliche Notizen über die Generalkonferenz 1888, Buch 1 (E), S. 63, 67; Clinton L. Wahlen, „Selected Aspects of Ellet J. Waggoners Eschatology and Their Relation to His Understanding of Rightousness by Faith 1882–1895" (M. Div. Abschlussarbeit, Andrews University, 1988), S. 74; Ellen G. White, Manuskript 24, circa November oder Dezember 1888.

[31] Manuskript 9, 24. Oktober 1888 (Hervorhebungen von mir).

verlassen. In ihrer letzten Predigt in Minneapolis sprach sie noch einmal mit allem Nachdruck über dieses Thema. Der Titel lautete: „Ein Aufruf zu einem intensiveren Studium des Wortes."[32] Dass James Morrison aus ihrem Buch *Sketches From the Life of Paul* zitiert hatte, um die Richtigkeit seiner Ansicht zu beweisen, beeindruckte Ellen White offenbar überhaupt nicht. Wir haben keinerlei Hinweis darauf, dass sie die Angelegenheit durch ihre eigene frühere Aussage für entschieden hielt. Sie zitierte in Minneapolis auch nie aus ihrem eigenen Schrifttum, um irgendeine theologische, historische oder biblische Frage zu entscheiden. Gewiss hatte ihr Schrifttum eine Aufgabe zu erfüllen, aber es sollte offenbar nicht über der Bibel stehen, indem es einen unfehlbaren Kommentar dazu lieferte.

Denselben Standpunkt vertrat Ellen White auch 20 Jahre später im Streit über die Bedeutung des „Täglichen" in Daniel 8,12.13 (das Wort „Opfer" fehlt im Grundtext). Bei dieser Auseinandersetzung behaupteten die Traditionalisten (diesmal angeführt von Stephen N. Haskell), die neue Auslegung würde die „gegenwärtige Wahrheit unterminieren"; die bisherige Interpretation beruhte nämlich auf einer Aussage Ellen Whites in ihrem Buch *Early Writings (Frühe Schriften)*. Die neue Interpretation „widersprach" also den „alten, bewährten Glaubenslehren". Haskell äußerte sich klar und deutlich zu der Frage, in welchem Verhältnis seiner Meinung nach das Schrifttum Ellen Whites zur Bibel steht: „Um solche Aussagen zu verstehen, sollten wir die Hilfe des Geistes der Weissagung in Anspruch nehmen ... denn dazu ist er uns gegeben worden ... Alle offenen Fragen sollen" auf diese Weise „beantwortet werden".[33]

---

[32] Manuskript 15, November 1888.
[33] Briefe Stephen N. Haskell an Ellen G. White, 30. Juni 1907; 25. Februar 1909; 6. Dezember 1909; an Ellen G. White und William C. White 18. November 1907; an William C. White, 6. Dezember 1909; an C. C. Crissler, 30. März 1908; 15. April 1908; und an William W. Prescott, 15. November 1907; Brief William W. Prescott an Stephen N. Haskell, 1. Dezember 1907; vgl. Ellen G. White, *Early Writings*, S. 74f.; auf Deutsch in: *Frühe Schriften von Ellen G. White*, S. 65.
Eine ausgezeichnete Darstellung des theologischen Streites über das „Tägliche" findet sich in Gilbert M. Valentine, *W. W. Prescott*, Hagerstown 2005, S. 214–228.

Ellen White machte mit Haskells Argumenten kurzen Prozess. „Ich habe zu diesem Thema keine [göttliche] Unterweisung bekommen", schrieb sie an die Prediger. Der Streit schien ihr überflüssig zu sein, weil „die Angelegenheit nicht von zentraler Bedeutung ist ... Hört auf, euch darüber zu streiten".[34] Wie in Minneapolis unterstützte sie auch in diesem Fall niemanden – ganz gleich wie aufrichtig er es meinte – der ihr Schrifttum dazu benutzte, neue theologische Erkennungszeichen der Freikirche aufzustellen oder starre Schriftauslegungen daraus abzuleiten.[35]

Die Autorität der Bibel

Ellet Waggoner, Alonzo Jones, Ellen und William White waren sich über den rechten Einsatz von Autorität bei der Lösung theologischer Fragen einig. Sie vertraten die Ansicht, dass allein die Bibel über Angelegenheiten des christlichen Glaubens entscheiden kann. Daher wandten sie sich geschlossen gegen die Versuche der alten Garde, zur Klärung biblischer Fragen irgendetwas anderes zu benutzen.

---

[34] Brief Ellen G. White an „die Brüder im Predigtdienst", 3. August 1910; Manuskript 11, 31. Juli 1910.

[35] Einige haben den Einwand gemacht, meine These über das Verhältnis Ellen Whites zur Bibel bei der Lösung theologischer Streitfragen ließe sich nicht aufrechterhalten, wenn man bedenkt, wie sie sich 1905 bei der Auseinandersetzung mit Albion F. Ballenger über die Heiligtumslehre verhalten hat. Damals war sie wesentlich autoritativer aufgetreten als beim Streit über das Gesetz im Galaterbrief und das „Tägliche". Am Fall Ballenger lässt sich meine These daher sehr gut testen. Meine vorläufige Hypothese lautet, dass zwischen diesem Fall und den beiden anderen Ereignissen ein fundamentaler Unterschied besteht. Aus der Sicht Ellen Whites hatten adventistische Forscher im Fall Ballenger das Thema, um das es ging, anhand der Bibel schon sehr gründlich untersucht; dagegen war die Frage nach dem Gesetz im Galaterbrief und der Bedeutung des „Täglichen" noch nicht hinreichend untersucht worden, als der Streit darüber ausbrach. Folglich verhielt sich Ellen White im Fall Ballenger anders als bei den beiden anderen Gelegenheiten. Diese Hypothese bedarf noch der Überprüfung; sie könnte sich als eine interessante und sinnvolle zukünftige Aufgabe für einen Wissenschaftler erweisen. Es ist aber festzuhalten, dass das scheinbar unterschiedliche Verhalten Ellen Whites im Fall Ballenger nicht auf eine etwaige Entwicklung ihres theologischen Verständnisses zurückgeführt werden kann; denn die Auseinandersetzungen über das Gesetz im Galaterbrief und das „Tägliche" (1888 bzw. 1910) überspannen den Vorfall mit Ballenger im Jahr 1905.

Ellen White beharrte besonders nachdrücklich auf der Notwendigkeit des Bibelstudiums, wenn es um theologische Streitigkeiten ging. Zum Beispiel schrieb sie im April 1887 an Butler und Smith: „Wir möchten, dass *alles, was wir vertreten, biblisch begründet ist*. Wir wollen uns nicht über [kritische] Punkte hinweghelfen, indem wir Behauptungen aufstellen, wie Bruder Canright es getan hat."[36] Noch deutlicher machte sie ihre Position im Juli 1888 klar, als sie in der Gemeindezeitschrift *Review* schrieb: „Die einzige Richtschnur für Glauben und Lehre ist die Bibel."[37]

Die wichtigste Aussage in Bezug auf das Ringen um theologische Autorität machte sie am 5. August 1888, als die Konferenz in Minneapolis bevorstand. An diesem Tag schickte sie einen Brief an die „Brüder, die sich zur Generalkonferenz versammeln werden". Dieses Rundschreiben ist eines der wichtigsten Dokumente, das mit der Generalkonferenzversammlung in Minneapolis zu tun hat. Der Brief beleuchtete vor allem die Krise, die der „Geist von Minneapolis" auszulösen drohte, und machte deutlich, dass die Lösung des Problems darin lag, den Geist Jesu in sich aufzunehmen. Noch wichtiger war jedoch, dass Ellen White jeden Einzelnen dringend dazu aufrief, die Bibel zu studieren und nicht den traditionellen Adventismus hochzuhalten, nur um das zu bewahren, was früher war. In Anspielung auf die Position von George Butler und Uriah Smith schrieb sie: „Wir dürfen uns nicht zuerst auf etwas festlegen und dann alles andere so interpretieren, dass es diese Position bestätigt. An dieser Stelle haben einige unserer großen Reformer [in der Vergangenheit] versagt, was dazu geführt hat, dass Männer, die heute erfolgreiche Streiter für Gott und die Wahrheit sein könnten, jetzt gegen die Wahrheit kämpfen."[38] Adventisten sollten und können es sich nicht leisten, den gleichen Fehler zu machen wie die Erben der Reformation. Das implizierte Ellen White, als sie die Gemeinschaft aufforderte, die strittigen Fragen in Minneapolis in aller Offenheit zu besprechen.

---

[36] Brief Ellen G. White an George I. Butler und Uriah Smith, 5. April 1887 (Hervorhebungen von mir).
[37] *Advent Review and Sabbath Herald*, 17. Juli 1888, S. 449.
[38] Brief Ellen G. White an „die Brüder, die sich zur Generalkonferenz versammeln werden", 5. August 1888 (Hervorhebungen von mir).

George Butler konnte sich den Konsequenzen dieses offenen Briefes nicht entziehen. Ellen White hatte ihm die Hände gebunden. Ende des Monats kündigte er im *Review* an, die Themen, über die es „möglicherweise einige Meinungsverschiedenheiten gibt", würden während der bevorstehenden Generalkonferenzversammlung besprochen werden.[39]

„Sucht sorgfältig in der Schrift, damit ihr erkennt, was Wahrheit ist", schrieb Ellen White in ihrem Brief an die Delegierten. *„Die Wahrheit kann durch eine genaue Überprüfung nichts verlieren.* Lasst das Wort Gottes für sich selbst sprechen, lasst es sein eigener Ausleger sein, und die Wahrheit wird mitten im Müll wie ein kostbarer Edelstein erstrahlen." Sie schalt die adventistischen Prediger, dass sie viel zu schnell die Meinung anderer übernähmen. „Bei sehr vielen unserer Prediger hat sich eine eigenartige Faulheit breitgemacht; sie lassen einfach andere für sich in der Bibel forschen und nehmen alles, was die Brüder [z. B. Smith und Butler] ihnen sagen, als unbestreitbare Tatsache hin, wissen aber nicht aufgrund eigenen Studiums und einer tiefen Überzeugung, die vom Geist gewirkt ist, dass es sich wirklich um biblische Wahrheit handelt ... Jedes einzelne Gemeindeglied muss die Wahrheit der Bibel besser verstehen", fuhr sie fort, „denn sie werden vor Gremien zitiert und von klugen und kritischen Leuten befragt werden. Die Wahrheit zu bejahen, ist etwas Anderes, als aufgrund eigenen Bibelstudiums zu wissen, was Wahrheit ist. ... Viele werden verlorengehen, weil sie die Bibel nicht auf Knien studiert und dabei ernsthaft zu Gott gebetet haben, dass sein Wort in sie eindringen und ihr Verständnis erhellen möge."

„Das Wort Gottes deckt alle Irrtümer auf; an ihm müssen wir alles messen, was wir glauben. Die Bibel muss der Maßstab für jede Lehre und Glaubenspraxis sein ... Wir dürfen nie die Meinung eines anderen übernehmen, ohne sie mit der Heiligen Schrift verglichen zu haben. Sie ist göttliche Autorität, die in Glaubensdingen alles überragt. Das Wort des lebendigen Gottes muss alle Streitigkeiten entscheiden. Wenn Menschen Gottes Worte der Wahrheit mit eigener Klugheit vermengen und damit die scharf angreifen, mit denen sie Auseinandersetzungen haben, dann offenbaren sie, dass sie kei-

---

[39] *Advent Review and Sabbath Herald*, 28. August 1888, S. 560.

ne heilige Ehrfurcht vor Gottes inspiriertem Wort haben. Sie vermischen das Menschliche mit dem Göttlichen, das Gewöhnliche mit dem Heiligen und werten Gottes Wort ab."[40]

Die deutlichen Worte dieses Briefes kündigten das Thema an, das Ellen White sowohl in Minneapolis als auch in dem Jahrzehnt danach deutlich verkündigte. Am Vorabend der Predigertagung vor der Generalkonferenzversammlung 1888 schrieb sie an ihre Schwiegertochter, Butler und Smith „verabscheuen es, dass das Gesetz im Galaterbrief überhaupt zur Sprache kommt; ich sehe aber nicht, wie sich das vermeiden lässt. Die Bibel muss unser Maßstab sein, und wir müssen in ihr fleißig nach Licht und Wahrheit suchen."[41] Dieses Thema zog sich wie ein roter Faden durch all ihre Botschaften auf der Versammlung. Drei Aussagen in Minneapolis sind besonders aufschlussreich. Erstens erklärte sie: „Wenn das, was wir haben, Wahrheit ist, hält es einer sorgfältigen Überprüfung stand." Zweitens machte sie klar, sie könne zu den umstrittenen Punkten erst dann Stellung nehmen, wenn sie sie anhand der Bibel untersucht habe.[42] Weder versuchte sie, eine bestimmte Auslegung unter Berufung auf ihr eigenes Schrifttum durchzusetzen, noch wollte sie tatenlos auf eine Vision warten. Ihre Methode war die, die sie auch allen anderen empfahl: intensives Bibelstudium.

Drittens sprach sie immer wieder von der Vorrangstellung der Bibel: „Ihr müsst die Bibel zur Hand nehmen", sagte sie in ihrer letzten Botschaft an die Delegierten, „dann werdet ihr wissen, dass ihr die Wahrheit habt ... Ihr dürft nicht jeder Lehre Glauben schenken, nur weil jemand behauptet, es sei die Wahrheit. Ihr solltet sie auch nicht glauben, weil Bruder Smith oder Bruder Kilgore oder Bruder Van Horn oder Bruder Haskell sagen, es sei die Wahrheit; ihr solltet nur das glauben, was die Stimme Gottes in seinem lebendigen Wort bezeugt."[43] In Anbetracht ihrer Äußerungen während der Generalkonferenzversammlung hätte Ellen White auch ohne weiteres ihren eigenen Namen in dieser Aufzählung anführen können.

---

[40] Brief Ellen G. White an die Delegierten der Generalkonferenzversammlung, 5. August 1888 (Hervorhebungen von mir).
[41] Brief Ellen G. White an Mary White, 9. Oktober 1888.
[42] Manuskript 9, 24. Oktober 1888.
[43] Manuskript 15, November 1888.

Ellen White hielt während der Konferenz und auch danach unnachgiebig daran fest, dass im Streit um den Galaterbrief die Argumente beider Seiten anhand eines genauen Studiums der Bibel einer gründlichen Überprüfung unterzogen werden müssten. Am 9. Dezember 1888 fragte sie den Mann, der das Gerücht von einer „kalifornischen Verschwörung" in die Welt gesetzt hatte: „Wenn alles, was wir als Glaubenslehren angesehen haben, auf Wahrheit beruht, *wird diese Wahrheit dann nicht einer Überprüfung standhalten? Werden sie ins Wanken geraten oder zusammenstürzen, wenn jemand sie kritisiert? Wenn ja"*, beantwortete sie die Frage selbst, *„sollen sie ruhig fallen, je eher, desto besser.* Der Geist, der die Überprüfung der Wahrheit in christlicher Manier verwehrt, ist nicht der Geist von oben."[44] Zwei Tage später schrieb sie an Butler: „Die Bibel und nur die Bibel – im Herzen bewahrt und gesegnet durch den Geist Gottes – kann den Menschen auf den richtigen Weg führen und ihnen helfen, auf dem richtigen Weg zu bleiben."[45]

Ellen White ließ keinen Raum für Zweifel an der Vorrangigkeit der Bibel in Fragen des Glaubens und Lebens. In Minneapolis war sie wahrlich das „kleinere Licht", das auf das „größere Licht" hinweist, und sich keinesfalls über das größere Licht stellt.

Die Anwendung der Lehren über die geistliche Autorität in der Zeit nach Minneapolis

Zahlreiche Prediger nahmen sich Ellen Whites Aufruf zu persönlichem Bibelstudium zu Herzen. Am 2. November 1888 schrieb Willie White: „Viele verlassen die Konferenz mit dem Vorsatz, die Bibel wie nie zuvor zu studieren; das wird für mehr Klarheit in ihren Predigten sorgen."[46] R. DeWitt Hottel schrieb in sein Tagebuch eine kurze Notiz über das, was er nach seiner Rückkehr aus Minneapolis als Erstes gemacht hatte: „Habe in Bruder Butlers Buch über den Galaterbrief gelesen und auch in Bruder Waggoners Erwiderung. Las

---

[44] Brief Ellen G. White an William M. Healey, 9. Dezember 1888 (Hervorhebungen von mir).
[45] Brief Ellen G. White an George I. Butler und Frau, 11. Dezember 1888.
[46] Brief William C. White an Smith Sharp, 2. November 1888.

auch in der Bibel."[47] Offenbar verglich er die Aussagen der beiden Autoren mit der Bibel. Eine andere Erfolgsgeschichte war die von John O. Corliss, der ebenfalls die Bibel mit erfreulichen Ergebnissen studierte. „Noch nie sah ich in so kurzer Zeit so viel Licht", schrieb er an Willie White, „und die Wahrheit war noch nie so anziehend wie jetzt. Ganz allein habe ich das Problem des alten und neuen Bundes und des Galaterbriefes studiert und bin auch zu einem Ergebnis gekommen, ohne irgendjemanden um Rat zu fragen, außer den Herrn und sein heiliges Wort. Ich denke, mir ist jetzt alles klar geworden. Jetzt erkenne ich Schönheit und Harmonie in dem, was Dr. Waggoner über das Gesetz im Galaterbrief sagt."[48] Offenbar hatten in Minneapolis doch einige hingehört, wenn Ellen White etwas sagte. Während der Generalkonferenzversammlung 1889 konnte sie schreiben, sie sei „dankbar, bei unseren Predigern die Bereitschaft zu selbstständigem Bibelstudium zu beobachten."[49]

Die Predigerschulungen der frühen 1890er-Jahre waren die offizielle Reaktion auf die an die Prediger ergangene Aufforderung zu intensiverem Bibelstudium. Die in Minneapolis gemachten Erfahrungen hatten gezeigt, dass sie nicht in der Lage waren, eigenverantwortlich mit der Bibel umzugehen (eine Folge ihrer mangelhaften Ausbildung),[50] und Ole Olsens Administration tat ihr Möglichstes, um hier Abhilfe zu schaffen.

In der Zeit nach Minneapolis erlebte die Gemeinschaft im Umgang mit theologischer Autorität sowohl Erfolge und als auch Misserfolge. Die Versuchung, sich auf menschliche Meinungen zu verlassen, war allenthalben groß. 1894 waren es aber nicht mehr Butlers und Smiths autoritative Äußerungen, die große Probleme verursachten, sondern die von Alonzo T. Jones.

Ellen Whites wiederholte Billigung der Arbeit von Jones und Waggoner hatte zweifellos dazu beigetragen, dass viele Geschwister alles, was die beiden Reformer sagten, vorbehaltlos akzeptierten. Angesichts der geistlichen Armut, die im traditionellen Adventismus herrschte, betrachtete Ellen White die christozen-

---

[47] R. DeWitt Hottel, Tagebuch, 10. November 1888.
[48] Brief John O. Corliss an William C. White, 29. September 1889.
[49] Manuskript 10, circa Oktober 1889.
[50] Gilbert M. Valentine, *Adventist Review*, 3. November 1988, S. 11f.

trischen Botschaften von Jones und Waggoner als von Gott gesandt. Zwar billigte sie nicht alle ihre Ansichten (wie wir in Kapitel 2 gesehen haben), aber sie unterstützte zweifellos das, was sie über die wichtigen Grundwahrheiten des Christentums lehrten. Sie hatten diese Evangeliumswahrheiten von den Irrtümern befreit, mit der sie in der Heiligungsbewegung vermengt waren, und hatten sie mit den adventistischen Unterscheidungslehren verbunden. Dadurch war – so implizierte Ellen White – die adventistische Botschaft vervollständigt worden. Diese Verbindung bedeutete außerdem, dass die Adventisten jetzt auch die Botschaft des „lauten Rufes" besaßen – die letzte Botschaft, die der gefallenen Welt vor der großen Ernte beim zweiten Kommen Christi verkündigt werden soll. Der Beitrag von Jones und Waggoner bestand darin, dass sie aus den beiden Aussagen von Offenbarung 14,12b eine Gesamtbotschaft gemacht hatten. Jetzt verfügten die Adventisten über eine abgerundete Botschaft, die nicht nur das Halten der Gebote Gottes betonte, sondern den Gehorsam in die Heilslehre vom Glauben an Jesus einbettete (wie wir in Kapitel 2 gesehen haben). Es war die Botschaft, die die Adventgemeinde 1888 dringend brauchte. Deshalb unterstützte Ellen White Jones und Waggoner so begeistert durch ihren Dienst; und das umso mehr, weil sie fast allein dastanden und sich in einer schier aussichtslosen Lage befanden. Ellen White musste schon sehr laut rufen, um ihnen Gehör zu verschaffen.

Ihre Stimme blieb in adventistischen Kreisen nicht ungehört. 1894 drängte es Stephen N. Haskell, sie wissen zu lassen, es sei „zwingend notwendig gewesen, die Brüder Waggoner und Jones während all dieser Jahre zu unterstützen. „Das ganze Land ist jetzt zur Ruhe gekommen und kritisiert die beiden kaum noch. Diese Schlacht ist geschlagen, der Sieg ist errungen." Jetzt stünde die Gemeinschaft vor dem umgekehrten Problem, erklärte Haskell weiter: Gemeindeglieder und Prediger „tun so, als sei alles, was sie [Jones und Prescott] sagen, von Gott inspiriert".[51] Francis M. Wilcox sah die Sache ähnlich: „Es gab eine Zeit, in der Bruder Jones' Ideen abgelehnt wurden, aber seit kurzem hängt die große Mehrheit der Adventisten an seinen Lippen, als wären seine Worte Gottes Worte", schrieb

---

[51] Brief Stephen N. Haskell an Ellen G. White, 22. April 1894.

er aus Battle Creek. Auch der Präsident der Generalkonferenz, Ole Olsen, erkannte, wie groß der Einfluss von Alonzo Jones geworden war: Ein Wort von ihm beende in Battle Creek alle Meinungsverschiedenheiten.[52]

Die Adventisten sahen sich also 1894 mit einer neuen Krise bezüglich der geistlichen Autorität konfrontiert. Ellen White kommentierte die Situation gegenüber Haskell folgendermaßen: „Einige unserer Brüder haben zu diesen Predigern [Jones und Prescott] aufgesehen und sie quasi an die Stelle Gottes gesetzt. Sie haben ihnen jedes Wort geglaubt, ohne selbst danach zu forschen, was Gott sagt."[53] Bei anderer Gelegenheit schrieb sie: „Die Tatsache, dass Bruder Jones den Leuten kostbares Licht gebracht hat, verführt sie dazu zu glauben, dass alles, was er sagt, von Gott inspiriert ist … Sie setzen den Diener an die Stelle Gottes."[54] Schon 1890 hatte sie vor einer großen Versammlung von Predigern öffentlich erklärt, sie betrachte Jones und Waggoner nicht als „unfehlbar". Die Gemeindeglieder müssten die Lehren der Reformer – ebenso wie das, was die Prediger ihnen sagen – mit der Bibel vergleichen.[55] Offensichtlich billigte Ellen White die Ansichten von Jones und Waggoner nicht pauschal; das hatte sie auch mit Uriah Smiths Arbeit nicht getan, als sie sagte, ein Engel habe seine Hand beim Schreiben seines Buches geführt.

Unklarheiten über die Autorität in geistlichen Dingen tendieren dazu, sich zu wiederholen. 1888 waren Smith und Butler die Autoritäten in der Gemeinschaft; in den 1890er-Jahren übernahmen Jones, Waggoner und Prescott diese Rolle. Diese Tradition hat sich auch im 20. Jahrhundert fortgesetzt. Ein einflussreiches Buch bezeichnete 1987 Jones, Waggoner und Ellen White als „das inspirierte Trio".[56] Solche Aussagen führen leicht zu einer Verwechslung der Personen mit ihren Botschaften. Wichtiger noch: Sie halten eines der Grundprobleme von Minneapolis aufrecht: die Vernachlässigung der Bibel als einziger Richtschnur für die Lehre und das Leben eines Christen.

---

[52] Brief Francis M. Wilcox an Stephen N. Haskell, 5. März 1894.
[53] Brief Ellen G. White an Stephen N. Haskell, 1. Juni 1894.
[54] Brief Ellen G. White an die „Brüder und Schwestern", 16. März 1894.
[55] Manuskript 56, 7. Februar 1890.
[56] Robert J. Wieland und Donald K. Short, *1888 Re-examined*, revidierte Ausgabe 1987, S. 75.

Ellen White stand fest hinter Alonzo Jones und Ellet Waggoner, weil sie für ein unvoreingenommenes Studium der Bibel eintraten und auf ihrer Grundlage die Gerechtigkeit Christi betonten. Sie forderte alle Adventisten dazu auf, sich ebenso intensiv mit der Bibel zu beschäftigen wie die jungen Reformer. Wer nur das gelten lässt, was *sie* sagen und die Bibel nur mit *ihren* Augen liest, wiederholt den Fehler, der schon in der nachreformatorischen Zeit gemacht wurde, als die zweite und dritte Generation der Protestanten ihre Bibeln mit den Augen der Reformer des 16. Jahrhunderts lasen. Von der Generalkonferenz 1888 in Minneapolis erging der dringende Aufruf an alle Adventisten, von solchen verkehrten Wegen umzukehren und sich einem intensiven, geistgeleiteten Studium der Schrift zuzuwenden. Die Herausforderung besteht darin, *die theologische Ausgangsstellung*, die Jones und Waggoner bezogen haben, *auszubauen und weiterzuentwickeln – und nicht darin, sie zu kanonisieren.*

Kapitel 6

Die anhaltende Krise in der Adventgemeinde

„Die Prediger- und die Generalkonferenzversammlung in Minneapolis umfassten und bedeuteten viel mehr als das, was während der Versammlungen geschah. In gewisser Hinsicht stellten sie den Höhepunkt vorausgegangener Ereignisse dar und waren die Ursache zahlreicher Folgeerscheinungen." So äußerte sich Alonzo T. Jones 1921 in einem Brief.[1]
Wahrscheinlich wäre er überrascht zu hören, dass die Folgeerscheinungen noch immer zu spüren sind, denn die Angelegenheiten, die in Minneapolis eine Rolle spielten, stehen noch heute im Mittelpunkt mancher theologischer Diskussionen unter Adventisten. In diesem Kapitel werde ich den Streitfragen, die mit Minneapolis zu tun haben, bis an das Ende des 20. Jahrhunderts nachgehen. Abschließend werde ich einen Blick auf die Identitätskrise unserer Freikirche werfen und zum Konzept der theologischen Erkennungszeichen (*landmarks*) Stellung nehmen.

Die Fortsetzung der Auseinandersetzungen um die Sonntagsgesetze, das „Bild des Tieres" und den „lauten Ruf"

„Als wir Minneapolis verlassen hatten, musste die Schlacht immer und immer wieder geschlagen werden", schrieb Ellen White in einem Brief. „Das kostete viel Zeit, und Menschen gingen verloren oder waren gefährdet – all das, weil einige Männer sich selbst genügten und sich keine Mühe gaben, auf den Wegen Gottes zu

---

[1] Brief Alonzo T. Jones an Claude E. Homes, 12. Mai 1921.

wandeln."² Was in Minneapolis geschehen war, war schlimm genug, aber dass der Geist und die Probleme der Generalkonferenzversammlung von 1888 bis in die 1890er-Jahre und weiter in das 20. Jahrhundert fortwirkten, gehört zu den großen Tragödien der Freikirche der Siebenten-Tags-Adventisten.

Die Fortsetzung der Krise war zum Teil eine gemeinschaftsinterne Angelegenheit, hatte zum Teil aber auch mit äußeren Einflüssen zu tun. Die Vorgänge innerhalb der Gemeinschaft habe ich in den vorhergehenden Kapiteln bereits angesprochen. Anfang der 1890er-Jahre befürchteten immer noch viele Adventisten, dass einige „die guten alten Glaubenslehren" verändern wollten und „wir zu viel über die Rechtfertigung durch den Glauben" redeten.³ Gleichzeitig blieb der „Geist von Minneapolis" spürbar, und ein Großteil der Prediger verhielt sich gegenüber Ellen White zurückhaltend.

Ein Problem, das wir noch nicht untersucht haben, sind die zunehmenden fanatischen Tendenzen, die bei den Anhängern von Ellet Waggoner, Alonzo Jones und William Prescott zu beobachten waren. Die drei Genannten vertraten extreme Standpunkte oder verwandten extreme Ausdrücke (besonders Jones), wenn sie über Glaubensheilungen, die Trennung von Kirche und Staat oder über die religiöse Pflicht sprachen, Sonntagsgesetze nicht zu befolgen, oder darüber, dass die Adventisten Battle Creek verlassen müssten. Aber einige ihrer Anhänger gingen viel weiter als sie.

Noch vor der Krise über eine Frau namens Anna Rice, die ausgelöst wurde, weil Jones und Prescott sie 1893 als zweite adventistische Prophetin begeistert unterstützten, schrieb Ole Olsen an William White, er mache sich große Sorgen über das, was er wohl nach seiner Rückkehr aus Australien vorfinden werde. Der Generalkonferenzpräsident erwähnte, er habe in Ellen Whites Buch *Der große Kampf* etwas über den Fanatismus gelesen, der die Reformation in den Anfängen ihrer Geschichte heimgesucht hat, als die Gerechtigkeit Christi so stark betont wurde. Olsen sah Parallelen zur Adventgemeinde und zeigte sich besonders beeindruckt von den Worten Luthers: „Der barmherzige Gott behüte mich ja vor der christlichen

---

[2] Brief Ellen G. White an C. Eldridge und Frau, 14. April 1894.
[3] E. G. White, *Advent Review and Sabbath Herald*, 1. April 1890, S. 193.

Kirche, darin lauter Heilige sind."⁴ Dieser Satz erinnerte Olsen an die Geschichte einer Gebetsversammlung von Henry Ward Beecher (einem führenden kongregationalistischen Pastor, der 1887 gestorben war), in der ein Mann „bezeugte, er habe seit acht Jahren nicht mehr gesündigt. Beecher antwortete ihm ohne Zögern, er habe einfach nur acht Jahre zu lange in dieser Welt gelebt; er hätte schon vor acht Jahren verwandelt worden sein sollen." Olsen dachte dabei an die extremistischen Tendenzen im Jones/Waggoner/Prescott-Lager.

„Wenn Satan das Werk des Herrn nicht mithilfe von Widerstand aufhalten kann, wird er die Sache [der adventistischen Reformer] anscheinend unterstützen, um Fanatismus in die Gemeinden zu tragen und das Werk des Herrn in Verruf zu bringen", schrieb Olsen weitsichtig.⁵ Deshalb hatte Ellen White Jones und Prescott auch wiederholt dafür gerügt, dass sie so starke Formulierungen gebrauchten und mit den leicht erregbaren Gefühlen ihrer Zuhörer spielten.⁶ Da die Reformer wiederholt Unterstützung von Ellen White bekommen hatten, gab es immer einige, die deren Anschauungen zu weit trieben.

Von außen wurde die Krise in der Zeit nach Minneapolis vor allem durch eine Fülle von Auseinandersetzungen über die Sonntagsgesetze und ihre Anwendung geschürt. Zwischen 1885 und 1895 drohten vielen Adventisten in den Vereinigten Staaten Gefängnisstrafen, weil sie bundesstaatliche Sonntagsgesetze nicht befolgten. Am meisten Aufsehen erregte der Fall von R. M. King, der Berufung einlegte und bis zum Obersten Gerichtshof der Vereinigten Staaten ging. Der Fall schrieb jedoch keine Verfassungsgeschichte, weil King im November 1891 starb, bevor sein Fall verhandelt worden war.

Die örtlichen Behörden behandelten viele Adventisten wie gewöhnliche Verbrecher. Über die Prozesse wurde in den größten Zeitungen ausführlich berichtet. John N. Loughborough äußerte sich zu dem öffentlichen Interesse am Fall King und schrieb 1892:

---
⁴ *The Great Controversy* (1888), S. 191; *Der große Kampf*, S. 190.
⁵ Brief Ole A. Olsen an William C. White, 5. März 1893.
⁶ Briefe Ellen G. White an William W. Prescott und Alonzo T. Jones, 16. April 1894; an Alonzo T. Jones, 2. September 1892, 9. und 14. April 1894, 15. März 1894.

„In nur einem Monat sind mehr Menschen auf die wichtigste Wahrheit der dritten Engelsbotschaft aufmerksam gemacht worden, als wir in 20 Jahren erreicht haben."[7] Kein Wunder, dass Adventisten anfingen, davon zu reden, dass der „Spätregen" und der „laute Ruf" unmittelbar bevorstünden.

Außer zahlreichen bundesstaatlichen Sonntagsgesetzen gab es zwischen 1888 und 1893 auch mehrere Versuche, ein nationales Sonntagsgesetz zu erlassen – zum ersten Mal seit den 1830er-Jahren. 1888 und 1889 trat Senator Blair für ein solches Gesetz ein. Seine beiden Gesetzesvorlagen wurden jedoch nach zähem Ringen, in dem auch Alonzo Jones eine wichtige Rolle spielte, abgelehnt. Ein Jahr später ereilte der Gesetzesentwurf von W. C. P. Breckenridge im Repräsentantenhaus das gleiche Schicksal.[8]

Die Befürworter der Sonntagsgesetze hielten aber nicht lange still. Am 5. August 1892 unterzeichnete Präsident Benjamin Harrison das erste nationale Sonntagsgesetz der Vereinigten Staaten. Es legte fest, dass die Weltausstellung in Chicago vom Bund nur dann finanziell unterstützt wird, wenn sie sonntags geschlossen blieb.

Siebenten-Tags-Adventisten sahen die Ereignisse, die zu diesem Gesetz führten, als unheilbringend an. Am 18. Februar 1892 schrieb Ellen White in Australien: „Der Protestantismus reicht jetzt die Hände über den Abgrund, um mit dem Papsttum gemeinsame Sache zu machen; es wird ein Bündnis geschlossen, um den Sabbat der Zehn Gebote auszumerzen ... *Große und entscheidende Dinge werden geschehen, und das sehr bald.*"[9]

Elf Tage später verkündete das Oberste Bundesgericht der Vereinigten Staaten sein Urteil im Fall Presbyterian Holy Trinity Church gegen die Vereinigten Staaten. Dieser Fall hatte große Bedeutung für die adventistische Interpretation der Prophetie, denn der Gerichtshof behauptete in seinem Urteil einstimmig, dass die Vereinigten Staaten „eine christliche Nation sind". Zum Beweis führte es unter anderem die „Gesetze, Geschäfte, Gepflogenheiten und die Gesell-

---

[7] *The Rise and Progress of the Seventh-day Adventists*, Battle Creek 1892, S. 362.
[8] Eine ausführlichere Darstellung der Sonntagskrise findet sich bei George R. Knight, *From 1888 to Apostasy, The Case of A. T. Jones*, S. 75–88.
[9] Manuskript 27, 18. Februar 1892; *Special Testimonies*, Serie A, Nr. 1, S. 38 (Hervorhebungen von mir).

schaft" der Nation an. Zu diesen Beweisen zählten auch „die Gesetze, die die Sabbatheiligung respektieren".[10] Gemeint war damit die Heiligung des Sonntags, denn er wurde in den USA als „christlicher Sabbat" bezeichnet.

In den Augen der Befürworter des Sonntagsgesetzes bestätigte dieses Urteil natürlich die Verfassungsmäßigkeit eines nationalen Sonntagsgesetzes. Die „National Reform Association" jubelte. „Das Christentum ist das Gesetz dieses Landes", verkündigte sie und zitierte dabei den Gerichtshof. „Deshalb hat die christliche Kirche in diesem Land Rechte, darunter das Recht auf einen der sieben Tage der Woche ... damit an ihm Gott angebetet werde."[11] Dieses Urteil war also im Frühjahr und Sommer 1892 die wichtigste Waffe in der Auseinandersetzung der Befürworter eines nationalen Sonntagsgesetzes mit dem US-Kongress.

Die Adventisten in Battle Creek wussten mehrere Monate lang nichts von der Aussage, die Ellen White am 18. Februar gemacht hatte, und auch nicht von dem Urteil im Fall der Presbyterian Holy Trinity Church. Aber Anfang Mai 1892 erfuhr Alonzo Jones davon. Verbunden mit der adventistischen Interpretation der Prophetie war das eine explosive Angelegenheit. Am 14. und 21. Mai hielt er in Battle Creek zwei Predigten, die seine Hörer elektrisierten. Er erklärte nämlich, am 29. Februar hätten die USA durch das Urteil des Obersten Bundesgerichtes das „Bild des Tieres" (Offb 13,14.15) aufgerichtet. „Jetzt braucht man ihm nur noch Leben einzuhauchen, indem die Befolgung irgendwelcher religiöser Verordnungen erzwungen wird, die sich Eiferer ausdenken, die die zivile Macht kontrollieren können." Er wies darauf hin, dass Adventisten diese Entwicklung schon seit 40 Jahren predigten. Aber jetzt sei die Zeit gekommen, sich bereit zu halten. „Nur unser Unglaube verhindert, dass der laute Ruf der dritten Engelsbotschaft heute erschallt." Jeder Adventist, der in diesem Punkt nicht mit ihm übereinstimme, sei nicht geeignet, die Stimme zu erheben, um vor der Anbetung des

---

[10] Anson Phelps Stokes, *Church and State in the United States*, New York, 1950, Bd. 3, S. 570; Urteil im Fall „Holy Trinity v. The United States".
[11] *Christian Statesman*, 21. Mai 1892; zitiert in: Alonzo T. Jones, *Appeal From the U.S. Supreme Court Decision*, New York 1893, S. 40.

„Tieres" von Offenbarung 13 zu warnen.[12] Damit meinte er zweifellos Uriah Smith, dessen prophetische Auslegung er für zu vorsichtig hielt.

Der *Review* veröffentlichte zwar die Predigten von Alonzo Jones, aber Uriah Smith konnte sich nicht enthalten, ihm öffentlich zu widersprechen. In der Ausgabe mit Jones' letzter Predigt platzierte der Chefredakteur des *Review* einen Artikel, in dem er bestritt, dass das „Bild des Tieres" nun aufgerichtet sei, und das Gerichtsurteil irgendetwas verändert habe.[13] Der öffentlich ausgetragene Streit darüber polarisierte die adventistischen Leiter. Für Ole Olsen, den Präsidenten der Generalkonferenz, war alles wieder genau so wie in Minneapolis. „Seit 1888 passt jeder auf, was der andere sagt, und versucht aus bestimmten Äußerungen Anderer einen Vorteil zu ziehen", klagte er gegenüber Stephen Haskell.[14] Das taten beide Seiten. Es war schwer, den „Geist von Minneapolis" auszurotten.

Am 5. August 1892 unterzeichnete Präsident Harrison das Sonntagsgesetz, das den Betrieb der Weltausstellung regelte. Der Federkiel, mit dem er unterschrieben hatte, wurde dem Vorsitzenden der „American Sabbath Union" in einem mit Seide ausgelegten Etui übergeben. Es war ein großer Tag für alle, die für den Sonntag kämpften. Die Unterschrift habe dem „Bild" Leben verliehen, erklärte Jones.[15] Aber diese Interpretation der Ereignisse vergrößerte nur die Kluft zwischen ihm und Smith. Die Zeitschriften der Gemeinschaft führten eine weitere Auseinandersetzung, in der die *Signs of the Times,* der *American Sentinel* und der *Home Missionary* Jones' Interpretation des „Bildes" unterstützten, während der *Review* sowohl Jones als auch das ganze Thema weitgehend ignorierte.

Ellen White unternahm nichts, um die Sache zu entscheiden; allerdings empfahl sie Alonzo Jones, „alles zu vermeiden, was nach einer extremen Position aussieht", und tadelte Uriah Smith, dass

---

[12] Die beiden Predigten von Alonzo T. Jones wurden im *Advent Review and Sabbath Herald* veröffentlicht, 31. Mai 1892, S. 337–339; 7. Juni 1892, S. 353f.; 14. Juni 1892, S. 369f., und 21. Juni 1892, S. 385–387.
[13] *Advent Review and Sabbath Herald,* 21. Juni 1892, S. 392.
[14] Brief Ole A. Olsen an Stephen N. Haskell, 25. Juli 1892.
[15] M. E. Kellogg, *Advent Review and Sabbath Herald,* 9. August 1892, S. 512; Brief Stephen N. Haskell an Ole A. Olsen, 12. September 1892.

ihm nichts daran läge, mit dem jungen Mann persönlich über ihre Meinungsverschiedenheiten zu sprechen.[16]

Ellen White weigerte sich zwar, den Auslegungsstreit zwischen Jones und Smith zu schlichten, hatte aber keinen Zweifel daran, dass die Gemeinschaft vor dem Ende der Zeit steht. Als sie sich 1889 zur Sonntagskrise äußerte, hatte sie geschrieben: *„Der folgenschwerste Kampf aller Zeiten steht uns unmittelbar bevor. Die Ereignisse, die wir mehr als 40 Jahre lang in der Vollmacht des prophetischen Wortes als uns bevorstehend angekündigt haben, finden jetzt statt."*[17] Im Review vom 6. Dezember 1892 erklärte sie, die Welt und die Gemeinde stünden „jetzt am Vorabend der Krise".[18] Solche Aussagen von ihr und den meisten anderen Leitern der Gemeinschaft standen im Raum, als gut zwei Monate später die Generalkonferenzversammlung 1893 in Battle Creek begann.

Kein Wunder, dass sich die Adventisten vor dieser Versammlung in Erregung befanden. Die Ausgabe des *Review* vom 22. November 1892 trug dazu bei. In ihr erklärte Ellen White nämlich, die Gemeinschaft befände sich schon seit 1888 in der Zeit des „lauten Rufes". „Die Zeit der Prüfung steht unmittelbar bevor", kündigte sie an, „denn der laute Ruf des dritten Engels hat bereits in der Offenbarung der Gerechtigkeit Christi, des Sünden vergebenden Erlösers, eingesetzt. Das Licht des Engels, dessen Herrlichkeit die ganze Erde erleuchten wird, hat begonnen zu scheinen" (vgl. Offb 18,1).[19]

Am folgenden Sabbat hielt Jones, der den „lauten Ruf" (eine Botschaft) mit dem „Spätregen" (der Ausgießung des Heiligen Geistes) verwechselte, „eine aufwühlende Predigt über den Spätregen und den lauten Ruf der dritten Engelsbotschaft". Sie führte in kurzer Zeit zu einer Erweckung in den Reihen der Adventisten.[20] Diese Predigt

---

[16] Brief Ellen G. White an Alonzo T. Jones, 2. September 1892; Brief Ellen G. White an Uriah Smith, 30. August 1892.
[17] *Testimonies for the Church*, Bd. 5, S. 711 (Hervorhebungen von mir).
[18] *Advent Review and Sabbath Herald*, 6. Dezember 1892, S. 753.
[19] *Advent Review and Sabbath Herald*, 22. November 1892, S. 722; zitiert in *Für die Gemeinde geschrieben*, Bd. 1, S. 382 (rev.).
[20] Briefe William A. Spicer an Ellet J. Waggoner, 28. November 1892, an W. P. Hosler, 23. November 1892, an William C. White, 2. Dezember 1892, und an J. T. Boettcher, 12. Dezember 1892; Brief Ole A. Olsen an Robert M. Kilgore, 20. Dezember 1892.

war der fehlende Mosaikstein – nun konnte die Generalkonferenz am 17. Februar 1893 beginnen. Ellen Whites Aussage vom 22. November 1892 über den „lauten Ruf" war der beherrschende „Text" während dieser Generalkonferenzversammlung. Angesichts der Umstände, unter denen sie stattfand, und angesichts Ellen Whites klarer Aussage zum „lauten Ruf" und Jones' überzeugender Interpretation dieser Aussage ist es nicht verwunderlich, dass Interpreten des 20. Jahrhunderts die Generalkonferenzversammlung von 1893 oft als den Höhepunkt verpasster Gelegenheiten der Freikirche und ihres Versagens in den Jahren nach Minneapolis betrachtet haben. Wir müssen uns also mit ihr intensiver befassen.

Eine Krise in der Eschatologie: die Generalkonferenzversammlungen 1893 und 1895

Adventisten haben der Generalkonferenzversammlung 1893 sehr unterschiedliche Bedeutung beigemessen. Lewis H. Christian behauptete: „Es war tatsächlich die Generalkonferenzversammlung 1893, auf der das Licht über die Rechtfertigung durch den Glauben seinen größten Sieg errungen hat."[21] Dagegen beschreiben Robert J. Wieland und Donald K. Short das Treffen als eine katastrophale Niederlage. Sie behaupten, dass die Generalkonferenz 1893 „ebenso wichtig ist wie die von 1888, um zu beurteilen, wie die Botschaft angenommen wurde ... Die Versammlung markiert eindeutig den Entzug der himmlischen Gabe des Spätregens."[22] Die Verfechter der beiden Seiten des Konflikts von 1888 sehen also in der Konferenz von 1893 ein Schlüsselereignis der Adventgeschichte.

Die wirkliche Bedeutung der Konferenz von 1893 liegt aber möglicherweise in der Frage, die sie aufwirft, und nicht so sehr in den Versuchen, ihre Bedeutung zu erklären. Sie stellt den Adventismus nämlich vor die Frage aller Fragen: Warum ist Jesus noch nicht wiedergekommen? Hier ist auch die eigentliche Ursache der Frustration unter Adventisten im späten 20. und frühen 21. Jahrhundert zu suchen. 1893 war es auch die Frage von Alonzo Jones

---
[21] *The Fruitage of Spiritual Gifts*, Washington D.C. 1947, S. 241.
[22] *1888 Re-examined*, revidierte Ausgabe 1987, S. 91.

und William Prescott. Es ist ganz natürlich, dass heutige Adventisten auf jene Konferenz zurückschauen und nach einer Antwort suchen auf diese Frage, zumal damals alle prophetischen Puzzleteile anscheinend vorhanden waren. Nie zuvor und zu keiner Zeit danach hat die Wiederkunft Christi aus prophetischer Perspektive so nahe vor der Tür gestanden. Heutige Adventisten wären außer sich vor angespannter Erwartung, wenn sie nur einen Bruchteil der prophetischen Erfüllungen sehen würden, die die Delegierten der Generalkonferenzversammlung 1893 erlebt hatten.

Ellen White war offensichtlich beeindruckt von Hinweisen auf die Erfüllung der Prophetie. Am 9. Januar 1893 brachte sie ihre Gedanken in einem Brief an William Ings zum Ausdruck: *„Die Zeit der Gefahren ist angebrochen. Man kann jetzt nicht mehr sagen, sie läge noch in der Zukunft."* Sie tadelte jene, die Jones und Waggoner seit 1888 ablehnten, und sagte, ihr Widerstand „hat das Licht, das Gott seinem Volk durch die Zeugnisse [Ellen Whites] gegeben hat, verdunkelt". Auch beklagte sie die Spaltung in den Reihen der Adventisten. „Menschen gleichen Glaubens, die in derselben Stadt leben, erheben ihre Waffen gegeneinander." Solche Zustände seien „eine Überraschung für das himmlische Universum". *„Wenn jeder Streiter Christi seine Pflicht getan und jeder Wächter auf Zions Mauern der Trompete einen klaren Klang gegeben hätte, hätte die Welt die Warnungsbotschaft schon früher hören können.* Aber das Werk ist um Jahre im Rückstand."[23]

Teile dieses Briefes wurden den Delegierten am 27. Februar vorgelesen.[24] Die nicht verlesenen Passagen wiesen darauf hin, dass Jones mit seiner Aussage über das Aufrichten des „Bildes" möglicherweise etwas voreilig war, tadelten aber Smiths Verhalten und lobten Jones dafür, eine zeitgemäße Botschaft für die „hungernde Herde Gottes" zu haben. Ellen White erklärte: „Der Herr wird bald kommen." Ihren Kommentar bezüglich der Verzögerung der Wiederkunft Christi durch jene, die die Botschaft von 1888 abgelehnt hatten, entschärfte der Brief nicht.

---

[23] Brief Ellen G. White an William Ings, 9. Januar 1893 (Hervorhebungen von mir).
[24] *General Conference Bulletin* 1893, S. 419–421.

Die Generalkonferenzversammlung 1893

Die unmittelbare Nähe der Wiederkunft Christi und die Ablehnung der Botschaft von 1888 standen 1893 auch für Jones und Prescott im Mittelpunkt. Prescott predigte 10 Mal über die Verheißung des Heiligen Geistes und Jones 24 Mal über die Botschaft des dritten Engels. Beide betonten, die Gemeinschaft befinde sich schon seit 1888 in der Zeit des „lauten Rufes", und Gott stünde bereit, seinen Geist auf eine reuevolle Gemeinde auszugießen.

William Prescott zweifelte nicht daran, dass ein „Werk, das größer sein wird als das zu Pfingsten, begonnen hat". Diese Generalkonferenz werde die Prediger für das abschließende Werk zurüsten, erklärte er. In Minneapolis 1888 habe die Gemeinschaft versagt. Prescott zitierte dann das Gleichnis vom unfruchtbaren Feigenbaum und sagte, Jesus habe den Baum nicht schon nach drei Jahren abhauen lassen. In seiner Gnade habe er ihm ein viertes Jahr geschenkt (siehe Lk 13,6–9). Seit Minneapolis seien vier Jahre vergangen, erklärte Prescott seinen aufmerksamen Zuhörern. Jetzt sei der entscheidende Augenblick gekommen – die Zeit der Sichtung der Adventgemeinde. Sie müsste genauso ernst um den Heiligen Geist bitten wie die apostolische Gemeinde es vor Pfingsten getan hatte. „Mir scheint, dass wir hier und heute darüber entscheiden, ob wir [persönlich] das Werk des „lauten Rufes" fortsetzen und [lebendig] verwandelt werden, oder ob wir uns von Satan täuschen lassen, draußen in der Finsternis bleiben, und das Werk ohne uns weitergeht." Prescott war sich nicht sicher, ob es überhaupt noch eine weitere Generalkonferenzversammlung geben würde.[25]

Generalkonferenzpräsident Ole Olsen unterstützte Prescott und Jones und erklärte den Delegierten, die Gemeinden seien noch nicht bereit für den „lauten Ruf", weil die Botschaft von 1888 für ihre Prediger bisher nur Theorie geblieben sei. Sie könnten zwar die Lehren verkünden, aber nicht Sünder zu Christus führen, weil sie selbst keine „lebendige Verbindung" mit ihm hätten.[26]

In seinen Predigten beschrieb und erläuterte Jones die Einheit der Gerechtigkeit durch den Glauben mit der Religionsfreiheit, die bei-

---

[25] *General Conference Bulletin* 1893, S. 39, 65, 105, 384, 386, 504.
[26] Ebenda, S. 188f.

de Teil der dreifachen Engelsbotschaft von Offenbarung 14 sind. Er hielt mehrere Predigten über die Errichtung des „Bildes des Tieres" und deren Bedeutung und wies dann darauf hin, dass Adventisten jetzt laut Offenbarung 14,19 die Manifestation des „Zornes Gottes" erwarten sollten. Schließlich lebten sie schon in der Zeit des „lauten Rufes" und könnten deshalb in Kürze die „letzten sieben Plagen" und die Wiederkunft Christi erwarten (siehe Offb 15,1; 16,1; 14,14). *„Die Zeit ist überaus kurz."* Deshalb müssten sich die Gemeinden gänzlich von der Welt trennen. Die Gesundheitsbotschaft solle die Gläubigen für die Verwandlung vorbereiten. Ihnen drohe zwar die Todesstrafe (siehe Offb 13,15), aber sie sollten die Verfolger herausfordern, indem sie auch weiterhin sonntags arbeiteten. Am Sonntag nicht zu arbeiten hieße, „das Tier anzubeten" (Offb 14,9), das ja angeordnet hatte, diesen Tag zu heiligen.[27]

Alonzo Jones war sich sicher, dass die Gemeinde den Spätregen noch nicht empfangen hatte – jedenfalls nicht in nennenswertem Umfang – und zwar deshalb nicht, weil sich viele Adventisten der Erfahrung von Minneapolis widersetzt und Christus nicht als den angenommen hatten, der sie rechtfertigt und heiligt. Es sei von entscheidender Bedeutung, Christus in den Mittelpunkt zu stellen, so wie es in Minneapolis geschehen war, sagte Jones, denn nur die Reinen könnten den Spätregen empfangen. Die Ablehnung des gelebten Glaubens an Christus in Minneapolis sei im Grunde genommen einer Verschmähung des lauten Rufes und des Spätregens.[28]

„Jeder Delegierte muss sich im Laufe dieser Generalkonferenzversammlung entscheiden", erklärte Alonzo Jones. Wer die Gerechtigkeit durch den Glauben annähme, würde auch den Spätregen empfangen. Jones' Appelle bewirkten, dass viele, die wegen der Vorgänge in Minneapolis innerlich noch grollten, ein Bekenntnis ablegten. Jones erklärte, niemand müsse von dieser Generalkonferenzversammlung fortgehen, ohne den Heiligen Geist empfangen zu haben.[29] „Macht euch bereit, Jesus zu begegnen", drängte er die Delegierten in seiner letzten Predigt, „denn er kommt. Macht euch

---

[27] *General Conference Bulletin* 1893, S. 87f., 115, 123, 89, 125f.
[28] Ebenda, S. 377, 183f., 243, 494, 167, 179.
[29] *General Conference Bulletin* 1893, S. 377, 499.

bereit, ihm gleich zu werden; denn die Herrlichkeit, von der er uns schon jetzt einen Teil geschenkt hat, wird uns an jenem Tage ihm völlig gleich machen."[30]

So wie Prescott war auch Jones überzeugt, dass noch vor dem Ende der Konferenz eine gewaltige Ausgießung des Geistes stattfinden würde. Er könnte es deshalb nicht riskieren, auch nur bei einer einzigen Versammlung zu fehlen, erklärte er den Delegierten, denn er wisse ja nicht, „während welcher Sitzung der Geist auf uns ausgegossen wird".[31] Jones hatte machtvoll und überzeugend gepredigt und viele hatten ihren Widerstand in Minneapolis bereut – aber die Ausgießung des Geistes erfolgte nicht.

Die Bewertung der Generalkonferenzversammlung 1893

Diese Generalkonferenzversammlung war zweifellos ein eindrucksvolles Ereignis. Es überrascht daher nicht, dass sie die Aufmerksamkeit all derer auf sich gezogen hat, die sich mit der Adventgeschichte beschäftigen. Weil diese Generalkonferenzversammlung aber sehr unterschiedlich bewertet wird, müssen wir uns fragen, was wir mit Sicherheit über sie sagen können.

Fest steht, dass einige der Teilnehmer, die auf der Seite von Jones und Prescott standen, die Konferenz als einen Sieg betrachteten. Dazu gehörte allen voran Ole Olsen. Er beschrieb sie als „die beste Generalkonferenz, die Adventisten jemals abgehalten haben". Vor allem beeindruckte ihn das Eingeständnis vieler Teilnehmer, sie seien seit Minneapolis von einem falschen Geist beherrscht gewesen. „Noch nie habe ich unsere Prediger so von Herzen auf eine Unterweisung und einen Tadel des Herrn reagieren sehen."[32]

Charles H. Jones, verantwortlich für den Verlag an der Pazifikküste, sah es genauso. Er erinnerte daran, dass das Eingeständnis James Morrisons, der vorher einer der schärfsten Gegner der Botschaft von 1888 gewesen war, vielen anderen den Weg geebnet hatte, sich auch zu ihren Fehlern zu bekennen.[33] Ellen White war

---
[30] Ebenda, S. 523.
[31] Ebenda, S. 400.
[32] Brief Ole A. Olsen, an P. Potter, 7. März 1893; Brief Ole A. Olsen an Ellen G. White, 21. März 1893.
[33] Brief Charles H. Jones an William C. White, 30. März 1893.

froh, dass dadurch viele das neue Licht annahmen.[34] Daran muss Lewis H. Christian gedacht haben, als er die Konferenz von 1893 einen „herrlichen Sieg" nannte. Es war allerdings kaum die Art oder das Ausmaß von Sieg, den die Delegierten erwartet hatten.

Zweitens steht fest, dass die Generalkonferenzversammlung 1893 in einer Zeit großer eschatologischer Erregung stattfand, denn die Sonntagsgesetzgebung hatte bei allen Adventisten eine intensive Erwartungshaltung entstehen lassen.

Drittens können wir mit Bestimmtheit sagen, dass Christus weder bald nach 1893 wiederkam – wie damals fast alle erwarteten – noch in den mehr als 115 Jahren danach. Das hat viele dazu veranlasst anzunehmen, dass während der Konferenz von 1893 etwas falsch gelaufen war. Manche meinen, die Ablehnung des Spätregens sei das Problem gewesen. Diesen Standpunkt vertritt zum Beispiel Robert J. Wieland: „Die Leitung hat nicht die Lehre von der Gerechtigkeit durch den Glauben abgelehnt, sondern den Beginn des Spätregens und des lauten Rufes – etwas viel Größeres als die evangelikalen Vorstellungen oder die [protestantischen] des 16. Jahrhunderts."[35] Für Adventisten, die frustriert waren, dass sie immer noch auf dieser Erde weilten, war es ein Leichtes, die Gemeinschaftsleitung von 1893 für Fehler verantwortlich zu machen, indem sie die Behauptungen von Alonzo Jones vorbehaltlos akzeptierten.

Viertens ist es eine Tatsache, dass Ellen White im November 1892 erklärt hatte, der „laute Ruf" habe 1888 begonnen, und es ist ebenfalls sicher, dass die eindrucksvollsten Abschnitte der Predigten von Jones und Prescott auf diese Aussage von Ellen White aufgebaut waren. (Sie selbst war während dieser Generalkonferenzversammlung in Australien.) Ihre Vorträge und Interpretationen hatten bei vielen Adventisten eine nachhaltige Wirkung. Darauf werde ich gleich noch einmal zurückkommen.

---

[34] Manuskript 30 mit Tagebucheinträgen vom 23. und 24. April 1893; Brief Ellen G. White an H. Lindsay, 24. April 1893.
[35] Robert J. Wieland, *Ministry*, Juni 1888, S. 2. Siehe Robert J. Wieland und Donald K. Short, *1888 Re-examined*, revidierte Ausg., S. 91–114, zum Zusammenhang zwischen der Ablehnung des Spätregens und der Generalkonferenzversammlung von 1893.

Und es gibt noch etwas, dessen wir uns ganz sicher sein können: Alonzo Jones hatte Anna Rice (manchmal auch Anna Phillips genannt) schon *vor* dem Beginn der Generalkonferenzversammlung als zweite adventistische Prophetin anerkannt. In seiner Begeisterung über die aktuellen Geschehnisse glaubte Jones, sie sei eine Erfüllung von Joel 3,1, ein Text, in dem von der Ausgießung des Heiligen Geistes die Rede ist: „Nach diesem will ich meinen Geist ausgießen über alles Fleisch, und eure Söhne und Töchter sollen weissagen." Ende 1892 war Anna Rice nach Chicago gereist, um herauszufinden, ob sie eine wahre Prophetin war. Sie sagte sich wohl, da Ellen White öffentlich bestätigt hatte, dass Jones weitergehendes Licht habe, werde sie ihn nach seiner Meinung über ihre Gabe fragen. „Und wenn ihr Werk von Gott ist, würde er sie herzlich willkommen heißen, und wenn nicht, würde er sie zurückweisen."[36] Tatsächlich billigte Jones Annas Botschaften, und das bestimmte sowohl Annas zukünftigen Dienst als auch sein Verhalten 1893 und 1894.

Während der Generalkonferenzversammlung 1893 schrieb Anna Rice wenigstens zwei Briefe an Jones, den ersten am 7. Februar. Beigefügt war ein Zeugnis für ihre Adoptiveltern. Ihr zweiter Brief an Jones, datiert vom 21. Februar 1893, war ein Zeugnis, das zur Umkehr und zu Reformen im adventistischen Lebensstil aufrief. Es war eine Aufforderung zu einem vollkommeneren christlichen Leben angesichts der unmittelbar bevorstehenden Wiederkunft Christi.[37] Dieses „Zeugnis" wollte Jones den Delegierten der Generalkonferenzversammlung vorlesen, aber der Präsident Ole Olsen verbot es ihm.[38]

Es muss Jones' empfindlicher Natur sehr geschmerzt haben, daran gehindert worden zu sein, den Spätregen durch das Verlesen von Annas Zeugnis herbeizuführen. Er konnte nur auf die aufregende „Erfüllung der Prophetie" hinweisen, die ihn und Prescott in der Überzeugung bestärkt hatten, dass der Spätregen anfing. „Dankt dem Herrn", forderte er die Delegierten auf, „denn er wird sich in

---

[36] Brief Stephen N. Haskell an Ellen G. White, 4. Januar 1893.
[37] Briefe Anna C. Rice an Alonzo T. Jones, 7. und 21. Februar 1893; Brief Anna C. Rice an Bruder und Schwester [Rice], 10. August 1892.
[38] Brief C. McReynolds an Leroy T. Nicola, 22. März 1894.

Zukunft nicht mehr mit einem einzigen Propheten zufriedengeben! Durch die eine Prophetin hat er Großes getan. Was wird er da erst vollbringen, wenn er viele Propheten zur Verfügung hat." Und dann zitierte er aus Joel 3.[39]

Was Alonzo Jones in Gegenwart des Präsidenten der Generalkonferenz nicht tun durfte, tat er, als Ole Olsen nicht anwesend war. Im Dezember 1893, als sich Olsen fast 20 000 Kilometer entfernt in Australien aufhielt, benutzte Jones das „Zeugnis" von Anna Rice, das sie ihm am 21. Februar geschickt hatte, um in der Gemeinde in Battle Creek eine „wirkliche" Ausgießung des Geistes herbeizuführen. Die Erregung, die das Verlesen des Zeugnisses auslöste, führte zur größten „Erweckung" in der Geschichte der Adventisten in Battle Creek. Unmittelbar nach dem Verlesen der Botschaft von Anna Rice geschah Folgendes: Es wurden Gaben im Wert von über einer Million Euro (umgerechnet in ihre heutige Kaufkraft) gegeben, viele ließen sich taufen und zahlreiche „prophetische Spinner" (wie Leroy T. Nicola, der Sekretär der Generalkonferenz, sie nannte), sowie andere mit vermeintlich geistlichen Gaben (einschließlich der Gabe zu brüllen!) traten in Erscheinung.[40]

In den ersten beiden Monaten des Jahres 1894 drohte die Bewegung um Anna Rice die Adventgemeinden im Sturm zu erobern, aber als es März wurde, war sie als irregeleiteter Enthusiasmus entlarvt worden, und Jones und Prescott bereuten die führende Rolle, die sie dabei gespielt hatten.[41]

Vielleicht sollten Adventisten dankbar dafür sein, dass Alonzo Jones während der Generalkonferenzversammlung 1893 keine freie Hand bekam, denn zu der Zeit war er kein völlig zuverlässiger Wegweiser mehr. Seine „Spätregen-Erweckung" hätte die Gemeinschaft der Siebenten-Tags- Adventisten tatsächlich auf seltsame Abwege führen können; sie hätte sogar ihr Wesen verändern können, und zwar in Richtung der damals aufkommenden Pfingstbewegung. (In diesem Zusammenhang ist es von Interesse, dass Jones zuletzt einer Pfingstgemeinde angehörte, die in Zungen redete und

---
[39] *General Conference Bulletin* 1893, S. 153.
[40] George R. Knight, *From 1888 to Apostasy*, S. 105f.
[41] Ausführlich dazu siehe *From 1888 to Apostasy*, S. 107–112.

den Sabbat hielt. Er ging jedoch nie über das Verlangen nach der Gabe des Zungenredens hinaus.)[42]

Laut Stephen Haskell akzeptierten 1893 viele Adventisten die Interpretation des lauten Rufes und des Spätregens von Jones und Prescott. Das erst habe die schnelle und weit verbreitete Annahme von Anna Rice als Prophetin Anfang 1894 möglich gemacht. Die Leute sahen Annas Visionen als eine „Zunahme der Gabe der Weissagung" und daher als einen „Hinweis auf die Ausgießung des Geistes Gottes".[43]

Der tatsächliche Ablauf der Ereignisse, so wie eben beschrieben, steht im Widerspruch zu der Darstellung einiger Autoren, die behaupten, 1893 hätten die Leiter der Gemeinschaft den echten Spätregen abgelehnt. So schildert zum Beispiel Robert J. Wieland den Gang der Ereignisse folgendermaßen: „Nach der Generalkonferenzversammlung [1893] gab es einige Weissagungen, und beide – Jones und Prescott – ließen sich durch die unseligen Behauptungen einer gewissen Anna Rice Phillips täuschen. Das Umsichgreifen von Fanatismus schien unvermeidbar, *denn nach der Generalkonferenzversammlung 1893 war vom lauten Ruf der dritten Engelsbotschaft nichts [mehr] zu hören.*" Sein einflussreiches Buch kommt zu dem Ergebnis: „Die Versammlung markierte deutlich die Rücknahme der himmlischen Gabe des Spätregens."[44]

Dieser Interpretation widersprechen jedoch die Tatsachen: Jones und Prescott waren schon *vor* dem Beginn der Generalkonferenzversammlung 1893 „getäuscht" worden, und es war die Gemeinschaftsleitung, die beiden Einhalt gebot, weil die Gefahr bestand, dass es schon während der Generalkonferenzversammlung zu fanatischer Erregung kam. Es muss noch einmal betont werden: *Was den Heiligen Geist betrifft, waren in der Zeit, in der die Generalkonferenzversammlung 1893 stattfand, weder Alonzo Jones noch William Prescott zuverlässige Wegweiser.*

---

[42] Alonzo T. Jones, The *American Sentinel*, September 1922, S. 7f.; Oktober 1922, S. 3f.; vgl. *From 1888 to Apostasy*, S. 254.
[43] Brief Stephen N. Haskell an Ellen G. White, 26. Mai 1894.
[44] Robert J. Wieland und Donald K. Short, *1888 Re-examined*, revidierte Ausg., S. 110, 91 (Hervorhebungen von mir).

Wir wissen nicht, warum sich die Wiederkunft Christi so lange verzögert, aber die Ablehnung der Ansichten von Jones über den Spätregen während der Generalkonferenzversammlung 1893 war sicher nicht die Ursache. Er und Prescott hatten in den frühen 1890er-Jahren viele gute christozentrische Einsichten, aber nicht alles, was sie lehrten, war „reines Gold" (vgl. Offb 3,18).

Ellen Whites Aussage über den „lauten Ruf" von 1892

Diese Erkenntnis führt uns zurück zu Ellen Whites Aussage vom November 1892, in dem sie erklärt, der „laute Ruf" habe schon 1888 eingesetzt. Da es diese Aussage war, die bei der Generalkonferenzversammlung 1893 die Spätregen-Euphorie auslöste, verdient sie, sorgfältig untersucht zu werden.

Zunächst müssen wir festhalten, dass Ellen White nicht erklärt hat, *der Spätregen* habe mit der Predigt von der Gerechtigkeit Christi in Minneapolis begonnen, sondern der *laute Ruf*. Dennoch bezogen Alonzo Jones, William Prescott und George B. Starr ihre Aussage auf den Spätregen. Diese Interpretation wurde durch die Tatsache begünstigt, dass über die Definition dieser beiden Begriffe Unklarheiten bestanden, die unter Adventisten noch heute weit verbreitet sind. Wenn Starr und andere lasen, Ellen White habe gesagt, dass der „laute Ruf" 1888 begann, ersetzten sie den Begriff „lauter Ruf" automatisch durch „Spätregen",[45] weil für sie beides dasselbe bedeutete. Ellen White selbst hat sie aber nicht als Synonyme gebraucht, das taten nur ihre Interpreten. Die *Seventh-day Adventist Encyclopedia* erläutert, in welcher Beziehung die beiden Begriffe zueinander stehen. „Der Spätregen ... befähigt die Gemeinde, als Zeugen aufzutreten, wenn der laute Ruf erschallt."[46] Der „laute Ruf" ist laut dem Bibelkommentar eine *Botschaft*, die verkündigt werden muss. Zwischen einer Botschaft und der Erfüllung mit dem Heiligen Geist (einer *Person*), die die Menschen zur Verbreitung dieser Botschaft befähigt (siehe Apg 1,8; 4,31), besteht aber ein großer Unterschied. Das haben Adventisten oft übersehen.

---

[45] Zu George B. Starrs Kommentar zum „Spätregen" siehe *General Conference Bulletin* 1893, S. 377.
[46] *Seventh-day Adventist Encyclopedia*, Ausg. 1976, S. 766, 814f.

Zweitens müssen wir uns vor Augen halten: Was Robert Wieland und Donald Short als die „berühmt gewordene Aussage" vom 22. November 1892 bezeichnet haben,[47] wurde nicht durch Ellen White berühmt gemacht, sondern durch Jones und Prescott und ihre heutigen Anhänger, die ihre Aussage genau so interpretieren wie seinerzeit die Reformer. Sie haben ihrer Interpretation der Ereignisse auf der Generalkonferenzversammlung 1893 dieses Zitat zugrunde gelegt, aber – soweit ich weiß – ist Ellen White *kein einziges Mal* auf diese Aussage von 1892 zurückgekommen und hat auch nie behauptet, dass die Gemeinschaft 1893 versagt hat. Das war vielmehr die spätere Interpretation von Jones und Prescott, die Ellen White nie bestätigt hat. Man kann sich nicht des Eindrucks erwehren, dass ihre Aussage vom November 1892 im Zuge der Erregung jener Zeit gewaltig aufgebauscht wurde.

Als Drittes müssen wir festhalten: Ralph Nealls ausführlichen Recherchen zufolge, die er im Rahmen seiner Doktorarbeit durchgeführt hat, ist Ellen Whites Aussage über den lauten Ruf von 1892 die einzige nach 1888, in der sie „die Gerechtigkeit durch den Glauben … im Zusammenhang mit den Endzeitereignissen erwähnt". Außerdem weist Ralph Neall auf Folgendes hin: *Wann immer Ellen White davon gesprochen hat, dass die Verzögerung der Wiederkunft Christi von dem Verhalten der Gemeinden abhängig sei, hat sie dabei nie die Gerechtigkeit durch den Glauben erwähnt.*[48] Erneut hat man den Eindruck, dass einige Interpreten, die Jones und Prescott folgen, in Ellen Whites Äußerung etwas hineingelesen haben, was sich in ihren Schriften nicht wiederfindet.

Zusammenfassend müssen wir also feststellen, dass es von Ellen White selbst keinen Kommentar zu ihrer Aussage über den „lauten Ruf" im Jahr 1892 gibt. Wir haben nur die Interpretation von Jones und Prescott, die sich aber im Fall Anna Rice schon einmal geirrt hatten. Den besten Hinweis darauf, wie Ellen White ihr Statement zum „lauten Ruf" selbst verstanden hat, geben uns ihre Aussagen zu

---

[47] *1888 Re-examined,* revidierte Ausg., S. 91.
[48] *How Long, O Lord?,* Washington D.C. 1988, S. 101f.; Ralph E. Neall, „The Nearness and the Delay of the Parousia in the Writings of Ellen G. White", Ph. D. Dissertation, Andrews University, 1982, S. 204f.; Brief R. E. Neall an George R. Knight, 7. Juni 1988 (Hervorhebungen von mir).

Offenbarung 14,12, die wir in Kapitel 2 untersucht haben. Man sollte sie einfach so lesen, wie Ellen White sie geschrieben hat, und keine sensationelle Bedeutung in sie hineinlegen. Sie schrieb: „Die Zeit der Prüfung steht unmittelbar bevor, denn der laute Ruf des dritten Engels hat bereits in der Offenbarung der Gerechtigkeit Christi, des Sünden vergebenden Erlösers, eingesetzt. Das Licht des Engels, dessen Herrlichkeit die ganze Erde erleuchten wird, hat begonnen zu scheinen. *Jetzt ist es die Aufgabe aller*, zu denen die Warnungsbotschaft durchgedrungen ist, *Jesus zu erhöhen.*"[49] Wenn man einfach nimmt, was dort steht, erklärte Ellen White: Der „laute Ruf" (nicht der Spätregen) begann 1888, und er begann deshalb, weil Gottes Volk nach der Generalkonferenzversammlung 1888 die vollständige Botschaft des dritten Engels verkündigen konnte, zu der ja auch der Glaube an Jesus gehört (siehe Offb 14,12).

Ellen White betrachtete diese Aussage keineswegs als eine „Sensation".[50] Das war sie nur für die, die zu viel in sie hineingelesen haben. Wenn man ihre Aussage über den „lauten Ruf" in einen größeren Zusammenhang stellt und sie mit ihren anderen Äußerungen über Offenbarung 14,12 anlässlich der Versammlung in Minneapolis vergleicht, kommt man zu dem Ergebnis, dass sie wahrscheinlich Folgendes sagen wollte (wie ich bereits in Kapitel 2 ausführlich dargestellt habe): Die Adventisten konnten seit 1888 den „lauten Ruf" (eine Botschaft) ergehen lassen, weil sie endlich die beiden Hälften der Schlussaussage der dritten Engelsbotschaft hatten – nämlich die Gebote Gottes *und* den rettenden Glauben an Jesus –, und weil die adventistischen Unterscheidungslehren jetzt in die großen Wahrheiten des evangelischen Christentums integriert worden waren und diese Wahrheiten „von der Einbettung in Irrtümer befreit ... ihren richtigen Stellenwert bekommen hatten."[51]

Der „laute Ruf" *begann* also, als die Adventisten eine vollständige Botschaft hatten. Diese Botschaft wartet aber immer noch darauf, von Adventisten, die mit dem Heiligen Geist erfüllt sind – der

---

[49] *Advent Review and Sabbath Herald*, 22. November 1892, S. 722; zitiert in: *Für die Gemeinde geschrieben*, Bd. 1, S. 382f. (rev., Hervorhebungen von mir).
[50] *1888 Re-examined*, revidierte Ausg. 1987, S. 91.
[51] Ellen G. White, Manuskript 8a, 21. Oktober 1888.

belebenden Kraft des „Spätregens" –, verkündet zu werden. Alonzo Jones' Interpretation der Aussage Ellen Whites vom November 1892 auf der Generalkonferenz 1893 lässt sich geschichtlich also nicht aufrechterhalten.

Es trifft allerdings ebenfalls zu, dass die Freikirche der Siebenten-Tags-Adventisten die verheißenen Segnungen noch nicht empfangen hat und sich immer noch auf dieser Erde befindet. Sie hat die Segnungen, die Gott ihr schenken möchte, noch nicht in Anspruch genommen. Über dieses ungenutzte Potenzial werde ich in Kapitel 7 sprechen.

Es ist wichtig, sich auch Folgendes klarzumachen: Jones' und Waggoners Botschaft von 1888 waren für die Gemeinschaft nicht das Allerwichtigste, denn 1883 erklärte Ellen White, Jesus hätte schon bald nach 1844 wiederkommen können, wenn alle Adventgläubigen „die Botschaft des dritten Engels angenommen und in der Kraft des Heiligen Geistes an die Welt weitergegeben hätten".[52] Diese Aussage hat verblüffende Konsequenzen für alle diejenigen, die der Theologie von Jones, Waggoner oder Prescott 1888, 1893 und 1895 allzu große Bedeutung beigemessen haben, denn sie bedeutet doch, dass Jesus Christus hätte wiederkommen können, bevor Alonzo Jones und Ellet Waggoner überhaupt eine Chance hatten, ihre Interpretation des Evangeliums zu verkünden. Darum ist es nicht hilfreich, den besonderen Aspekten ihrer Theologie zu viel Gewicht beizumessen, denn weder ihre Botschaft noch ihre besondere Interpretation des Evangeliums sind ausschlaggebend, sondern das „ewige Evangelium" selbst (Offb 14,6).

Die Generalkonferenzversammlung 1895

Eine weitere Generalkonferenzversammlung, die in der Auseinandersetzung über die Botschaft von 1888 eine große Rolle gespielt hat, ist die des Jahres 1895. Während dieser Konferenz predigte Jones 26 Mal über die dritte Engelsbotschaft. Der Inhalt seiner Ansprachen ist für Adventisten vor allem deshalb wichtig geworden, weil sie die

---

[52] Manuskript 4, nicht datiert, 1883; zitiert in *Für die Gemeinde geschrieben*, Bd. 1, S. 71.

ausführlichste Darstellung der Natur Jesu und deren Beziehung zur Gerechtigkeit durch den Glauben enthält, die er selbst oder Waggoner je präsentiert haben. Alonzo Jones gab sich die allergrößte Mühe, um zu zeigen, dass Jesus genau dieselbe Natur besaß wie Adam nach dem Sündenfall. Da Ellen White aber bereits 1869 erklärt hatte, dass Christus „ein Bruder in unseren Schwachheiten ist, aber nicht die gleichen Leidenschaften besitzt" wie wir,[53] sah sich Jones gezwungen zuzugeben, dass Jesus Adam nur in körperlicher Hinsicht glich, nicht aber in geistlicher, denn er besaß nicht den Geist und die Leidenschaften eines gefallenen Menschen.[54] Obwohl Jones einräumen musste, dass Jesus nur in körperlicher Hinsicht „genau dieselbe Natur wie wir" besaß, fuhr er fort, seine ursprüngliche Ansicht zu vertreten, und merkte offenbar nicht, dass er den entscheidenden Punkt seiner Argumentation verloren hatte.

Die Überzeugung von Jones und Waggoner, dass die Natur Christi der Natur Adams nach dem Sündenfall glich, hatte sich allmählich entwickelt. In Waggoners Theologie deutete sie sich schon 1887 an, wurde aber erst in den frühen 1890er-Jahren deutlich erkennbar, als sich der Schwerpunkt seines theologischen Denkens verschob. Die erhaltenen Dokumente lassen erkennen: Was 1895 besonders hervorgehoben wurde, war 1888 noch kein Thema. Es gibt keine historischen Belege dafür, dass es während der Generalkonferenzversammlung in Minneapolis eine Rolle gespielt hat. Wer das, was Jones, Waggoner und Prescott 1893 und 1895 betonten, in die Konferenz von 1888 hineinprojiziert, betreibt keine seriöse Geschichtsforschung – ganz gleich, ob ihre späteren Ansichten über die Natur Christi theologisch richtig oder falsch waren. Aber manche ihrer Verehrer gehen so vor. Theologische Ansichten bedürfen jedoch einer soliden Grundlage, wenn sie einer so genauen Überprüfung standhalten sollen, wie sie Ellen White in der Auseinandersetzung über das Gesetz im Galaterbrief verlangte.

---

[53] *Testimonies for the Church*, Bd. 2, S. 202, vgl. *Aus der Schatzkammer der Zeugnisse*, Bd. 1, S. 201.
[54] *General Conference Bulletin* 1895, S. 231–233, 436, 312, 327–334; Alonzo Jones' Lehre darüber wird in *From 1888 to Apostasy*, S. 133–139, ausführlich behandelt.

Eine Identitätskrise: das Erbe von Minneapolis im 20. Jahrhundert

Die in Minneapolis offenbar gewordene Krise endete nicht mit dem Beginn des neuen Jahrhunderts. Im ersten Jahrzehnt standen zwar andere Krisen im Vordergrund (zum Beispiel die von John Harvey Kellogg verursachte Spaltung), die so schwerwiegend waren, dass sie alle Kräfte der Gemeinschaft in Anspruch nahmen und die Aufmerksamkeit von Minneapolis ablenkten. Aber in den 1920er-Jahren rückten erneut jene Probleme in den Vordergrund, die mit Minneapolis zu tun hatten. Das Jahrzehnt erlebte ein Wiederaufleben des Interesses an der Heiligung, und zwar durch die Predigten Meade McGuires und durch sein Buch *Life of Victory* (Leben des Sieges, 1924). Außerdem erschien 1926 Arthur G. Daniells ausführliche Studie über das Geschehen in Minneapolis *Christus unsere Gerechtigkeit* sowie 1928 Le Roy E. Frooms *Coming of the Comforter* (Das Kommen des Trösters) über den Heiligen Geist. Daniells (er war 1901–1922 Generalkonferenzpräsident) und Froom waren für die neu eingerichtete Predigtamtsabteilung der Generalkonferenz verantwortlich und predigten oft über Themen, die mit Minneapolis zu tun hatten. Dagegen befassten sich die Darstellungen der Adventgeschichte von John Loughborough (*The Rise and Progress of Seventh-day Adventists*, 1892, und die überarbeitete Ausgabe *The Great Second Advent Movement*, 1905) und Mahlon E. Olsen (*Origin and Progress of Seventh-day Adventists*, 1925) gar nicht mit den Predigten über die Gerechtigkeit durch den Glauben oder mit irgendeinem anderen Problem dieser Konferenz, die etwas mit Jones und Waggoner zu tun hatten.

Dieses relative Stillhalten war zu Ende, als der 40. Jahrestag der Generalkonferenzversammlung von 1888 näherrückte. Der innovative Taylor G. Bunch verglich die Erfahrung, die das Adventvolk in Minneapolis gemacht hatte, mit der Tragödie des Volkes Israel in Kadesch-Barnea (siehe 4 Mo 13 und 14). Beide seien an den Grenzen des verheißenen Landes umgekehrt und wieder in die Wüste gezogen, erklärte Bunch. Er wertete die Reaktion der Adventisten auf die Verkündigung von Jones und Waggoner in Minneapolis eindeutig als geistliches Versagen, hoffte aber zuversichtlich, dass die 40 Jahre, die der Adventismus seitdem in der Wüste zugebracht hatte, nun bald vorüber sein würden und Christus wiederkomme.[55] Knapp 20 Jahre später (1947) vertrat Lewis H. Christian das genaue Gegenteil von dem, was Bunch gesagt hatte. Er erklärte nämlich, 1888 sei für die Adventisten ein „herrlicher Sieg" gewesen. „In unserer gesamten Geschichte hat der Herr seinem Volk bei keiner anderen Konferenz in so bemerkenswerter Weise so viel Licht und Sieg geschenkt."[56]

Als Robert J. Wieland und Donald K. Short drei Jahre später den Brüdern der Generalkonferenz privat ihre Untersuchung „1888 Re-examined" vorlegten, wurde aus dem Schwelbrand der Probleme von 1888 wieder ein loderndes Feuer. Wieland und Short sprachen deutlich aus, was sie dachten: Die Entwicklung des Siebenten-Tags-Adventismus „entspricht nicht seiner prophetischen Bestimmung. Die Welt ist immer noch nicht wachgerüttelt worden durch die dreifache Engelsbotschaft aus Offenbarung 14." Mochte die Leitung der weltweiten Gemeinschaft ihre Errungenschaften auch feiern, die beiden Autoren hatten keinerlei Zweifel, dass die Adventgemeinde „zurückgeblieben ist". Schuld daran sei, dass die Gemeinschaft Jones' und Waggoners Botschaft von 1888 nicht angenommen habe.[57] Wielands und Shorts Anliegen war es, den Adventismus durch echte Reue wieder zu der Wahrheit von Minneapolis zurückzuführen.

Ihre Herausforderung an die Leiter der Gemeinschaft im Jahr 1950 bestimmte, welche Richtung die Auseinandersetzung über Minneapolis zwei Jahrzehnte später einschlug. Die eine Seite betrachtete die Konferenz als Sieg, während die andere in ihr ein erbärmliches Versagen sah. Schon der Titel des Buches von Albert V. Olson *Through Crisis to Victory* (Durch eine Krise zum Sieg, 1966)

---

[55] *Forty Years in the Wilderness: In Type and Antitype*, circa 1928; *The Exodus and Advent Movement in Type and Antitype*, Payson (Arizona), ursprünglich privat veröffentlicht um 1937.
[56] *The Fruitage of Spiritual Gifts*, S. 219.
[57] *1888 Re-examined*, Stafford (Montana), nicht datiert, S. 4, 46f., 201–203, 232–234. Die Autoren legten ihr Manuskript 1950 in vervielfältigter Form den Leitern der Gemeinschaft vor. Auf ihre Bitten hin veröffentlichten sie es in den beiden folgenden Jahrzehnten nicht.

goss Öl auf das Feuer derjenigen, die in den Ereignissen von Minneapolis keinen Sieg erkennen konnten. Aber Le Roy E. Frooms Buch *Movement of Destiny* (Bewegung der Vorsehung, 1971) barg noch viel mehr Sprengstoff; denn darin forderte er alle diejenigen, die der Gemeinschaft vorwarfen, die Botschaft von der Gerechtigkeit durch den Glauben verworfen zu haben, öffentlich zu einem „ausdrücklichen Schuldbekenntnis" auf.[58]

Diese konfrontative Taktik konnte Wieland und Short lediglich dazu bewegen zu bekennen, dass sie Recht hatten und die Gemeinschaft im Unrecht war, und ihren Ruf nach „kollektiver Reue der Gemeinschaft" energischer zu wiederholen.[59] Frooms öffentlicher Aufruf zur Entschuldigung in einem Buch, das im Vorwort und in der Einführung von Robert Pierson und Neal Wilson (dem damaligen Generalkonferenzpräsidenten bzw. Vorsteher der Nordamerikanischen Division) wärmstens empfohlen worden war, beendeten 1972 das 22-jährige Schweigen von Wieland und Short zu diesem Thema in der Öffentlichkeit. Davor hatten sie geschwiegen, weil sie es den Leitern der Gemeinschaft 1950 versprochen hatten. (Ihr Manuskript „1888 Re-examined" wurde jedoch ohne ihr Wissen von anderen veröffentlicht.) Aber in den Jahren nach 1972 schrieben sie ein Buch, eine Broschüre und einen Artikel nach dem anderen über das Potenzial und die Probleme mit der Botschaft von 1888. Sie sahen in Frooms Herausforderung fast so etwas wie eine Fügung Gottes und eine offizielle Einladung der Gemeinschaft, ihre Überzeugungen aktiv zu verbreiten. In dem Konflikt im 20. Jahrhundert über Minneapolis hatten sich die Fronten also endgültig verhärtet.

Ein anderes Thema war bereits Mitte der 1950er-Jahre in den Vordergrund gerückt, als zwei evangelikale Gelehrte – Donald Grey Barnhouse und Walter Martin – mit ihrer Untersuchung der Lehren der Siebenten-Tags-Adventisten begannen. Sie wollten herausfinden, ob wir eine Sekte oder eine evangelikale Kirche sind. Nachdem sie mit adventistischen Leitern ausführliche Gespräche

---

[58] *Movement of Destiny*, Washington D.C. 1971, S. 13–16, 357f., 364.
[59] Robert J. Wieland und Donald K. Short, „An Explicit Confession ... Due the Church", 1972 (nicht veröffentlicht), S. 1, 19, 38–46; *1888 Re-examined*, revidierte Ausg. 1987, S. 180.

über für sie „fragwürdige" Lehrpunkte geführt hatten, räumten die überraschten evangelikalen Gelehrten in der September-Ausgabe der Zeitschrift *Eternity* (herausgegeben von Barnhouse) ein, die Siebenten-Tags-Adventisten seien eine wahrhaft christliche „Gruppe aufrichtiger gläubiger Menschen". Barnhouse reichte den Adventisten die Hand der Gemeinschaft „als erlöste Brüder und Glieder des Leibes Christi" und erklärte, die Adventgemeinde sei keine antichristliche Sekte, wie er bislang geglaubt hatte.[60]

Der Dialog mit Barnhouse und Martin wurde im Wesentlichen von den Leitern der Predigtamtsabteilung der Generalkonferenz geführt. Die halboffizielle Stellungnahme der Gemeinschaft zu ihren Fragen wurde 1957 im Buch *Questions on Doctrine* veröffentlicht. Viele Aussagen des Buches waren unter Adventisten umstritten; sein brisantester Beitrag zu einer erneuten Auseinandersetzung mit den theologischen Aussagen von Jones und Waggoner waren jedoch die Ausführungen über die menschliche Natur Jesu. Bis zu der Zeit waren die adventistischen Vordenker nämlich der Auffassung von Jones und Waggoner gefolgt und hatten die Ansicht vertreten, Jesus habe dieselbe sündige Natur gehabt wie Adam *nach* dem Sündenfall. In *Questions on Doctrine* wurde jedoch behauptet, dass Adventisten glauben, Jesu geistliche Natur sei dieselbe gewesen, die Adam *vor* seinem Fall besaß. Dies wurde mit zahlreichen Zitaten von Ellen White, zum großen Teil aus bisher unveröffentlichten Manuskripten „bewiesen".[61] Das Thema war umso brisanter, als die traditionelle adventistische Theologie im Wesentlichen lehrte: Da jeder Mensch genau die gleiche sündige Natur besitzt wie Jesus, kann er schließlich ebenso sündlos leben wie er, wenn die „verliehene" Gerechtigkeit, das heißt, die Gabe des Heiligen Geistes vorbehaltlos angenommen und seine „Frucht" (Gal 5,22.23) entwickelt wird.

Weil diese Überzeugung in den 1950er-Jahren im Mittelpunkt adventistischer Theologie stand, sahen viele in der neuen, im Buch *Questions on Doctrine* vertretenen Ansicht über die Natur Christi

---

[60] „Are the Seventh-day Adventists Christians?", *Eternity*, September 1956, S. 6f, 43–45; T. E. Unruh, „The Seventh-day Adventist Evangelical Conference of 1955–1956", *Adventist Heritage*, Winter 1977, S. 35–46.
[61] *Questions on Doctrine*, Washington D.C. 1957, S. 59–62, 650–660.

eine ernstzunehmende Bedrohung des Kerns und der Identität des Adventismus. Es hat die brüderlichen Gefühle bei den Vertretern der beiden adventistischen Lager kaum gestärkt, als Barnhouse in der Zeitschrift *Eternity* berichtete, einige der adventistischen Leiter hätten erklärt, nur „verrückte Randgruppen" des Adventismus würden noch an der traditionellen Auffassung der Gemeinschaft festhalten, die Natur Christi habe der Natur Adams *nach* dem Sündenfall entsprochen. In jeder konservativen Glaubensgemeinschaft – so hätten ihre adventistischen Gesprächspartner hinzugefügt – gäbe es schließlich „wild dreinblickende Unverantwortliche".[62]

Milian L. Andreasen war verständlicherweise besonders empört. Offenbar hatte man ihn, den führenden adventistischen Theologen der 1930- und 1940er-Jahre, jetzt in eine „verrückte Randgruppe" von „Unverantwortlichen" abgeschoben. In seinen veröffentlichten *Letters to the Churches* (Briefe an die Gemeinden, 1959) griff er die Gemeinschaftsleitung öffentlich an, sie habe den Adventismus verschleudert, nur damit die Evangelikalen die Gemeinschaft der Siebenten-Tags-Adventisten anerkennen. In 1888er-Manier deutete er die Ereignisse als eine Verschwörung der Administration der Gemeinschaft mit dem Ziel, die adventistische Theologie radikal zu verändern.[63]

So wie seinerzeit die Brüder in Minneapolis gingen auch jetzt die Kontrahenten nicht besonders sanft miteinander um. Angesichts einer solchen Spaltung in den Reihen der Adventisten kann es kaum überraschen, dass Walter Martin in seinem Buch *The Truth About Adventism* („Die Wahrheit über den Adventismus", 1960) die Gemeinschaft nur unter Vorbehalt als evangelikal ansah. Er erklärte: Nur „diejenigen Adventisten, die dem Herrn in derselben Weise

---

[62] *Eternity*, September 1956, S. 6. Es hat offenbar niemand bestritten, dass Ausdrücke wie „verrückte Randgruppen" verwendet worden waren. Sowohl T. E. Unruh (einer der Hauptdialogteilnehmer) als auch M. L. Andreasen sagten, „der ganze Inhalt des Artikels" von Barnhouse „sei den adventistischen Brüdern vor der Veröffentlichung des Artikels vorgelegt worden." M. L. Andreasen, *Letters to the Churches*, Payson (Arizona), nicht datiert [1959], S. 12; T. E. Unruh, *Adventist Heritage*, Winter 1977, S. 42.

[63] *Letters to the Churches*, S. 10–18 (verstreut).

folgen, wie ihre leitenden Brüder, die uns die Glaubenslehren der Gemeinschaft der Siebenten-Tags-Adventisten erläutert haben, können als wahre Glieder am Leibe Christi angesehen werden."[64]

Diese Abgrenzung machte die tiefe Kluft sichtbar zwischen denjenigen Adventisten, die das Adventistische an der Freikirche betonten, und denen, die das Christliche in den Vordergrund stellten. Die Identität der Gemeinschaft war offenbar infrage gestellt, und es wurden ernsthafte Befürchtungen laut, dass die adventistischen Unterscheidungslehren unterdrückt werden könnten. Es waren bezeichnenderweise dieselben Befürchtungen, die den emotionsgeladenen Auseinandersetzungen in Minneapolis zugrunde lagen.

Andreasens *Letters to the Churches* wurden zu einem Rückhalt für jene Adventisten, die sich über die evangelikale Anerkennung und die Folgerungen, die sich daraus ergaben, aufregten. Milian Andreasens Hauptsorge galt möglichen Veränderungen des adventistischen Verständnisses der Erlösung und der menschlichen Natur Christi. Darüber schrieb er: „Ich bin tief traurig zu erleben, wie tragende Säulen [des adventistischen Glaubens] zerstört und die gesegneten Wahrheiten, die uns zu dem gemacht haben, was wir sind, aufgegeben werden."[65] *Questions on Doctrine* und Andreasens Stellungnahme zu diesem Buch bereiteten also die Bühne für weitere Auseinandersetzungen über Angelegenheiten von Minneapolis, über die im späten 20. Jahrhundert gestritten wurde.

In engem Zusammenhang mit dem Streit über die Natur Christi steht eine Frage, die Adventisten ebenfalls in zwei Lager teilt: Stand im Zentrum der Auseinandersetzungen in Minneapolis 1888 die Rechtfertigung oder die Heiligung? Die eine Seite behauptet, die Botschaft von der Gerechtigkeit Christi habe nur die juristische Rechtfertigung (den richterlichen Freispruch) im Blick gehabt; die andere Seite betont, es sei in Wirklichkeit um die Heiligung (bis hin zur Sündlosigkeit) gegangen.

Die theologische Diskussion der Adventisten hat sich in den 1980er-Jahren zu oft nur um diese drei Themen gedreht:

---

[64] *The Truth About Seventh-day Adventism*, Grand Rapids (Michigan) 1960, S. 7.
[65] *Letters to the Churches*, S. 18.

- Ist die Botschaft von 1888 ein Sieg oder eine Niederlage?
- Entsprach die geistliche Natur Jesu der Natur Adams vor oder nach dem Sündenfall?
- Geht es bei der 1888 wiederentdeckten Gerechtigkeit Christi in erster Linie um die Rechtfertigung oder um die Heiligung?

Bei dem letzten Thema hat man den Eindruck, dass die Frage falsch gestellt ist, denn Christi Gerechtigkeit – so wie Ellen White sie in Minneapolis und in ihrem späteren Schrifttum verstand – umfasst beides: Die entscheidende juristische Rechtfertigung und die Heiligung durch den Glauben auf der Grundlage einer lebendigen Beziehung zu Christus. Die Meinung, es komme ausschließlich auf die juristische Rechtfertigung an, scheint auf dem missverstandenen adventistischen Anspruch zu beruhen, Erben der protestantischen Reformation zu sein. Wer juristische Rechtfertigung für entscheidend hält,[66] übersieht, dass Adventisten die Reformation als einen anhaltenden Prozess sehen und nicht als etwas, das sich im 16. Jahrhundert abgespielt hat. Was Luther und Calvin über die Rechtfertigung erkannt haben, ist ein wichtiger Aspekt der Erlösung; aber auch Wesleys Betonung der Heiligung ist unverzichtbar. Der Adventismus hat seine historischen Wurzeln nicht nur in den Lehren der klassischen Reformatoren, sondern auch in denen der Wiedertäufer und Wesleys. Seine Theologie der Heiligung wurde übrigens in vieler Hinsicht genauso kritisiert wie die der Adventisten.

Die Gemeinschaft muss ihre theologischen Wurzeln gründlicher erforschen, wenn sie zu einer eindeutigen Lehre von der Erlösung kommen will. Sie darf dabei aber eines nicht vergessen: Das wirklich Wichtige ist, die Erlösung persönlich zu erleben; mit welchen theologischen oder historischen Begriffen der Einzelne seine Erfahrung beschreibt, ist nebensächlich. Ellen White hat in den Jahren nach Minneapolis davor gewarnt, sich allzu sehr mit Definitionen der Rechtfertigung und Heiligung zu beschäftigen.[67] Ihre Warnung ist auch heute noch aktuell.

---

[66] Zum Beispiel Geoffrey J. Paxton, *The Shaking of Adventism*, Grand Rapids (Michigan) 1977; David P. McMahon, *Ellet Joseph Waggoner: The Myth and the Man*, Fallbrook (Kalifornien) 1979.

[67] Zum Beispiel in Manuskript 21, 27. Februar 1891.

Wer den Streit um Sieg oder Versagen in Bezug auf die Botschaft von 1888 in der Adventgemeinde verfolgt, kann in beiden Ansichten ein Stück Wahrheit erkennen. Es war sicherlich ein Versagen, dass die Gemeinschaft die Botschaft von Minneapolis 1888 nicht geschlossen annahm. Aber viele Gemeindeglieder und Prediger haben sie ja doch persönlich angenommen und sind durch sie reich gesegnet worden. Dennoch scheinen zahlreiche Adventisten in der Theologie gefangen zu sein, die vor 1888 galt und unsere eigene Gerechtigkeit und das Gesetz Gottes betonte, statt die allein entscheidenden Verdienste Christi in den Vordergrund zu stellen.

Manche Prediger und Gemeindeglieder vermitteln einem den Eindruck, das Wichtigste im Leben eines Christen und in der Weltgeschichte überhaupt sei, dass jeder Einzelne so sündlos lebt, wie Jesus gelebt hat. (Der Unterschied zwischen Sündlosigkeit und christlicher Vollkommenheit wird im nächsten Kapitel besprochen.) Diese Betonung führt genau wie damals zu dem, was Alonzo Jones 1895 das Pharisäersyndrom nannte; er verstand darunter die Haltung: „Sag mir, was ich noch alles tun muss, und ich werde es tun."[68] Wer Erlösung so verstehe, werde zu einem Adventisten, der „sich bis zur Erschöpfung quält, damit er gerecht genug wird, um die Zeit der Trübsal überstehen zu können", erklärte Jones 1893.[69]

Es gehört zu den unseligen Paradoxien in der Geschichte der Adventgemeinde, dass so viele, die die Wichtigkeit der Botschaft von 1888 betonen, dennoch in die Falle tappen, von der Jones vor mehr als 115 Jahren gesprochen hat. Allzu viele Adventisten konzentrieren sich auf *ihre* Gerechtigkeit und stellen sie neben die Gerechtigkeit Christi (oder bezeichnen sie gar als Gerechtigkeit Christi). Auch Smith und Butler dachten so. Das Befreiende der Botschaft von 1888 ist aber, dass Christus *alles* ist, wenn es um unsere Erlösung geht – sowohl unsere Rechtfertigung als auch unsere Heiligung (siehe 1 Kor 1,30)! Viele Adventisten haben die ganze Tragweite der Botschaft von Minneapolis immer noch nicht erfasst. Darauf werden wir im nächsten Kapitel zurückkommen.

---

[68] *General Conference Bulletin* 1895, S. 495.
[69] *General Conference Bulletin* 1893, S. 244.

Von den drei genannten Themen von Minneapolis, die Adventisten auch heute noch entzweien, ist die anhaltende und hitzige Debatte über die menschliche Natur Christi vielleicht am meisten zu beklagen. Ebenso wie das Gesetz im Galaterbrief 1888 hat auch die Natur Jesu den Status eines theologischen Erkennungszeichens bekommen. Der Versuch, das zu ändern – so befürchten viele – würde das Ende des traditionellen Adventismus bedeuten. Ein weiterer Schwerpunkt der Auseinandersetzung ist nach wie vor der Umgang mit und die Interpretation von Ellen Whites Schrifttum. Der Streit ähnelt in erschreckendem Ausmaß dem Ringen um die Bedeutung des Gesetzes im Galaterbrief 1888. Damals wussten viele nicht mehr, wie sie die Erkennungszeichen oder Säulen des adventistischen Glaubens einordnen sollten; und viele haben ihren Stellenwert auch heute noch nicht richtig verstanden.

Das Beharren auf theologischen Erkennungszeichen: ein Segen oder ein Fluch?

Die Juden zur Zeit Jesu hielten beharrlich an ihren traditionellen Lehren fest; die Folge davon war, dass sie neues Licht nicht wahrnehmen konnten und als Ergebnis Christus verwarfen. Den gleichen Fehler haben die adventistischen Traditionalisten in Minneapolis und in der Zeit danach gemacht, stellte Ellen White fest. Auf diese Weise seien einige ihrer Leiter zu „Wegweisern geworden, die in die falsche Richtung zeigen". Ihre traditionellen Lehren seien ihnen so „ans Herz gewachsen", dass sie für sie zu „kostbaren fundamentalen Glaubenslehren geworden" waren. Wer sie aufgibt, so meinten sie schließlich, „zerstört das Fundament seines Glaubens".[70]

Es ist eine der größten Tragödien der Kirchengeschichte gewesen, dass Christen immer neue theologische Erkennungszeichen geschaffen haben, weil sie die Einzigartigkeit des Glaubens schützen wollten, der ihnen von ihren geistlichen Vorfahren überliefert worden war. Ihre Beweggründe mögen positiv gewesen sein, aber das Ergebnis war allzu oft negativ und polarisierend, da der Prozess, der zum Errichten eines Erkennungszeichens führt, die Auf-

---

[70] Manuskript 30, 1890 (eigentlich März 1891).

merksamkeit auf die Tradition einer bestimmten Gruppe lenkt (die irgendwann wieder in Zweifel gezogen werden kann) statt auf die Bibel. Die Bibel wird für Traditionalisten sogar oft zu einer Bedrohung, nämlich dann, wenn eine neue Generation biblische Wahrheiten wiederentdeckt, die grundlegender sind als ihre Traditionen. Konfrontiert mit Veränderungen ihrer Glaubenslehren verlieren die Traditionalisten oft die Übersicht und machen „aus bloßen Maulwurfshügeln Berge", wie Ellen White es 1892 treffend formulierte.[71]

So war es auch in Minneapolis gewesen. Dort wurde laut Ellen White „oft von den alten Erkennungszeichen gesprochen, an denen man festhalten müsse". Leider „bestand Grund zu der Annahme, dass sie die alten Erkennungszeichen gar nicht kannten. ... Sie hatten falsche Ansichten darüber, was die alten Erkennungszeichen [des Adventismus] überhaupt waren." Ellen White verwies auf die Zeit nach 1844, als die ersten Sabbat haltenden Adventisten zum ersten Mal die ganze Tragweite der dreifachen Engelsbotschaft erfassten: „Eines der Erkennungszeichen dieser Botschaft war der *Tempel Gottes*, den sein Volk, das die Wahrheit liebt, im Himmel sah, und die Bundeslade mit dem *Gesetz Gottes*. Vom *Sabbat* im vierten Gebot schien ein helles Licht auf den Weg der Übertreter des Gesetzes Gottes. Auch dass *die Boshaften nicht unsterblich sind*, ist ein altes Erkennungszeichen. Mir fällt nichts mehr ein, was noch zu den alten Erkennungszeichen zu zählen wäre. Das ganze Geschrei wegen einer angeblichen Veränderung der alten Erkennungszeichen ist unbegründet."[72] Das waren für Uriah Smith, George Butler und ihre Anhänger harte Worte, denn es war unübersehbar, dass deren Interpretation des Gesetzes im Galaterbrief und der zehn Hörner auf Ellen Whites Liste der adventistischen Säulen des Glaubens fehlten. Auch Themen wie die menschliche Natur Christi, „das Tägliche" in Daniel 8,12.13 oder andere Erkennungszeichen dieser Art sucht man in jener Aufstellung vergebens.

Es ist immer riskant, sich auf eine bestimmte Theologie festzulegen und sie dann zum Maßstab für alles andere zu machen. 1890

---

[71] Ellen G. White, Manuskript 24, nicht datiert 1892.
[72] Manuskript 13, nicht datiert 1889 (Hervorhebungen von mir), teilweise zitiert in *Christus kommt bald*, S. 34.

schrieb Ellen White: „Wenn wir nicht ständig aufpassen, *stehen wir als Volk [Gottes] in der großen Gefahr, unsere eigenen Vorstellungen für biblische Wahrheiten zu halten, weil sie uns im Laufe der Zeit ans Herz gewachsen sind und wir sie in jedem Punkt für unfehlbar halten, und alle anderen an unserem Verständnis der biblischen Wahrheit zu messen. In dieser Gefahr stehen wir, und es könnte unserem Volk nichts Schlimmeres passieren, als ihr zu erliegen.*"[73]

Ein sicheres Fundament des Glaubens ist für eine Kirche, die ihre Identität bewahren will, wichtig. Sowohl die Erkennungszeichen der Siebenten-Tags-Adventisten, die in den Jahren nach 1844 aufgestellt wurden, als auch „die von ihren Irrtümern befreiten" Säulen des Glaubens des evangelischen Christentums sind klare biblische Wahrheiten.[74] Andere Ansichten, die biblisch nicht so gut zu begründen sind, mussten mit außerbiblischen Quellen belegt werden, um ihnen Geltung zu verschaffen. Eine solche Quelle ist für Adventisten in ihren zahlreichen Auseinandersetzungen um die Erkennungszeichen das Schrifttum Ellen Whites gewesen, so zum Beispiel im Ringen um die Bedeutung des Gesetzes im Galaterbrief. Uriah Smith und George Butler erklärten damals: Wenn die Gemeinschaft dieses Erkennungszeichen entfernt, ist es um die Glaubwürdigkeit Ellen Whites geschehen. Den gleichen Standpunkt vertrat Stephen Haskell im Streit um „das Tägliche".[75]

Auch Autoren des 20. Jahrhunderts sind allzu oft ebenso vorgegangen. So schrieb zum Beispiel Milian Andreasen, der seiner Auffassung von der Natur Christi dadurch Geltung verschaffen wollte, indem er sie zu einer tragenden Säule des Glaubens erklärte: „Niemand kann an die *Zeugnisse* [Ellen Whites] glauben und gleichzeitig die neue Theologie für richtig halten, nach der Christus frei von menschlichen Leidenschaften war."[76] Robert Wieland und Donald Short haben sich danach ähnlich geäußert: „Wenn das nicht wahr ist", erklärten sie in Bezug auf eine theologische Auslegung, die sie präsentiert hatten, „erleidet die lebenslange Glaubwürdigkeit Ellen

---

[73] Manuskript 37, nicht datiert 1890 (Hervorhebungen von mir).
[74] Ellen G. White, Manuskript 8a, 21. Oktober 1888.
[75] Brief Stephen N. Haskell an William C. White, 6. Dezember 1909.
[76] *Letters to the Churches*, S. 10.

Whites Schaden, und unsere Gemeinschaft verliert an Selbstachtung". Die beiden Autoren hielten auch an ihrem Glauben an die Fehlerlosigkeit der Lehren von Jones und Waggoner von 1889 fest und erklärten, wenn das falsch sei, was die beiden über ein Leben ohne Sünde gesagt haben, müsse „auch Ellen White als naiv und fanatisch diskreditiert werden".[77] Das war noch deutlicher, als sich Smith und Butler 1888 geäußert hatten. Die Zeit vergeht, aber die Dynamik der Debatten ist immer noch dieselbe. Wahrscheinlich würde Ellen White die eben zitierte Argumentation zurückweisen, wie sie es auch 1888 getan hat, als sie erklärte, Behauptungen seien noch keine Wahrheit, und die Gemeindeglieder darauf verwies, die Fakten zu studieren, die sich in der Bibel und in der Geschichte finden.

Für die Identität unserer Freikirche sind sowohl die tragenden Säulen des evangelischen Christentums als auch die von Ellen White genannten Erkennungszeichen der Siebenten-Tags-Adventisten wichtig. Sie zu verteidigen ist eine Tugend. Aber das emotionsgeladene Eintreten für immer neue, von Predigern und Theologen ersonnenen Erkennungszeichen, verschleiert unsere Identität nur, und es ist Kraftverschwendung, wenn die theologischen Gladiatoren der Gemeinschaft ihre Waffen gegeneinander erheben.

Ein nichtadventistischer Kritiker gibt uns im Zusammenhang mit Ellen Whites Äußerungen in Minneapolis zur Frage der Autorität einen guten Rat. Er schrieb 1977: „Wenn ich Frau White richtig verstehe, fordert sie die Adventisten auf, zur Bibel zurückzukehren; das müsse der erste Schritt und die wichtigste Maßnahme bei der Lösung von Konflikten sein ... In der gegenwärtigen Krise des Adventismus beobachte ich jedoch vor allem eine hektische Suche in dem sehr umfangreichen Schrifttum Ellen Whites nach Aussagen, mit denen man im Kampf mit dem Gegner Pluspunkte sammeln kann – ganz zu schweigen von den gefürchteten Zitatensammlungen, die verschiedene, aus dem Zusammenhang gerissene Aussagen Ellen Whites aneinanderreihen und daraus ein autoritatives letztes Wort in einem Streit machen. Ein solches Vorgehen ehrt *weder die Bibel noch Frau White.*" Wer ihr Schrifttum „richtig verwenden (und

---

[77] *1888 Re-examined*, revidierte Ausg. 1987, S. 55, 189.

ihre Worte nicht verdrehen) will, braucht schon eine Menge mehr Erfahrung, als es die meisten offenbar haben". Zu viele Adventisten behandeln Ellen White, als hätte sie eine „Wachsnase, die man nach Belieben in die eine oder andere Richtung drehen kann. *Wenn die Adventisten erreichen wollen, dass Frau White überhaupt keine Autorität in ihrer Bewegung mehr besitzt, dann brauchen sie nur fortzufahren, ihr Schrifttum als Quelle für Argumente zu benutzen, mit denen sie bei ihren internen Auseinandersetzungen punkten können.*"[78]

Diese Analyse ist so beängstigend genau, dass man sie nicht kommentieren muss. Haben Adventisten aus den Ereignissen in Minneapolis 1888 wirklich etwas gelernt oder erleben wir das gleiche immer wieder?

Die anhaltende Krise des Adventismus birgt die Gefahr, dass wir die Fehler wiederholen, die unsere geistlichen Vorfahren in Minneapolis gemacht haben. Sie kämpften für ihre Version des traditionellen Adventismus und verloren dabei ihr Christsein. Eine größere Identitätskrise kann es gar nicht geben. Die Aufgabe, vor die uns die Erfahrungen von 1888 stellen, heißt, die Lehren der Siebenten-Tags-Adventisten eingebettet in den Nährboden des grundlegenden Christseins weiterzuentwickeln.

---

[78] Geoffrey J. Paxton, *The Shaking of Adventism*, S. 155f. (Hervorhebungen von mir).

Kapitel 7

Was in den Adventgemeinden geschehen muss

Ellen White empfand die Krise in der Gemeinschaft der Siebenten-Tags-Adventisten, die sich auf der Generalkonferenzversammlung in Minneapolis zeigte, als schockierend und entmutigend, blieb aber nicht in deren Schatten. Am letzten Tag der Versammlung, auf der die Delegierten sogar sie selbst abgelehnt hatten und „Satan anscheinend Macht gehabt hatte, [ihr] Werk in erstaunlichem Maß zu behindern", beschrieb sie sie ihrer Schwiegertochter zwar als „äußerst mühsam" und „als das heftigste und unverständlichste Tauziehen, das wir in unserer Gemeinde je erlebt haben", erklärte aber dennoch voller Optimismus: „Aber wir [Ellen und Willie White] sind nicht im Geringsten entmutigt. Wir vertrauen auf den Gott Israels. *Die Wahrheit wird triumphieren und wir sind entschlossen, mit ihr zu triumphieren.*"[1]

Solche zuversichtlichen Worte sagen viel über Ellen Whites persönlichen „Glauben an Jesus", den sie in Minneapolis so oft hervorgehoben hatte. Sie hat ihren Optimismus und ihr Vertrauen in die unbegrenzten Möglichkeiten des Wirkens Gottes nie verloren, aber sie vergaß auch nicht, Lehren aus der Geschichte der Siebenten-Tags-Adventisten zu ziehen. In einem ihrer letzten Briefe an George Butler schrieb sie: „Die Erfahrungen, die wir in der Vergangenheit gemacht haben, haben nichts von ihrer Kraft verloren. Ich danke Gott für jeden Buchstaben seines heiligen Wortes. Ich will mich nicht von unseren harten Erfahrungen zurückziehen ... Sollten wir das Erscheinen unseres Herrn nicht mehr erleben, so werden wir

---

[1] Brief Ellen G. White an Mary White, 4. November 1888; zitiert in *Selected Messages*, Bd. 3, S. 178f. (Hervorhebungen von mir).

doch, nachdem wir unsere Aufgabe erfüllt haben, unsere Rüstung mit geheiligter Würde ablegen."[2]

Statt sich von ihren schweren Erfahrungen in der Gemeinschaft entmutigen zu lassen, schaute Ellen White nach vorn auf die Möglichkeiten, die in der Zukunft lagen. Die Generalkonferenzversammlung in Minneapolis 1888 gehörte für sie und Butler zweifellos zu jenen „harten Erfahrungen". Sie hat ihrem Dienst eine andere Ausrichtung gegeben, denn ihr war die geistliche Armut vieler Gemeindeglieder so recht bewusst geworden, die so gesetzesorientiert waren und sich auf ihre eigene Gerechtigkeit verließen. Viel zu viele von ihnen waren zwar „gute" Adventisten, mussten aber erst noch echte Christen in der eigentlichen Bedeutung des Wortes werden.

Ellen White war zu der Überzeugung gekommen, dass Adventisten am dringendsten eine persönliche Beziehung zu Jesus Christus brauchen. Diese Einsicht führte sie dazu, in ihrem Dienst als Autorin einen anderen Schwerpunkt zu setzen. Sie schrieb nun Dutzende von Artikeln über die Erlösung durch den Glauben und die Gerechtigkeit Christi und christozentrische Bücher wie *Steps to Christ* (*Der bessere Weg zu einem neuen Leben*, 1892), *Thoughts From the Mount of Blessing* (*Das bessere Leben im Sinne der Bergpredigt*, 1896), *The Desire of Ages* (*Das Leben Jesu*, 1898), *Christ's Object Lessons* (*Bilder vom Reiche Gottes*, 1900) und die ersten Kapitel von *The Ministry of Healing* (*Auf den Spuren des großen Arztes*, 1905). In all diesen Büchern schrieb sie über das Thema, das ihr seit 1888 so sehr am Herzen lag: Die Erlösung allein durch Jesus. Ein wichtiger Aspekt davon war für sie, dass die Gemeindeglieder in viel stärkerem Maße die Liebe des Erlösers widerspiegeln, statt sich mit kleinlichen Streitigkeiten zu beschäftigen und dabei einen unchristlichen Geist zu hegen.

Der Schlüssel zur christlichen Vollkommenheit

Ein Thema, auf das Ellen White in Minneapolis immer wieder zu sprechen kam, war die Notwendigkeit, dass die Adventisten Christus in ihrem Leben widerspiegeln. „Wir müssen Jesus, unser Vorbild,

---

[2] Brief Ellen G. White an George I. Butler, 23. November 1910.

immer vor Augen haben", sagte sie zum Beispiel am 21. Oktober. Im vorangehenden Satz stellte sie eine Verbindung her zwischen dem Konzept des Vorbilds und der Vollkommenheit: „Unsere Augen müssen mit himmlischer Augensalbe gesalbt werden, damit wir sehen, wie wir sind und wie wir sein sollten, und erkennen, dass wir *in Christus genügend Kraft zur Verfügung haben, um das hohe Ziel christlicher Vollkommenheit zu erreichen.*"[3] Ellen White ging es in Minneapolis ganz sicher nicht nur um die Rechtfertigung vor Gott, sondern auch um die Heiligung des Charakters.

Bei Adventisten kommt dabei die Frage auf, was sie mit der „christlichen Vollkommenheit" gemeint hat. Wie so oft ergibt sich die Antwort auch hier aus dem Zusammenhang ihrer Aussage. Im Satz davor sprach Ellen White über christusähnliche Liebe: „Wer Gott wirklich liebt, muss liebevolle Freundlichkeit, Urteilsvermögen und Rechtschaffenheit gegenüber allen offenbaren, mit denen er in Kontakt kommt, denn das sind die Werke Gottes [in unserem] Leben]. Nichts braucht Christus so sehr wie Werkzeuge, die die Notwendigkeit erkennen, ihn zu repräsentieren. Böses Reden und Denken verdirbt die Seele. Dies ist auf dieser Konferenz aktuell. *An nichts mangelt es der Gemeinde so sehr wie an der Offenbarung der Liebe Jesu."*

Denselben Gedanken bringen die Sätze zum Ausdruck, die den Aussagen über Vollkommenheit und dem Vorbild Jesu folgten: „Johannes wurde mit dem Geist seines Meisters eins, weil er zu Jesus aufsah und dessen Charaktereigenschaften schätzte ... Ihm wurde die Aufgabe übertragen, von der Liebe des Erlösers zu reden und von der Liebe, mit der seine Kinder einander begegnen sollen. ‚Denn das ist die Botschaft, die ihr gehört habt von Anfang an', schrieb er, ‚dass wir einander lieben sollen ... Wir wissen, dass wir aus dem Tod ins Leben gekommen sind, denn wir lieben die Brüder.' [1 Joh 3,11.14]"

Es ist bemerkenswert, wie oft Ellen White im Zusammenhang mit der Vollkommenheit zu christusähnlicher Liebe aufrief. In ihrer letzten Predigt in Minneapolis sagte sie zu den Delegierten, es sei für sie „eine große Sorge ... ob wir unseren christlichen Charakter

---

[3] Manuskript 8a, 21. Oktober 1888 (Hervorhebungen von mir).

vervollkommnen oder nicht." Auch in diesem Fall war der Zusammenhang ein erneuter Aufruf, „dem überwältigenden und mildernden Einfluss der Gnade Christi zu erlauben ... den Charakter zu formen und zu gestalten". Dann, so fügte sie hinzu, „werden wir gern Recht üben, Güte lieben und demütig mit Gott wandeln" (siehe Mi 6,8 EB).[4]

Dieselbe Botschaft kam in ihren Worten über die Reinigung des „Seelentempels" klar und deutlich zum Ausdruck – Aussagen, die manche als den wichtigsten „adventistischen" Aspekt der Botschaft von 1888 betrachten. Was tun Gott und Jesus?, fragte sie die Delegierten. „Sie reinigen das [himmlische] Heiligtum", beantwortete sie ihre Frage selbst und fügte hinzu: *„An diesem Tun sollen wir teilnehmen, indem wir den Tempel unserer Seele von aller Ungerechtigkeit reinigen,* damit unsere Namen im ‚Lebensbuch des Lammes' [Offb 21,27] stehen und unsere ‚Sünden getilgt werden', wenn ‚die Zeit der Erquickung ... von dem Angesicht des Herrn' kommt [Apg 3,19.20]. *Es ist die ernsteste Aufgabe, die Sterblichen jemals übertragen wurde."*[5]

Manche haben aus dem Zusammenhang gerissene Zitate von Ellen White willkürlich miteinander verbunden und diese *„ernsteste Aufgabe"* in einer Weise interpretiert, dass sie eher mit dem Verständnis von Uriah Smith und George Butler über „unsere Gerechtigkeit" übereinstimmen als mit dem, was Ellen White gemeint hat. Vor dieser Aussage über die Reinigung des Seelentempels „von aller Ungerechtigkeit" finden wir Sätze wie diese: „Das Schlimmste und Schmerzlichste ist der Mangel an Liebe und gegenseitiger Anteilnahme ... Satans erfolgreiches Werk war es, die Liebe Christi aus unseren Herzen herauszuhalten ... *Was wir brauchen, ist die Liebe Christi – Gott über alles zu lieben und unseren Nächsten wie uns selbst. Wenn diese Liebe in uns wohnt, wird es einen Zusammenbruch* [aller Hindernisse] *geben, so wie die Mauern Jerichos vor den Israeliten einstürzten."* Das scheint mir der Ausweg aus der adventistischen Verlegenheit über den Schlüssel in der Erfahrung der Gerechtigkeit aus dem Glauben an Jesus Christus zu sein.

---

[4] Manuskript 15, [3.] November 1888 (Hervorhebungen von mir).
[5] Manuskript 26, circa Oktober 1888 (Hervorhebungen von mir).

Ähnliche Aussagen finden wir im Anschluss an ihre Aussage über die Reinigung der Seele: „Erhebt ihn!", rief Ellen White aus. „Wie können wir das tun? ... Möge der Gott des Himmels mit seiner Kraft in unsere Herzen kommen, damit wir *einen rechtschaffenen Charakter* und ein reines Herz entwickeln und wissen, wie wir für die Kranken und Leidenden arbeiten." Beachten wir, dass sie hier den „rechtschaffenen Charakter" mit dem Dienst an Leidenden verband! Das ist etwas völlig anderes als das, was manche in ihre Aussagen hineinlegen, indem sie sie mit anderen, ebenfalls aus dem Zusammenhang gerissenen Zitaten aus ihrem Schrifttum verbinden. Es wird Zeit, dass Adventisten Ellen White für sich selbst sprechen lassen und sie nicht für ihre Steckenpferde missbrauchen.

Ellen White hat noch mehr darüber gesagt, was sie unter einem „rechtschaffenen Charakter" versteht. So forderte sie die Delegierten in Minneapolis auf, sich „mit demütigem Geist und einem von der Liebe Christi veränderten Herzen" für die Menschen in ihrer Umgebung einzusetzen. „Christus kann an dir arbeiten, aber er wird es nie ohne die Kooperation des Menschen tun. Begib dich an den richtigen Platz [am Fuße des Kreuzes], und Gott wird dich mit seiner Kraft ausrüsten und seine göttliche [Macht] mit unseren menschlichen Bemühungen vereinen, sodass wir ‚mit Furcht und Zittern an unserer Rettung' arbeiten können [Phil 2,12]. Das ist eine Macht, der Satan nicht zu widerstehen vermag; er kann sie nicht überwinden. Wenn du festen Halt von oben hast, kann Satan dich nicht versuchen ... *Sobald wir Gott von ganzem Herzen lieben und unseren Nächsten wie uns selbst, wird Gott durch uns wirken.*" Das ist es, was Ellen White unter der „Reinigung der Seele von aller Ungerechtigkeit" und der Entwicklung eines „rechtschaffenen Charakters" verstand.

Eine solche „Reinigung der Seele" ist der Schlüssel zur Überwindung der Auseinandersetzungen über Minneapolis! Das war 1888 so und das ist auch heute noch so. Adventisten sind so damit beschäftigt gewesen, ihre Unterscheidungslehren (die durchaus ihren wichtigen Platz haben) zu bewahren, sich am Gesetz zu orientieren und ihrer eigenen Gerechtigkeit nachzujagen, dass sie es oft versäumt haben, Herz und Sinn für die gründliche Umwandlung zu öffnen, die Gott in seinem Volk vollbringen will. Das war 1888 der Fall und ist es auch noch heute. In der Zeit, in der die Generalkonferenz in Minneapolis stattfand, waren zu viele Gemeinden in den Augen Ellen Whites „schwach, krank und nahe am Sterben" und viele ihrer Glieder waren „moralische Eisberge".[6] Auf meinen Reisen stelle ich leider fest, dass diese Beschreibung auch auf allzu viele heutige Gemeinden zutrifft. Viele Gemeindeglieder waren in der Vergangenheit so mit den Geboten und den adventistischen Unterscheidungslehren beschäftigt, dass sie Christus kaum begegnet sind und am echten Christsein vorbei gelebt haben. Es gibt viel zu viele verzagte Adventisten („Sadventists"), die es noch lernen müssen, sich ihrer Erlösung zu freuen. Und es gibt zu viele streitende Adventisten („Madventists"), die um die richtige Definition von Vollkommenheit, über die Natur Christi oder um eine bestimmte prophetische Auslegung kämpfen. Ihr Glaube ist für viele Adventisten dasselbe, was er für die Pharisäer war: eine Reihe lebloser Formen und Gewohnheiten. Solche Gemeindeglieder würden sich zwar hüten, den Gottesdiensten fernzubleiben, aber wahrscheinlich nur aus Angst, damit eine Sünde zu begehen. Das ist kein echtes Christsein.

Wenn wir Jesus wirklich kennen und ihn unser Leben mit Liebe und Freude erfüllen lassen (also auf Englisch „Gladventists" sind), dann werden Adventgemeinden zu den dynamischsten und aufregendsten Orten werden, die man sich vorstellen kann. Danach hat sich Ellen White 1888 gesehnt, und auch heute träumen viele davon. Wann werden wir als Adventisten die völlige innere Umwandlung erleben, die durch die Botschaft der Gerechtigkeit durch den Glauben an Christus ermöglicht worden ist? Wann werden wir es lernen, unsere Erlösung in Jesus freudig zu feiern? Wenn wir das gelernt haben, dürfen wir auch zu Recht den „Spätregen" erwarten, der es möglich macht, dass der „laute Ruf" der dreifachen Engelsbotschaft endlich in aller Welt und unserer Nachbarschaft erschallt – jene Botschaft, die wir schon seit 1888 kennen.

In diese Richtung jedenfalls weist Ellen Whites Predigt, mit der wir uns auf diesen letzten Seiten beschäftigt haben. *„Die Liebe Christi in den Herzen wird mehr dazu beitragen, Sünder zu bekehren, als*

---

[6] *Advent Review and Sabbath Herald*, 26. August 1890, S. 514; Brief Ellen G. White an George I. Butler, 14. Oktober 1888.

alle eure Predigten", sagte sie am Schluss ihrer Ansprache. „Was wir brauchen, ist die Liebe Christi." Es ist diese Liebe, erklärte sie, die die Kadesch-Barnea-Erfahrung der Gemeinschaft beenden und die Mauern Jerichos zum Einsturz bringen wird. Diese Liebe – wenn praktiziert – ermöglicht es Gott, „euch mit seiner Kraft zu erfüllen und seine göttliche [Macht] mit unseren menschlichen Bemühungen zu vereinigen".[7] Wenn Adventisten von dieser Liebe erfüllt sind, sind sie auch bereit für das Gericht Gottes, und die Menschen werden herbeiströmen, um die Botschaft des „lauten Rufes" (einschließlich des „ewigen Evangeliums") zu hören. Schließlich sind die adventistischen Unterscheidungswahrheiten großartig, logisch und erfüllend, wenn sie in die grundlegenden Wahrheiten des evangelischen Christentums eingebettet werden, die Jones und Waggoner in Minneapolis „von Irrtümern befreit und … in den richtigen Zusammenhang gestellt haben".[8]

Es ist an diesem Punkt interessant festzustellen: Als Ellen White 1888 den Delegierten gegenüber äußerte, die Botschaft von Ellet Waggoner sei „für viele seltsam neu", sagte sie das ebenfalls im Zusammenhang mit brüderlicher Liebe: „Jesus sagte zu seinen Jüngern", fuhr sie damals fort, „,Ein neues Gebot gebe ich euch, dass ihr euch untereinander liebt, wie ich euch geliebt habe.' [Joh 13,34] Eigentlich war es ein altes Gebot, das schon in alttestamentlicher Zeit gegeben worden war; aber es war verlorengegangen; es wurde nicht praktiziert … Wäre es in die Tat umgesetzt worden, hätte es überzeugend bewiesen, dass sie Gottes Kinder sind" (siehe V. 35). Diesen Beweis zu erbringen, dazu rief Ellen White 1888 auf.

Und dies gilt auch heute noch: Wenn Adventisten einander lieben würden, wie Jesus es ihnen vorgelebt hat, wären ihre Gottesdienste überfüllt. Denn die meisten Menschen brauchen mehr als engherzige Rechtgläubigkeit oder fehlerlose Wahrheit, damit sie sich einer Gemeinde anschließen. Sie müssen erleben, dass Christen wirklich liebevoll Anteil an ihnen nehmen. Und zahlreiche Adventisten verlassen heute die Adventgemeinden, weil sie im Gottesdienst persön-

---

[7] Manuskript 26, circa Oktober 1888 (Hervorhebungen von mir).
[8] Manuskript 8a, 21. Oktober 1888.

liche Zuwendung und Freude vermissen. Viele sind von dem, was sie im Gottesdienst erleben, frustriert, und andere kommen erst gar nicht mehr.

Wenn ich der Teufel wäre, würde ich den Adventisten zwar eine große Portion Wahrheit zugestehen, sie aber mit einem sauren Gesicht herumlaufen lassen.[9] Anderen Glaubensgemeinschaften dagegen würde ich erlauben, dass sie sich über ihre Erlösung freuen, aber eine verworrene Theologie haben. Mein Ziel wäre es, alle zu verwirren. Jesus hat gezeigt, wie man diese Taktik des Feindes zunichte machen kann; er hat sie erneut in Minneapolis offenbart.[10]

Den Charakter Christi vollkommen widerspiegeln

Im Kapitel 6 haben wir die anhaltende Krise in der Adventgemeinde untersucht und festgestellt, dass manche Adventisten die Ereignisse von 1888 und 1893 als ein Versagen empfinden – und zwar als ein so schwerwiegendes Versagen, dass es das zweite Kommen Jesu nun schon um fast 120 Jahre verzögert hat. Wer so denkt, fragt sich auch, was für einen Charakter Gottes Volk haben muss, bevor Christus wiederkommt. Diese Frage hat eine biblische Grundlage, denn in Offenbarung 14,5 wird von den 144 000 gesagt, es sei „kein Fehler an ihnen" (GNB), sie seien „untadelig" (LB). Außerdem heißt es in Offenbarung 14,12, dem Paradetext der Adventisten, dass Gottes wahres Volk in der Endzeit – im Gegensatz zu denen, die das „Zeichen des Tieres" angenommen haben (V. 9) – „die Gebote Gottes und den Glauben Jesu" halten wird (EB).

Manche Adventisten haben die Ansicht vertreten, dass „der Glaube Jesu" (was auch mit „der Glaube an Jesus" übersetzt werden kann) ein Glaube sei, wie Jesus ihn hatte. Gottes Volk der Endzeit könne also so glauben und leben, wie Jesus geglaubt und gelebt hat. Und solch ein Volk Gottes wird in Offenbarung 14 beschrieben, und zwar unmittelbar vor der Schilderung der doppelten Ernte bei

---
[9] Ausführlicher zu den teuflischen Taktiken, die ich anwenden würde, um die Adventisten von der Erfüllung ihrer Aufgabe abzubringen, siehe *Adventgemeinde – fit für ihre Mission?*, Advent-Verlag 2004, Exkurs 2.
[10] Ellen G. White, Manuskript 8a, 21. Oktober 1888; *Advent Review and Sabbath Herald*, 20. März 1894, S. 177.

der Wiederkunft Christi (V. 14–20). Kein Wunder also, dass sich Adventisten intensiv mit der Frage der christlichen Vollkommenheit beschäftigt haben.

Bestärkt wurden sie darin durch das, was Ellen White in der Zeit nach der Generalkonferenzversammlung in Minneapolis über das Leben und Werk Christi geschrieben hat. Besonders fasziniert waren sie von ihrer Aussage im Buch *Bilder vom Reiche Gottes*: „Christus wartet voll Sehnsucht darauf, dass er in seiner Gemeinde Gestalt gewinnen kann. Wenn der Charakter Christi vollkommen zum Wesensmerkmal seines Volkes geworden ist, wird er wiederkommen und es zu sich nehmen."[11] Der Satz bekommt noch mehr Gewicht, wenn man den folgenden Absatz liest, in dem Ellen White die Wiederkunft als Ernte beschrieb. Es gibt hier also eine interessante Parallele zu Offenbarung 14, die erkennen lässt, wie jene Untadeligen beschaffen sind, die „den Glauben Jesu" haben.

Solche Bibeltexte und Aussagen Ellen Whites hinterließen in gewissenhaften Adventisten das beunruhigende Gefühl, es läge an ihnen, die Wiederkunft Christi zu „beschleunigen" (2 Ptr 3,12 EB). Viele prüften sich selbst und fingen an, ernsthaft zu versuchen, den Charakter Christi „untadelig" in ihrem Leben zu verwirklichen. Das stellte sie auf eine Stufe mit den Pharisäern, die lehrten: Würde die Thora nur einen Tag lang vollkommen befolgt werden, würde der Messias erscheinen. Aus dem gleichen Grunde hatten sich auch Smith, Butler und ihre Anhänger so eingehend mit der menschlichen Gerechtigkeit beschäftigt. Es ist daher wichtig zu begreifen, wie Gott die Gläubigen aus diesem Dilemma befreien will.

Die Beschäftigung der Adventisten mit der Frage, was sie tun müssen, um die Wiederkunft Christi herbeizuführen, und ihre Suche nach Sündenböcken für die eingetretene Verzögerung wurde intensiviert durch eine eindringliche Aussage Ellen Whites über die Bedingtheit prophetischer Aussagen aus dem Jahre 1883: „In ihren Botschaften an die Menschen stellen die Engel Gottes die Zeit als sehr kurz dar. Genauso wurde es auch mir stets gezeigt ... Wir sollten uns bewusstmachen, dass Gottes Versprechen genauso an Bedingungen geknüpft sind wie seine Strafandrohungen ... Wenn

---

[11] *Bilder vom Reiche Gottes*, S. 51 (rev.).

die Adventisten nach der großen Enttäuschung von 1844 an ihrem Glauben festgehalten und Einigkeit bewahrt hätten, wenn sie weiter vorangegangen wären ... dann hätte der Herr mächtig durch sie und mit ihnen zusammengewirkt, das Werk wäre vollendet worden, und Christus wäre längst gekommen, um sein Volk zu belohnen ... Gott wollte nicht, dass Christi Wiederkunft so verzögert würde ... Vierzig Jahre lang schlossen Unglaube, Murren und Auflehnung das alte Israel aus dem Land Kanaan aus. Der Einzug des heutigen Israel ins himmlische Kanaan ist durch dieselben Sünden verzögert worden. Dennoch hat Gott in beiden Fällen keine falschen Versprechen gegeben. Schuld sind der Unglaube, die Weltlichkeit, mangelnde Hingabe und Streitigkeiten unter den Gläubigen, die sich als Gottes Volk betrachten. Dies alles hat uns so lange in dieser Welt der Sünden und Sorgen festgehalten."[12]

Vor dem Hintergrund dieser deutlichen Aussage, dass der Zeitpunkt der Wiederkunft an Bedingungen geknüpft ist, bekommen Ellen Whites Botschaften an Uriah Smith 1896 noch größere Bedeutung: „Der Widerwille, vorgefasste Meinungen aufzugeben, und diese Wahrheit anzunehmen [dass wir Christus brauchen, um Vergebung und Frieden zu erlangen], war die Grundlage für den größten Teil des Widerstandes in Minneapolis gegen die Botschaft des Herrn, wie sie von den Brüdern Waggoner und Jones verkündigt wurde. Indem Satan diesen Widerstand anstachelte, schaffte er es in hohem Maße, die besondere Kraft des Heiligen Geistes, die Gott ihnen so sehnlich schenken wollte, von unserem Volk fernzuhalten. Der Feind hielt sie davon ab, jene Tüchtigkeit zu erlangen [den Spätregen], die sie hätten haben können, um aller Welt die Wahrheit mitzuteilen, wie es die Apostel nach Pfingsten taten. Gegen das Licht, das alle Welt mit seiner Herrlichkeit erleuchten sollte [Offb 18,1; der „laute Ruf" in der Kraft des „Spätregens"] wurde Widerstand geleistet. Und durch diese Handlung haben unsere eigenen Brüder in einem starken Maß dieses Licht von der Welt ferngehalten."[13]

---

[12] Manuskript 4, nicht datiert, 1883; zitiert in *Für die Gemeinde geschrieben*, Bd. 1, S. 70–72 (rev.).

[13] Brief Ellen G. White an Uriah Smith, 6. Juni 1896; zitiert in *Für die Gemeinde geschrieben*, Bd. 1, S. 247f. (rev.).

Manche haben diese Botschaft Ellen Whites auf die Ablehnung der Spätregenbotschaft von Alonzo Jones im Jahre 1893 bezogen. Im Lichte dessen, was wir in Kapitel 6 über diese Generalkonferenzversammlung gelernt haben, schlage ich eine konstruktivere Interpretation vor. Denn erstens haben viele Adventisten die Botschaft des „lauten Rufes", die die adventistischen Unterscheidungslehren den grundlegenden Evangeliumswahrheiten unterordnete, schon in Minneapolis oder bald danach abgelehnt. Zweitens hat der „Geist von Minneapolis" diese Ablehnung erst möglich gemacht und vorangetrieben. Drittens war es jener Widerstand, der dem Zeugnis der Adventgemeinde die Kraft des Heiligen Geistes vorenthielt.

Der Ausweg aus dem Dilemma besteht deshalb darin, die grundlegenden Wahrheiten des Christentums („den Glauben an Jesus") ins Zentrum der adventistischen Verkündigung zu rücken und sie wirklich den Rahmen bilden zu lassen für die adventistischen Unterscheidungslehren („die Gebote Gottes" im Hinblick auf „die Stunde des Gerichts" und den Dienst Christi im himmlischen Heiligtum). Außerdem müssen wir von ganzem Herzen den Geist Jesu in uns aufnehmen (mit seiner Bruder- und Nächstenliebe) und ihn an die Stelle des „Geistes von Minneapolis" setzen mit all seiner gesetzesorientierten „eigenen Gerechtigkeit", seiner Distanziertheit und manchmal sogar Feindseligkeit.

Wenn sich die Adventisten diese Art von „Untadeligkeit" und „Vollkommenheit" zu eigen machen, werden sie – wie Ellen White es ausdrückte – den Fall der Mauern von Jericho erleben.[14] Ein solcher Adventismus ist allerdings von ganz anderer Art als der, den es in den Jahren vor 1888 gab und den viele noch heute vertreten – oft sogar unter Berufung auf Jones, Waggoner und Ellen White. Die Botschaft von 1888 lautet nicht: Unsere Gerechtigkeit plus Christus, sondern: Jesu Gesinnung in uns verwirklicht (Phil 2,3–5). Solch ein Christ wird nicht mehr aggressiv werden, wenn jemand eine andere Meinung vertritt als er in Bezug auf die Natur Christi oder die Definition christlicher Vollkommenheit. Wer Minneapolis wirklich verstanden hat, meinte Ellen White, *„wird nicht einmal über die Frage*

---

[14] Manuskript 26, circa Oktober 1888.

streiten wollen, was genau mit dem Ausdruck Christus unsere Gerechtigkeit gemeint ist".[15] Jedenfalls lesen wir nichts darüber, dass Christus über solche Themen mit den Pharisäern debattiert hat. Er hatte genug damit zu tun, sie mit der Liebe Gottes bekanntzumachen, indem er sich um die Menschen kümmerte.

Das führt uns zurück zu Ellen Whites Aussage „Wenn der Charakter Christi vollkommen zum Wesensmerkmal seines Volkes geworden ist, wird er wiederkommen und es zu sich nehmen." Die entscheidende Frage lautet natürlich: Was bedeutet es, Jesu Wesen „vollkommen widerzuspiegeln" (so wörtlich)?[16] Nicht lange nach meiner Bekehrung vom Agnostizismus zum Christentum – ich war damals 19 Jahre alt – machte mich ein eifriger Adventist mit dieser Aussage Ellen Whites bekannt. Ich las sie, glaubte sie, sah, dass die Gemeinde unvollkommen war und gelobte in meinem Herzen, dass ich der erste vollkommene Christ seit den Tagen Jesu sein würde.

Ich begann, mich ernsthaft und aufrichtig mit der Frage zu beschäftigen, wie ich vollkommen werden konnte. Natürlich musste ich meinen Lebensstil radikal ändern. Schon nach wenigen Monaten wusste ich, warum man auf vieles, was fast jeder gern isst, trinkt oder tut, verzichten sollte. Eine Folge meines übertriebenen Engagements in Sachen Gesundheit und Ernährung war, dass ich immer mehr an Gewicht verlor und schließlich nur noch 55 Kilogramm wog. Manche befürchteten sogar, ich könnte an meiner „Gesundheitsreform" sterben.

Mein Bemühen um Vollkommenheit hatte mich in gewisser Hinsicht tatsächlich vollkommen gemacht! Ich verkörperte einen Menschentyp, den Alonzo Jones 1895 den „perfekten Pharisäer" genannt hatte, der Gott bittet: „Sag mir, was ich noch alles tun muss, und ich werde es tun."[17] Ich war auch der perfekte Mönch geworden, der so gedacht und empfunden hat wie Luther, bevor er Römer 1,16.17 verstand. Und ich glich auch den perfekten, immer strebend sich bemühenden Methodisten wie John Wesley, bevor er Christus fand.

---

[15] Brief Ellen G. White an die Brüder und Schwestern der Iowa-Vereinigung, 6. November 1901 (Hervorhebungen von mir).
[16] *Bilder vom Reiche Gottes*, S. 51 (rev.); vgl. *Christ's Object Lessons*, S. 67f.
[17] *General Conference Bulletin* 1895, S. 495.

Mein verzweifeltes Streben nach Vollkommenheit hatte mich mit jenem unlösbaren Widerspruch konfrontiert, der diesem Streben innewohnt: Je mehr ich mich um Vollkommenheit bemühte, umso egozentrischer wurde ich und umso strenger urteilte ich über Andere, die anderer Meinung waren als ich. Mit anderen Worten: Ich litt an der Krankheit, die Ellen White den „Geist von Minneapolis" nannte. Je eifriger ich versuchte, vollkommen zu werden, umso unvollkommener wurde ich.

Ich musste erst noch lernen, was es wirklich bedeutet, den Charakter Christi widerzuspiegeln. Ich wusste noch nicht, was auch Paulus, Luther und Wesley so schwer gefallen war zu begreifen, dass christliche Vollkommenheit sehr viel mit der Übergabe des eigenen Ichs an Gott zu tun hat. Mein Weg zur Vollkommenheit war ein von Menschen erdachter Weg. Er führte nicht ans Ziel und war zudem selbstzerstörerisch.

Ich hätte mir und denen, die mich ertragen mussten, viel Kummer erspart, wenn ich auf den Zusammenhang geachtet hätte, in dem jene Aussage Ellen Whites im Buch *Bilder vom Reiche Gottes* steht. Auf den beiden vorangehenden Seiten erklärt sie nämlich, was es heißt, den Charakter Christi vollkommen widerzuspiegeln: „Christus möchte in den Herzen der Menschen Gestalt gewinnen ... In einem Leben, bei dem das eigene Ich im Mittelpunkt steht, kann es weder Wachstum noch Frucht geben. Wer aber Christus als seinen persönlichen Heiland angenommen hat, soll anderen helfen und sich selbst nicht mehr so wichtig nehmen ... Wenn du den Geist Christi empfängst – *den Geist selbstloser Liebe* und Arbeit für den Nächsten –, wirst du wachsen und Frucht bringen. Die Tugenden des Geistes [Gal 5,22.23] werden in deinem Charakter reifen. Dein Glaube wird wachsen, deine Überzeugung fester werden, *deine Liebe vervollkommnet. Mehr und mehr wirst du das Abbild Christi in all dem widerspiegeln, was rein, edel und liebenswert ist.*"[18]

Christi Charakter vollkommen widerzuspiegeln heißt also, sich um andere liebevoll zu kümmern. Diese Wesensgleichheit zeigt sich nicht in dem, was wir essen oder wie wir den Sabbat halten, wie

---

[18] *Bilder vom Reiche Gottes*, S. 50f. (rev.; Hervorhebungen von mir).

aus Jesu Erzählung vom Weltgericht in Matthäus 25,31–46 deutlich hervorgeht. Fragen des Lebensstils sind zwar wichtig, aber nur im Zusammenhang mit einem wahrhaft liebevollen christlichen Leben. Das war es, was Jesus seinen Jüngern in der Bergpredigt klarmachen wollte:

> Ihr habt gehört, dass gesagt ist: „Du sollst deinen Nächsten lieben" (3.Mose 19,18) und deinen Feind hassen. Ich aber sage euch: Liebt eure Feinde und bittet für die, die euch verfolgen, damit ihr Kinder seid eures Vaters im Himmel … Denn wenn ihr liebt, die euch lieben, was werdet ihr für Lohn haben? Tun nicht dasselbe auch die Zöllner? Und wenn ihr nur zu euren Brüdern freundlich seid, was tut ihr Besonderes? Tun nicht dasselbe auch die Heiden? Darum sollt ihr *vollkommen* sein, wie euer Vater im Himmel *vollkommen* ist. (Mt 5,43–48)

Die *Gute Nachricht Bibel* gibt den letzten Vers kontextgemäß so wieder: „Wie die Liebe eures Vaters im Himmel, so soll auch eure Liebe sein: vollkommen und ungeteilt." Der Paralleltext in Lukas 6,36 macht ebenso deutlich, was hier mit *vollkommen* gemeint ist: „Seid *barmherzig*, wie euer Vater barmherzig ist."

Der „vollkommene", ans Ziel gekommene (das bedeutet das zugrunde liegende Wort eigentlich) Christ ist also ein liebevoller, barmherziger Nachfolger Jesu. Liebevoll und barmherzig sollen die Glieder der „untadeligen" Endzeitgemeinde sein, die „die Gebote Gottes und den Glauben an Jesus" halten (Offb 14,12) und das Wesen Christi „vollkommen widerspiegeln", denn eine liebende Gemeinde demonstriert dem Universum, dass Gott die Menschen wirklich liebt und sein Geist sie umzuwandeln vermag.

Siebenten-Tags-Adventisten dürfen nie vergessen, dass Ellen White erklärte: „Die letzte Gnadenbotschaft, die der Welt gegeben wird, ist eine Offenbarung des liebevollen Wesens Gottes. Seine Kinder sollen in ihrem Lebensstil und Charakter deutlich werden lassen, was Gottes Gnade aus ihnen gemacht hat, und so anderen Menschen Gottes Herrlichkeit offenbaren." Und wenn die für Gott und Christus gleichermaßen charakteristischen Wesensmerkmale

„vollkommen zum Wesensmerkmal seines Volkes geworden [sind], wird er wiederkommen und es zu sich nehmen".[19]

Diese Antwort Ellen Whites auf die Frage, was es denn praktisch bedeutet, dass sich der Charakter Christi in seinen Nachfolgern „vollkommen widerspiegeln" soll, deckt sich mit dem, was sie über die Wiederherstellung des Bildes Gottes im Menschen lehrte. Als sie 1901 an Prediger der Iowa-Vereinigung über die Notwendigkeit missionarischer Arbeit schrieb und dabei erwähnte, dass ein bekehrter Mensch nicht an Debatten über die Gerechtigkeit Christi interessiert sei, betonte sie: „Die Sünde hat die Liebe, die Gott dem Menschen ins Herz gegeben hat, ausgelöscht. Es ist Aufgabe der Gemeinde, diese Liebe wieder zu entfachen. Sie muss mit Gott zusammenarbeiten, um die Selbstsucht aus den menschlichen Herzen zu verbannen und sie durch die Wohltätigkeit ersetzen, die ursprünglich im Herzen des Menschen wohnte, als er [in Eden] noch vollkommen war. [Selbstlose] Liebe ist das beherrschende Prinzip, das die ungefallenen Wesen antreibt. Wie müssen sich die Engel über die Gleichgültigkeit der Menschen wundern, die über Licht und Erkenntnis verfügen! Die himmlischen Heerscharen wünschen nichts sehnlicher, als in Zusammenarbeit mit uns das moralische Bild Gottes im Menschen wiederherzustellen. Sie stehen bereit und möchten dieses Werk gern tun. Der Vater, der Sohn und der Heilige Geist haben versprochen, ihre ganze Kraft einzusetzen, um Menschen aus ihrem gefallenen Zustand herauszuholen."[20]

Vollkommenheit als die Verinnerlichung christlicher Liebe zu verstehen, die durch eine radikal verändernde geistliche Neugeburt ermöglicht wird (siehe 1 Joh 5,1; 4,7.8.11–13.19), ist etwas völlig anderes, als Vollkommenheit als Sündlosigkeit zu definieren[21] (ganz abgesehen davon, dass es mehr als *eine* Definition von Sünde gibt). Diese beiden Interpretationen von Vollkommenheit beruhen auf einem unterschiedlichen Verständnis von Sünde und Gerechtig-

---

[19] *Bilder vom Reiche Gottes,* S. 339, 51 (rev.); vgl. *Christ's Object Lessons,* S. 415f.
[20] Brief Ellen G. White an die Brüder und Schwestern der Iowa-Vereinigung, 6. November 1901. Vgl. *Für die Gemeinde geschrieben,* Bd. 1. S. 416; Manuskript 8, 20. Oktober 1888; Brief Ellen G. White an die Brüder und Schwestern der Iowa-Vereinigung, 27. August 1902.
[21] Siehe z. B. Robert J. Wieland, *The 1888 Message,* S. 105f., u. a.

keit und repräsentieren zwei verschiedene Auffassungen von dem Leben als Christ. Das Thema ist wichtig, sprengt aber den Rahmen dieses Buches. Ich behandle es sehr ausführlich im zweiten Teil meines Buches *Handbuch für Pharisäer*.[22]

Hoffnung für die Zukunft der Adventgemeinde

Adventisten, die von den Vorgängen in Minneapolis ihren Blick in die Zukunft richten, tun gut daran, sich an wichtige Dinge zu erinnern. Erstens müssen sie die richtigen Prioritäten setzen. Über die Traditionalisten in den Tagen Christi schrieb Ellen White: „Sie stritten sich über Dinge, die nicht besonders wichtig und keine Testwahrheiten waren, und befassten sich so lange mit ihren Meinungsverschiedenheiten, bis daraus wahre Berge wurden, die sie von Christus und voneinander trennten und die Einheit und die Liebe zerstörten. Wir stehen in der Gefahr, ähnliche Fehler zu machen wie sie. Niemals sollte das, was Gott gar nicht zu einem Test erklärt hat, so wichtig genommen werden wie damals das Thema des Gesetzes im Galaterbrief. Mir ist [von Gott] gesagt worden, dass die schreckliche Erfahrung, die wir während der Generalkonferenzversammlung in Minneapolis gemacht haben, eines der traurigsten Kapitel in der Geschichte derer ist, die an die gegenwärtige Wahrheit glauben."[23]

Zweitens müssen die Adventisten besser verstehen, dass sie die Botschaft des „lauten Rufes" schon seit 1888 kennen. Denn seit jener Zeit haben sie für ihre Unterscheidungslehren auch den richtigen Rahmen in den großen Heilswahrheiten der evangelischen Christenheit, die „von Irrtümern befreit" wurden.[24] Seit Minneapolis kannten die Adventisten neben den „Geboten Gottes" auch „den Glauben an Jesus" (Offb 14,12; nachdem sie diesen Begriff zuerst anders interpretiert hatten, wie wir in Kapitel 2 gesehen haben), und verstanden die rechte Beziehung zwischen beiden.

Drittens müssen Adventisten in viel stärkerem Maße als bisher die umwandelnde Kraft Gottes erleben, damit die Gemeinden mehr

---
[22] Advent-Verlag, Lüneburg 1997, als Book on Demand erhältlich.
[23] Brief Ellen G. White an C. P. Bollmann, 19. November 1902.
[24] Manuskript 8a, 21. Oktober 1888.

Wärme und Liebe ausstrahlen. „Daran wird jedermann erkennen, dass ihr meine Jünger seid, wenn ihr Liebe untereinander habt", erklärte Jesus mit Nachdruck (Joh 13,35). Die Freikirche der Adventisten verfügt über wunderbare Wahrheiten, aber sie sind für viele Menschen erst dann relevant – gerade in unserer heutigen Welt –, wenn sie zuerst um ihrer selbst willen geliebt werden und sie authentisch gelebten Glauben erleben. Die Wahrheit Gottes ist unendlich wertvoll, aber sie muss glaubhaft gemacht werden durch freudige und liebevolle Christen, deren Leben nicht vom „Geist von Minneapolis", sondern vom Geist Jesu bestimmt wird. Das sind die Art Christen, von denen Ellen White im Zusammenhang mit dem „Spätregen" sprach.

Schließlich müssen Adventisten stets daran denken, dass Erlösung immer eine persönliche Entscheidung verlangt. Ellet J. Waggoner sagte 1887 treffend: „Es gibt keine christliche Erfahrung, keinen Glauben, keine Rechtfertigung und keine Gerechtigkeit, die nicht eine individuelle Angelegenheit ist. Menschen werden als Einzelne gerettet, nie als ganze Nation" – oder Gemeinde, hätte er hinzufügen können.[25] Dazu sagte Ellen White 1890 Amen.[26] Und Jesus verdanken wir die Einsicht, dass Weizen und Unkraut bis ans Ende der Welt nebeneinander wachsen werden (Mt 13,40–43).

Die Erfüllung der Möglichkeiten für die Zukunft hängt von jedem Einzelnen von uns ab. Deine und meine Stimme sind das einzig Wichtige – trotz aller Mängel der Gemeinde und trotz individueller Fehler.

Ich denke an Ellen Whites Worte, die sie am letzten Tag der Generalkonferenzversammlung in Minneapolis an ihre Schwiegertochter schrieb: *„Die Wahrheit wird triumphieren und wir* [Ellen und Willie White] *sind entschlossen, mit ihr zu triumphieren."*[27] Das möchte ich auch – durch Gottes Gnade.

---

[25] *The Gospel in the Book of Galatians*, S. 45.
[26] *Advent Review and Sabbath Herald*, 4. November 1890, S. 673.
[27] Brief Ellen G. White an Mary White, 4. November 1888.

Nachwort

Im Jahr 1988 – 100 Jahre nach Minneapolis – gab es viele Veranstaltungen, Ansprachen, Artikel und Bücher über diese Generalkonferenz. Ich war froh, als das Jahr vorbei war, denn manchmal war es mir schon fast zu viel, was ich über die Thematik der Generalkonferenzversammlung 1888 gehört, gesehen und vielleicht auch selbst gesagt habe. Als Kirchenhistoriker halte ich religiöse Geschichte zwar für eine gute Sache, aber wenn sie sich zu sehr in den Vordergrund drängt, entfaltet sie leicht ein Eigenleben, und die missionarische Aufgabe der Gemeinde gerät in Vergessenheit. Aus christlicher Sicht soll Geschichte den Christen helfen, ihre Pflichten besser zu erkennen und die Gelegenheiten wahrzunehmen, die sich ihnen in der Gegenwart und der Zukunft bieten. Das Christentum schaut zwar zurück auf das Kreuz Christi, richtet den Blick aber auch nach vorn auf seine Wiederkunft. Beides ist wichtig, aber das Christentum wird zu einer leblosen Religion, wenn es nur über die Vergangenheit nachdenkt oder sie symbolisiert. Wir sollten die Kirchengeschichte als Grundlage und Wegweiser für unser christliches Leben und für die Verkündigung des Evangeliums in der Gegenwart betrachten, aber nicht als Selbstzweck.

Weil die Vergangenheit eine grundlegende Rolle spielt, ist es wichtig, dass Pastoren und Gemeindeglieder genaue historische und theologische Kenntnisse haben. Die Minneapolis-Krise offenbarte die Unwissenheit und Unselbstständigkeit der adventistischen Prediger. Sie waren abhängig von den Ansichten ihrer Leiter und unfähig, sich selbstständig mit der Geschichte der Gemeinschaft oder mit der Bibel auseinanderzusetzen. Ein Ergebnis davon war das

Debakel in Minneapolis. Ellen White kommentierte die Situation folgendermaßen: „Manche plaudern zwar viel über die Rechtfertigung durch den Glauben, nörgeln daran herum, werfen Fragen auf und erheben Einwände, haben aber keine Ahnung, wovon sie eigentlich reden."[1] Sowohl Ellen und William White als auch der Präsident der Generalkonferenz Ole A. Olsen waren davon überzeugt, dass die adventistischen Prediger „zu starken Persönlichkeiten ausgebildet" werden müssen.[2] Deshalb fing die Gemeinschaft an, in den Wintermonaten fünfmonatige Predigerschulungen durchzuführen. Dabei wurden nicht nur die großen biblischen Themen besprochen, wie zum Beispiel der Erlösungsplan, sondern auch grundlegendes Wissen wie Kirchengeschichte und biblische Sprachen, die die christlichen Lehren ins rechte Licht rücken.[3]

Ellen White, Alonzo T. Jones, Ellet J. Waggoner, Uriah Smith und William W. Prescott waren die hauptsächlichen Lehrkräfte. Diese Schulungen boten den Predigern Gelegenheit, die Bibel zu studieren und sich mit deren wichtigsten Themen auseinanderzusetzen. Die Gemeindeglieder hatten ähnliche Möglichkeiten auf Zeltversammlungen, wenn auch nicht in der gleichen Intensität.

Die Predigerschulungen waren eine direkte Reaktion auf die Verwirrung, die sich in Minneapolis gezeigt hatte. 1894 kam Ellen White jedoch zu dem Schluss, die Adventisten hätten sich nun lange genug gegenseitig weitergebildet. „Wir sollen intensiv für die ganze Menschheit arbeiten", schrieb sie an Alonzo Jones. „Wir haben mehr Zeit damit verbracht, diejenigen zu unterrichten, die die Wahrheit schon kennen, als es ihnen gebührt ... Wir sollen uns viel mehr darum bemühen, das Licht anderen Menschen zu bringen, damit Sünder zur Wahrheit bekehrt werden ... Die Gläubigen weniger, die Ungläubigen aber bedeutend mehr zu unterrichten, hätte der Absicht Gottes eher entsprochen ... Ich wurde aufgefordert, mir vor Augen zu halten, welche Anstrengungen unternommen und wie viel Zeit

---

[1] Manuskript 22, Tagebucheintrag vom 27. Oktober 1889.
[2] Brief William C. White an Ole A. Olsen, 10. Juni 1889.
[3] Brief Dan T. Jones an Stephen N. Haskell, 5. Dezember 1889; Gilbert M. Valentine, „Controversy: a Stimulus for Theological Education", *Adventist Review*, 3. November 1988, S. 11f.

und Mittel eingesetzt worden waren, um Prediger in der biblischen Wahrheit zu unterrichten ... Und dennoch haben nur Wenige das Licht angenommen, das ihnen gezeigt wurde; nur Wenige sind vor dem Wort erzittert, haben ihre schläfrige, träge geistliche Verfassung überwunden und wahrgenommen, dass die Welt gewarnt werden muss."[4]

Dieses Problem lag Ellen White ständig auf der Seele. Kurze Zeit später schrieb sie: „‚Gehet hin in alle Welt und predigt das Evangelium aller Kreatur!' [Mk 16,15] Das ist der Auftrag, den der Erlöser seinen Mitarbeitern gegeben hat. Aber diese klare Anweisung ist nicht beachtet worden. Obwohl sie oft wiederholt wurde, sind die Prediger aufgefordert worden, ihre Arbeit liegen zu lassen und an wochenlangen Predigerschulungen teilzunehmen. *Eine Zeitlang war das auch notwendig, weil sich unsere eigenen Leute dem Werk Gottes widersetzten, indem sie sich weigerten, die Botschaft über die Gerechtigkeit Christi anzunehmen.*"[5] Ellen White implizierte damit, dass sich die Dinge inzwischen geändert hatten.

Ihr Sohn William White bestätigte das in einem Brief: „Mutter sagt mir, dass einige unserer Leiter einen Fehler machen, wenn sie für die Prediger und Mitarbeiter Schulungen planen ... *Sie sagt, nach der Konferenz in Minneapolis sei das zwar dringend notwendig gewesen, aber nachdem die Botschaft jetzt noch einmal präsentiert und angenommen worden ist, müssen diese Prediger junge Mitarbeiter und Laienglieder um sich scharen, mit ihnen in die Missionsfelder hinausgehen* und mit ihnen arbeiten und sie unterrichten, während sie arbeiten. Das Ende ist nahe; wir haben nicht mehr viel Zeit; wir müssen jetzt alles tun, um die Botschaft so schnell wie möglich vielen Menschen zu bringen."[6]

Die Bemerkung Ellen Whites, die Botschaft von Minneapolis sei inzwischen (1895) „präsentiert und angenommen" worden, ist interessant, denn im selben Jahr schrieb sie an Ole Olsen, viele hätten für diese Botschaft nur Hohn und Verachtung übrig. Einige Leiter der Gemeinschaft würden sich nach wie vor „zwischen das vom

---

[4] Brief Ellen G. White an Alonzo T. Jones, 7. Juni 1894.
[5] *Testimonies for the Church*, Bd. 6, S. 89 (Hervorhebungen von mir).
[6] Brief William C. White an Doris A. Robinson, 10. September 1895 (Hervorhebungen von mir).

Himmel gesandte Licht und die Gemeindeglieder stellen."[7] Immer noch verachteten sie Gottes Botschaft und seine Botschafter.[7] Im selben Jahr schrieb Ellen White an Harmon Lindsay (von 1888 bis 1893 Schatzmeister der Generalkonferenz) und warf ihm vor, er lehne die Wahrheit von Minneapolis weiterhin ab und diese „Untreue" würde ihn beherrschen. Lindsay hat darauf nie positiv reagiert; er schloss sich schließlich der „Christlichen Wissenschaft" an.[8]

Es ließen sich noch mehr Beispiele dieser Art anführen, aber ich denke, es ist klar geworden, worauf ich hinaus will: 1895 sagte Ellen White einerseits, die Botschaft von 1888 sei „präsentiert und angenommen" worden, und andererseits, viele hätten sie abgelehnt. Wie sollen wir diesen anscheinenden Widerspruch verstehen?

Ihre Antwort scheint mir klar genug zu sein. Bis zum Jahr 1895 hatten die Siebenten-Tags-Adventisten genug Zeit damit verbracht, über die Probleme von Minneapolis zu reden. Zwar hatte nicht jeder die Botschaft von 1888 akzeptiert, es würde aber zu nichts führen, die Belehrungen noch länger fortzusetzen. Nicht alle hatten die Botschaft mit offenen Armen aufgenommen, aber mit denen, die sie in ausreichendem Maße verstanden und akzeptiert hatten, konnte die Gemeinschaft nun ihre eigentliche Aufgabe in Angriff nehmen – nämlich der ganzen Welt das „ewige Evangelium" verkündigen (Offb 14,6).

Auch wir wären gut beraten, unsere eigentliche Aufgabe zu erfüllen. Es muss die Engel verwundern, wenn sie beobachten, wie viel Energie und finanzielle Mittel wir einsetzen, um einander von der Richtigkeit unserer eigenen Interpretation der Problematik der Generalkonferenzversammlung von 1888 zu überzeugen. Es ist höchste Zeit, Ellen Whites Rat ernst zu nehmen!

---

[7] Brief Ellen G. White an Ole A. Olsen, 1. Mai 1895.
[8] Brief Ellen G. White an Harmon Lindsay, 1. Mai 1895; *Seventh-day Adventist Encyclopedia*, Ausg. 1976, S. 789.

Der theologische Begründer der Siebenten-Tags-Adventisten war der ehemalige Schiffskapitän Joseph Bates. Sein Leben war zunächst voller Reiseabenteuer: Als Schiffsjunge wurde er beinahe von Haien gefressen; Dänen drohten ihm, drei Finger abzuhacken, als seine Mannschaft des Schmuggels beschuldigt wurde; die Briten zwangsrekrutierten ihn für ihre Marine, und als Bates Kapitän war, wurde sein Schiff von argentinischen Freibeutern gekapert.

Bedeutsam wurde sein Leben, als er mit 36 Jahren die Seefahrt aufgab. Er war gläubig geworden und engagierte sich nun für viele Reformvorhaben und in der Millerbewegung. Nachdem Jesus 1844 nicht – wie erwartet – wiedergekommen war, suchte Joseph Bates nach einer Erklärung dafür. Indem er die Erkenntnisse anderer zusammenführte und weiterverbreitete, wurde er zum theologischen Begründer der Bewegung Sabbat haltender Adventisten.

In dieser Biographie stellt George Knight, über 20 Jahre lang Professor für Kirchengeschichte an der Andrews-Universität, das Leben, die Glaubensentwicklung, die theologischen Beiträge und die unermüdliche Verkündigungsarbeit von Joseph Bates dar. Ein faszinierender Einblick in die Adventgeschichte, der deutlich macht, dass ohne ihn die Freikirche der Siebenten-Tags-Adventisten nicht entstanden wäre.

George R. Knight: *Joseph Bates*
Der theologische Begründer der Siebenten-Tags-Adventisten
260 Seiten, Paperback 21 x 14 cm, Art.-Nr. 1884

ADVENT-VERLAG Lüneburg, Tel.: 0800 2383680 (kostenlos)
Leseprobe und Bestellung im Internet: www.advent-verlag.de

In seinem Buch *Es war nicht immer so* geht der beliebte Autor George Knight geht auf Fragen ein, die alle Adventisten interessieren (sollten):
- Wie kamen die Adventisten zu den Glaubensüberzeugungen, die sie heute vertreten?
- Wie haben sich ihre Lehrauffassungen im Laufe der Jahre verändert?
- Würden die adventistischen Glaubensväter alle 27 Lehrpunkte unterschreiben wollen, die heute von der Gemeinschaft der Siebenten-Tags-Adventisten als verbindlich anerkannt werden?

George Knight bezweifelt das und belegt es anhand historischer Dokumente. Er legt in wohltuender Offenheit die unterschiedlichen Strömungen innerhalb der Adventgeschichte dar. Dabei kommt er auf das adventistische, das christliche und das fundamentalistische am Adventismus zu sprechen und geht auf die anhaltenden theologischen Spannungen in der Adventgemeinde ein. Er verdeutlicht, dass Adventgläubige nicht aufhören dürfen, Suchende und Lernende zu sein.

So aufwühlend dies klingen mag, so beruhigend wird der Leser feststellen können: An allen untersuchten Beispielen wird erkennbar, wie wunderbar Gott die Adventgemeinde in tiefere Erkenntnis seiner Wahrheit geführt hat

George R. Knight: ***Es war nicht immer so***
Die Entwicklung adventistischer Glaubensüberzeugungen
214 Seiten, Paperback 21 x 14 cm, Art.-Nr. 1858

ADVENT-VERLAG Lüneburg, Tel.: 0800 2383680 (kostenlos)
Leseprobe und Bestellung im Internet: www.advent-verlag.de